최근 새롭게 바뀐 출제 경향 반영

세무사 / 노무사 / 변리사 / 공무원 / 경찰직 / 소방직 시험 대비 필수 공인영어시험

켈리지텔프
G-POINT
33

문법편

켈리 지음

JN405784

> 지텔프 최신 경향을 반영한 암기표 9개 수록
> POINT 33개로 지텔프 문법 완전 마스터
> 켈리쌤이 만든 오답포인트로 실수 줄이기
> 켈리쌤의 찐팁 전수

· 유튜브 채널 '켈리 지텔프' 운영 [누적 조회 수 310만]
· 네이버 카페 '켈리 지텔프' 운영 [지텔프 카페 랭킹 1위]

▶ YouTube 켈리 지텔프 동영상 무료 제공

멘토링

켈리 지텔프를 선택한 수험생들에게

학습시간을 최소화 하기 위해 G-TELP 문법 중 빈출되는 유형을 33개의 포인트로 정리하였습니다. G-TELP 시험의 가장 큰 강점은 정형화된 문법일 것입니다. 따라서 문법 학습도 틀 속에서 해야 가장 효과적인데 수험생들이 자꾸 벗어난 틀에서 공부하고 있는 모습이 안타까워 1년 동안 꾸준히 시험에 응시하고 분석하여 켈리의 G-POINT 33을 탄생시켰습니다. 교재 내용대로만 공부하면 26개의 문법 문제 중 2~3개를 제외한 대부분의 문제를 해결할 수 있습니다. 교재 구성은 다음과 같습니다.

Unit 1 가정법	G-POINT 1~2
Unit 2 should 생략	G-POINT 3
Unit 3 시제	G-POINT 4~10
Unit 4 준동사	G-POINT 11~20
Unit 5 관계사	G-POINT 21~26
Unit 6 조동사	G-POINT 27~31
Unit 7 연결어	G-POINT 32~33

각 Unit별로 순서대로 학습하여야 합니다. 출제되는 문항수와 난이도를 고려하여 가장 효율적인 학습이 가능한 순서대로 Unit을 구성하였습니다. 또한 각 G-POINT별로 다음과 구성되어 있으며 Unit이 끝날 때마다 실전문제를 실었습니다.

Intro

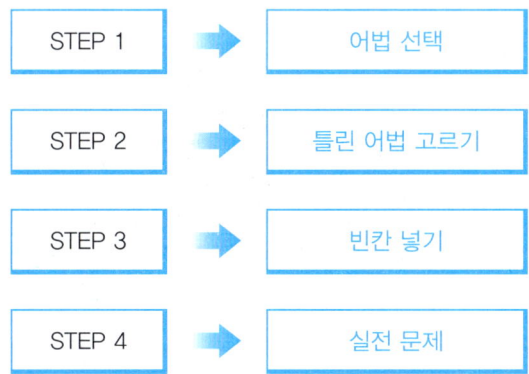

영어 노베이스인 수험생은 STEP1부터 STEP3까지 꼼꼼하게 공부하고 실전문제인 STEP4로 넘어가야 합니다. 만약 영어 실력이 있거나 시간이 없는 수험생들은 STEP3부터 공부해도 무방합니다. 32점이 목표인 수험생들은 이 책만으로 충분하며 고득점을 취득해야 하는 수험생들은 이 책으로 문법을 빠르게 정리한 후 독해와 청취에 매진하시기 바랍니다.

2020년 1월 G-POINT 33을 출판한 이후 유튜브에 강의를 올렸고 유료강의보다 훨씬 효율적이고 압도적인 내용의 강의로 수험생들의 사랑을 받아오고 있습니다. 하지만 시험의 경향성은 늘 바뀌기 마련이므로 꾸준히 지텔프 시험에 응시해 변화된 내용을 반영해오고 있습니다. 개정된 이번 책의 특징은 다음과 같습니다.

첫째, 2024년까지 변화된 지텔프 시험의 모든 경향성을 반영하였습니다.

둘째, 2024년까지 지텔프 시험에 출제된 암기해야 할 모든 단어를 실었습니다.

셋째, 네이버 카페에서 많은 수험생들에게 받는 질문을 토대로 오답 POINT를 더욱 자세히 실었습니다.

국내 최대 지텔프 커뮤니티 '켈리 지텔프 카페 (https://cafe.naver.com/kellygtelp)' 에서는 매일 지텔프 문법 5문제를 무료로 올려드리고 있으며 다양한 자료를 무료로 받아보실 수 있습니다. 유튜브 영상을 교재와 함께 활용하시면 큰 도움이 될 것입니다. 책을 쓸 수 있는 능력을 주신 하나님과 항상 많은 도움을 주시는 정대열 사장님, 항상 힘이 되어 주시는 김보건 선생님께 머리 숙여 감사드립니다.

2025년 3월
켈리 영어 연구소에서 켈리 드림

켈리 지텔프
목차

Unit 01 가정법

G-POINT 1   9
G-POINT 2   19

Unit 02 should 생략

G-POINT 3   39

Unit 03 시제

G-POINT 4   59
G-POINT 5   69
G-POINT 6   79
G-POINT 7   89
G-POINT 8   99
G-POINT 9   109
G-POINT 10   119

Unit 04 준동사

G-POINT 11   138
G-POINT 12   149
G-POINT 13   159
G-POINT 14   161
G-POINT 15   178
G-POINT 16   189
G-POINT 17   199
G-POINT 18   209
G-POINT 19   218
G-POINT 20   229

Unit 05 관계사

G-POINT 21   247
G-POINT 22   256
G-POINT 23   266
G-POINT 24   277
G-POINT 25   286
G-POINT 26   297

Contents

Unit 06 조동사

G-POINT 27	314
G-POINT 28	315
G-POINT 29	316
G-POINT 30	317
G-POINT 31	318

Unit 07 연결어

G-POINT 32	345
G-POINT 33	354

정답 및 해설&해석 [STEP 4]

Unit 01 가정법	372
Unit 02 should 생략	374
Unit 03 시제	377
Unit 04 준동사	379
Unit 05 관계사	381
Unit 06 조동사	384
Unit 07 연결어	386

Unit 01
가정법

>> G-POINT 1~2

>> 가정법 오답 POINT 1~6

가정법 미리보기

시제와 더불어 가장 많이 출제되는 유형이다. 가정법은 단순 암기만 하면 해석하지 않아도 바로 풀 수 있기 때문에 굉장히 고마운 유형이다. 가정법에서는 총 2가지 포인트를 학습하게 된다. 켈리의 G-POINT 1과 2를 학습한 후, 문제를 통해 점검하면 끝이다. 보통의 경우 G-POINT 1, 2만 알면 풀 수 있는 문제가 대부분이다. 하지만 가끔 수험생들을 헷갈리게 하는 문제가 출제되기도 한다. 시험에 나왔을 때 수험생들을 당황시켰던 문제 들을 7개의 유형으로 분류하여 오답 POINT로 정리했다. 완전한 학습을 위해서는 오답 POINT까지 숙지하는 것이 좋다.

- **출제 문제 수 :** 총 6문제(보통 가정법 과거 3문제, 가정법 과거완료 3문제)
- **선택지 특징 :**

  ① 동사 위주로 구성
  ② 보통 would / could / might 로 시작하는 선지가 존재

  예 (a) would arrive
  　　(b) would have arrived
  　　(c) will arrive
  　　(d) arrives

- **Kelly's 가정법 문제풀이 단계**

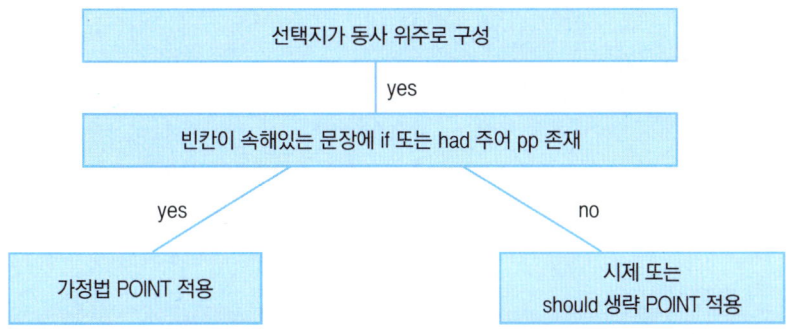

켈리지텔프
G-POINT
33

켈리 지텔프 G-POINT 1

> **If 주어 과거동사, 주어 would / could / might + 동사원형**

과거동사와 조동사 과거형을 썼기 때문에, '가정법 과거'라고 불린다. 조동사 뒤에는 과거형을 쓸 수 없으므로 동사원형을 쓴 형태에 주의하면 된다. 과거동사를 썼음에도 불구하고 해석은 현재로 한다. 단, 지텔프 수험생들에게 해석은 중요하지 않기 때문에 신경 쓰지 않아도 된다. 다음 예문을 통해 G-Point 1을 정확히 이해해보자.

예문

If I studied hard, I _____ the test. [pass]

주절의 동사(studied)가 과거이므로, G-Point 1에 해당하는 가정법 과거이다. 따라서 주절에는 'w/c/m + 동사원형'의 형태가 적절하므로 would pass를 쓰면 된다.

STEP 1

어법 선택 [답의 근거를 반드시 체크하시오.]

01 If I [study / studied] grammar harder, I could reach my goal.

02 If she loved me, I [will / would] work harder.

03 If I had money, I [could have eaten / could eat] all the food in the world.

04 If the government [had subsidized / subsidized] the tuition fee, I would study English.

05 If I could speak a foreign language like a native speaker, it would [have been / be] much easier for me to achieve my dream.

06 If I were single without children, I would [have invested / invest] in myself.

07 If he forgave me once, I [would / will] not make such a mistake again.

08 If foreign investment increased, the release date of the product under development would [have been / be] faster.

09 If I possessed an artistic talent, I could [have made / make] amazing inventions.

10 If he [had been / were] rich enough not to worry about his living expenses, he would travel around the world.

STEP 1

정답 및 해설

01 만약 내가 문법을 더 열심히 공부한다면, 목표에 도달할 수 있을 텐데.
  정답 studied [답의 근거 : could reach]

02 만약 그녀가 나를 사랑한다면 더 열심히 일 할 텐데.
  정답 would [답의 근거 : loved]

03 만약 내가 돈이 있다면 세상에 있는 모든 음식을 먹을 수 있을 텐데.
  정답 could eat [답의 근거 : had]

04 만약 정부가 학비를 보조해준다면, 영어를 공부 할 텐데.
  정답 subsidized [답의 근거 : would study]

05 만약 내가 외국어를 원어민처럼 구사할 수 있다면, 나의 꿈을 이루는 것이 훨씬 쉬울 텐데.
  정답 be [답의 근거 : could speak]

06 만약 내가 아이가 없는 미혼이라면, 나에게 투자할 텐데.
  정답 invest [답의 근거 : were]

07 만약 그가 나를 한 번만 용서해준다면, 다시는 실수를 되풀이 하지 않을 텐데.
  정답 would [답의 근거 : forgave]

08 만약 외국인 투자가 증가한다면, 개발 중인 제품의 출시일이 더 빨라질 텐데.
  정답 be [답의 근거 : increased]

09 만약 나에게 예술적 재능이 있다면, 전 세계를 놀라게 할 발명품을 만들 수 있을 텐데.
  정답 make [답의 근거 : possessed]

10 만약 그가 생활비를 걱정하지 않아도 될 정도로 부유하다면, 세계 여행을 떠날 텐데.
  정답 were [답의 근거 : would travel]

STEP 2

밑줄 친 부분 올바르게 고치기 [답의 근거를 반드시 체크하시오.]

01 If I studied grammar harder, I could have reached my goal.

02 If she loved me, I would have worked harder.

03 If I had had money, I could eat all the food in the workd.

04 If the government subsidized the tuition fee, I would have studied English.

05 If I could speak a foreign language like a native speaker, it would have been much easier for me to achieve my dream.

06 If I had been single without children, I would invest in myself.

07 If he forgave me once, I would not have made such a mistake again.

08 If foreign investment increased, the release date of the product under development would have been faster.

09 If I had possessed an artistic talent, I could make amzaing inventions.

10 If he were rich enough not to worry about his living expenses, he would have traveled around the world.

STEP 2

정답 및 해설

01 만약 내가 문법을 더 열심히 공부한다면, 목표에 도달할 수 있을 텐데.
   정답 could reach [답의 근거 : studied]

02 만약 그녀가 나를 사랑한다면 더 열심히 일 할 텐데.
   정답 would work [답의 근거 : loved]

03 만약 내가 돈이 있다면 세상에 있는 모든 음식을 먹을 수 있을 텐데.
   정답 had [답의 근거 : could eat]

04 만약 정부가 학비를 보조해준다면, 영어를 공부 할 텐데.
   정답 would study [답의 근거 : subsidized]

05 만약 내가 외국어를 원어민처럼 구사할 수 있다면, 나의 꿈을 이루는 것이 훨씬 쉬울 텐데.
   정답 would be [답의 근거 : could speak]

06 만약 내가 아이가 없는 미혼이라면, 나에게 투자 할 텐데.
   정답 were [답의 근거 : would invest]

07 만약 그가 나를 한 번만 용서해준다면, 다시는 실수를 되풀이 하지 않을 텐데.
   정답 would not make [답의 근거 : forgave]

08 만약 외국인 투자가 증가한다면, 개발 중인 제품의 출시일이 더 빨라질 텐데.
   정답 would be [답의 근거 : increased]

09 만약 나에게 예술적 재능이 있다면, 전 세계를 놀라게 할 발명품을 만들 수 있을 텐데.
   정답 possessed [답의 근거 : could make]

10 만약 그가 생활비를 걱정하지 않아도 될 정도로 부유하다면, 세계 여행을 떠날 텐데.
   정답 would travel [답의 근거 : were]

STEP 3

빈칸 넣기

01 If I studied grammar harder, I _____ my goal.
   (a) could have reached
   (b) should have reached
   (c) will reach
   (d) could reach

02 If she loved me, I _____ harder.
   (a) would work
   (b) would have worked
   (c) will work
   (d) might have worked

03 If I _____ money, I could eat all the food in the world.
   (a) had had
   (b) had
   (c) have
   (d) will have

04 If the government subsidized the tuition, I _____ English.
   (a) would have studied
   (b) will have studied
   (c) would study
   (d) have studied

05 If I could speak a foreign language like a native speaker, it _____ much easier for me to achieve my dream.
   (a) will be
   (b) would be
   (c) could have been
   (d) had been

STEP 3

정답 및 해설

01 만약 내가 문법을 더 열심히 공부한다면, 목표에 도달할 수 있을 텐데.
　　정답 (d) [답의 근거 : studied]

02 만약 그녀가 나를 사랑한다면 더 열심히 일할 텐데.
　　정답 (a) [답의 근거 : loved]

03 만약 내가 돈이 있다면 세상이 있는 모든 음식을 먹을 수 있을 텐데.
　　정답 (b) [답의 근거 : could eat]

04 만약 정부가 학비를 보조해준다면, 영어를 공부 할 텐데.
　　정답 (c) [답의 근거 : subsidized]

05 만약 내가 외국어를 원어민처럼 구사할 수 있다며, 나의 꿈을 이루는 것이 훨씬 쉬울 텐데.
　　정답 (b) [답의 근거 : could speak]

STEP 3

빈칸넣기

06 If I _____ single without children, I would invest in myself.
   (a) were
   (b) had been
   (c) will be
   (d) have been

07 If he _____ me once, I would not make such a mistake again.
   (a) forgave
   (b) had forgiven
   (c) will forgive
   (d) is forgiving

08 If foreign investment increased, the release date of the product under development _____ faster.
   (a) would be
   (b) could have been
   (c) will be
   (d) have been

09 If I possessed an artistic talent, I _____ amazing inventions.
   (a) could have made
   (b) could make
   (c) have made
   (d) will make

10 If he were rich enough not to worry about his living expenses, he _____ around the world.
   (a) would travel
   (b) could have traveled
   (c) will travel
   (d) have traveled

STEP 3

정답 및 해설

06 만약 내가 아이가 없는 미혼이라면, 나에게 투자 할 텐데.
정답 (a) [답의 근거 : would invest]

07 만약 그가 나를 한번만 용서해준다면, 다시는 실수를 되풀이 하지 않을 텐데.
정답 (a) [답의 근거 : would not make]

08 만약 외국인 투자가 증가한다면, 개발 중인 제품의 출시일이 더 빨라질 텐데.
정답 (a) [답의 근거 : increased]

09 만약 나에게 예술적 재능이 있다면, 전 세계를 놀라게 할 발명품을 만들 수 있을 텐데.
정답 (b) [답의 근거 : possessed]

10 만약 그가 생활비를 걱정하지 않아도 될 정도로 부유하다면, 세계 여행을 떠날 텐데.
정답 (a) [답의 근거 : were]

켈리지텔프
G-POINT
33

켈리 지텔프 G-POINT 2

> **If 주어 had pp (=Had 주어 pp),
> 주어 would / could / might + have pp**

과거완료(had pp)를 사용하여, '가정법 과거완료'라고 불린다. 주절에 had pp를 쓰지 않고 have pp를 쓴 이유는 조동사 뒤에는 원형만 써야 하기 때문이다. 과거완료를 썼음에도 불구하고 해석은 과거로 한다. 단, 지텔프 수험생들에게 해석은 중요하지 않기 때문에 신경 쓰지 않아도 된다. 다음 예문을 통해 G-Point 2를 정확히 이해해보자.

예문

If I had studied hard, I _____ the test. [pass]

주절의 동사(had studied)가 과거완료이므로, G-Point 2에 해당하는 가정법 과거완료이다. 따라서 주절에는 'w/c/m + have p.p'의 형태가 와야 하므로 would have passed를 쓰면 된다.

가정법 과거완료에서는 도치구문도 나오기 때문에 알아두어야 한다. 원래 영어의 어순은 '주어 + 동사'이지만 어순이 바뀌면 도치되었다고 한다. 가정법에서는 if가 생략되면 도치가 일어나 '동사 + 주어'의 어순으로 변한다. 가령 'If I had studied hard, I would have passed the test'는 if가 생략되면 주어인 'I'와 동사부분의 'had'의 위치가 바뀌어 'Had I studied hard, I would have passed the test'가 된다. 따라서 if가 없더라도 'had + 주어'의 어순이 나오면 'if 주어 had~'로 바꾸어 문제를 풀면 된다. 다음 예문을 살펴보자.

I _____ the test had I studied hard. [pass]

'had I studied hard'는 원래 'if I had studied hard'였을 것이다. 따라서 주절에는 'w/c/m + have pp'의 형태가 적절하므로 would have passed를 쓰면 된다. 참고로 무조건 if절이 먼저 오는 것이 아니라, 위의 예문처럼 주절과 if절의 위치가 바뀔 수 있다.

STEP 1

어법 선택 [답의 근거를 반드시 체크하시오.]

01 If I had studied grammar harder, I [could reach / could have reached] my goal.

02 If she [loved / had loved] me, I would have worked harder.

03 If I [had / had had] money, I could have eaten all the food in the world.

04 If the government had subsidized the tuition fee, I would [have studied / study] English.

05 Had I spoken a foreign language like a native speaker, it would [be / have been] much easier for me to achieve my dream.

06 If I [were / had been] single without children, I would have invested in myself.

07 If he [forgave / had forgiven] me once, I would not have made such a mistake again.

08 If foreign investment had increased, the release date of the product under development would [have been / be] faster.

09 Had I possessed an artistic talent, I could [make / have made] amazing inventions.

10 If he [were / had been] rich enough not to worry about his living expenses, he would have traveled around the world.

STEP 1

정답 및 해설

01 만약 내가 문법을 더 열심히 공부했었다면, 목표에 도달할 수 있었을 텐데.
   정답) could have reached [답의 근거 : had studied]

02 만약 그녀가 나를 사랑했다면 더 열심히 일했을 텐데.
   정답) had loved [답의 근거 : would have worked]

03 만약 내가 돈이 있었다면 세상에 있는 모든 음식을 먹을 수 있었을 텐데.
   정답) had had [답의 근거 : could have eaten]

04 만약 정부가 학비를 보조해 주었다면, 영어를 공부 했을 텐데.
   정답) have studied [답의 근거 : had subsidized]

05 만약 내가 외국어를 원어민처럼 구사할 수 있었다면, 나의 꿈을 이루는 것이 훨씬 쉬웠을 텐데.
   정답) have been [답의 근거 : had I spoken]

06 만약 내가 아이가 없는 미혼이었다면, 나에게 투자 했을 텐데.
   정답) had been [답의 근거 : would have invested]

07 만약 그가 나를 한 번만 용서해 주었다면, 다시는 그런 실수를 되풀이 하지 않았을 텐데.
   정답) had forgiven [답의 근거 : would not have made]

08 만약 외국인 투자가 증가했다면, 회사에서 개발 중인 제품의 출시일이 더 빨라졌을 텐데.
   정답) have been [답의 근거 : had increased]

09 만약 나에게 예술적 재능이 있었다면, 놀라운 발명품을 만들 수 있었을 텐데.
   정답) have made [답의 근거 : had I possessed]

10 만약 그가 생활비를 걱정하지 않아도 될 정도로 부유했었다면, 세계 여행을 떠났을 텐데.
   정답) had been [답의 근거 : would have traveled]

STEP 2

밑줄 친 부분 올바르게 고치기 [답의 근거를 반드시 체크하시오.]

01 If I <u>studied</u> grammar harder, I could have reached my goal.

02 If she had loved me, I <u>would work</u> harder.

03 If I <u>had</u> money, I could have eaten all the food in the world.

04 If the government <u>subsidized</u> the tuition, I would have studied English.

05 Had I spoken a foreign language like a native speaker, it <u>would be</u> much easier for me to achieve my dream.

06 If I had been single without children, I <u>would invest</u> in myself.

07 If he had forgiven me once, I <u>would not make</u> such a mistake again.

08 If foreign investment <u>increased</u>, the release date of the product under development by the company would have been faster.

09 Had I possessed an artistic talent, I <u>could make</u> amazing inventions.

10 If he had been rich enough not to worry about his living expenses, he <u>would travel</u> around the world.

STEP 2

정답 및 해설

01 만약 내가 문법을 더 열심히 공부했었다면, 목표에 도달할 수 있었을 텐데.
  정답) had studied [답의 근거 : could have reached]

02 만약 그녀가 나를 사랑했다면 더 열심히 일했을 텐데.
  정답) would have worked [답의 근거 : had loved]

03 만약 내가 돈이 있었다면 원하는 무엇이든 먹을 수 있었을 텐데.
  정답) had had [답의 근거 : could have eaten]

04 만약 정부가 학비를 보조해 주었다면, 원하는 공부를 했을 텐데.
  정답) had subsidized [답의 근거 : would have studied]

05 만약 내가 외국어를 원어민처럼 구사할 수 있었다면, 나의 꿈을 이루는 것이 훨씬 쉬웠을 텐데.
  정답) would have been [답의 근거 : had I spoken]

06 만약 내가 아이가 없는 미혼이었다면, 나에게 투자 했을 텐데.
  정답) would have invested [답의 근거 : had been]

07 만약 그가 나를 한번만 용서해 주었다면, 다시는 그런 실수를 되풀이 하지 않았을 텐데.
  정답) would not have made [답의 근거 : had forgiven]

08 만약 외국인 투자가 증가했다면, 회사에서 개발 중인 제품의 출시일이 더 빨라졌을 텐데.
  정답) had increased [답의 근거 : would have been]

09 만약 나에게 예술적 재능이 있었다면, 놀라운 발명품을 만들 수 있었을 텐데.
  정답) could have made [답의 근거 : had I possessed]

10 만약 그가 생활비를 걱정하지 않아도 될 정도로 부유했었다면, 세계 여행을 떠났을 텐데.
  정답) would have traveled [답의 근거 : had been]

STEP 3

빈칸 넣기

01 If I _____ grammar harder, I could have reached my goal.
- (a) studied
- (b) will have studied
- (c) have studied
- (d) had studied

02 If she had loved me, I _____ harder.
- (a) would have worked
- (b) would work
- (c) worked
- (d) will work

03 If I _____ money, I could have eaten all the food in the world.
- (a) had had
- (b) had
- (c) will have had
- (d) have

04 If the government _____ the tuition fee, I would have studied English.
- (a) is subsidizing
- (b) subsidized
- (c) had subsidized
- (d) will subsidize

05 Had I spoken a foreign language like a native speaker, it _____ much easier for me to achieve my dream.
- (a) was
- (b) would have been
- (c) would be
- (d) will be

STEP 3

정답 및 해설

01 만약 내가 문법을 더 열심히 공부했었다면, 목표에 도달할 수 있었을 텐데.
정답 (d) [답의 근거 : could have reached]

02 만약 그녀가 나를 사랑했다면 더 열심히 일했을 텐데.
정답 (a) [답의 근거 : had loved]

03 만약 내가 돈이 있었다면 세상에 있는 모든 음식을 먹을 수 있었을 텐데.
정답 (a) [답의 근거 : could have eaten]

04 만약 정부가 학비를 보조해 주었다면, 영어를 공부 했을 텐데.
정답 (c) [답의 근거 : would have studied]

05 만약 내가 외국어를 원어민처럼 구사할 수 있었다면, 나의 꿈을 이루는 것이 훨씬 쉬웠을 텐데.
정답 (b) [답의 근거 : had I spoken]

STEP 3

빈칸 넣기

06 If I had been single without children, I _____ in myself.
- (a) would have invested
- (b) will invest
- (c) had invested
- (d) invested

07 If he had forgiven me once, I _____ such a mistake again.
- (a) will not make
- (b) could not make
- (c) would not have made
- (d) had not made

08 If foreign investment _____, the release date of the product under development would have been faster.
- (a) had increased
- (b) increased
- (c) will increase
- (d) will have been increasing

09 Had I possessed an artistic talent, I _____ amazing inventions.
- (a) could make
- (b) could have made
- (c) will make
- (d) should make

10 If he had been rich enough not to worry about his living expenses, he _____ around the world.
- (a) would travel
- (b) will travel
- (c) had been traveling
- (d) would have traveled

STEP 3

정답 및 해설

06 만약 내가 아이가 없는 미혼이었다면, 나에게 투자 했을 텐데
　　정답 (a) [답의 근거 : had been]

07 만약 그가 나를 한번만 용서해 주었다면, 다시는 그런 실수를 되풀이 하지 않았을 텐데
　　정답 (c) [답의 근거 : had forgiven]

08 만약 외국인 투자가 증가했다면, 회사에서 개발 중인 제품의 출시일이 더 빨라졌을 텐데
　　정답 (a) [답의 근거 : would have been]

09 만약 나에게 예술적 재능이 있었다면, 놀라운 발명품을 만들 수 있었을 텐데
　　정답 (b) [답의 근거 : had I possessed]

10 만약 그가 생활비를 걱정하지 않아도 될 정도로 부유했었다면, 세계 여행을 떠났을 텐데
　　정답 (d) [답의 근거 : had been]

켈리의 가정법 오답 POINT

켈리 지텔프 G-POINT 33

 오답 POINT 1

 최빈출

had + 주어 + pp → 가정법 과거완료 (G-POINT 2)

빈출되는 가정법 오답포인트이다. 가정법에서는 if가 생략될 경우 주어와 동사의 어순이 바뀌는 도치 현상이 일어난다.

Had she studied hard, she [would pass / would have passed] the test.

첫 문장에서 if를 생략해서 had 와 she의 위치가 바뀌었다. 가정법 과거완료이므로 정답은 would have passed이다.

 오답 POINT 2

 빈출

if + 주어 + had + 명사 → 가정법 과거 (G-POINT 1)

if 절에 had가 나온다고 무턱대고 가정법 과거완료로 생각해서는 안된다. had 뒤에 명사가 나오는 경우에는 had가 단순히 have의 과거동사로 쓰였기 때문에 그때는 가정법 과거이다. 따라서 G-POINT1을 적용해야 한다. 정리하면 'if 주어 had + 명사'인 경우에는 G-POINT1을 적용하고 'if 주어 had pp'인 경우에는 G-POINT2를 적용하면 된다.

If I had some money, I [would buy / would have bought] a car.

had 뒤에 명사가 왔으므로 가정법 과거이다. 따라서 정답은 would buy이다.

오답 POINT 3

if 주어 + could / did / were → 가정법 과거 (G-POINT 1)

if 절에 could, did, were가 나오는 경우 주절에 무엇을 넣어야 할지 헷갈리는 수험생들이 종종 있다. 이 경우는 가정법 과거이므로 G-POINT 1을 적용하면 된다.

If she were a doctor, she [could cure / could have cured] him.

if 절에 were가 있으므로 가정법과거이다. 따라서 정답은 could cure이다.

오답 POINT 4

if + 주어 + 현재 시제 → 가정법 문제 아님

if가 나온다고 해서 무조건 가정법 문제는 아니다. if 절에 과거동사나 had pp가 아닌 현재 동사가 나온다면 그 때는 시제 문제이다. 따라서 이후에 학습하게 될 시제 POINT를 적용해야 한다.

If she gives me the money, I will be buying some groceries.

예문에 if가 나왔지만 gives는 현재 시제이므로 이 문장은 가정법이 아닌 조건절이다. 따라서 시제파트에서 배우게 될 조건 부사절과 관련된 포인트를 적용해야 한다.

오답 POINT 5

동사 뒤 if가 '~인지 아닌지'로 해석될 경우 → 가정법 문제 아님

가정법은 상황을 가정하기 때문에 '만약 ~'으로 시작되는 경우가 대부분이다. if는 '만약 ~라면' 이외에도 '~인지 아닌지'의 해석이 가능하다. 당연히 '~인지 아닌지'로 해석되는 경우에는 가정법이 아니기 때문에 가정법 POINT를 적용할 수 없다. check, decide, ask 등의 동사 뒤에 바로 if가 나오는 경우 보통 '인지 아닌지'로 해석된다. 이 경우에는 가정법 포인트를 적용하면 안된다.

오답 POINT 6

if 주어 had pp, 주어 would/could/might + 동사원형 + right (now), today → 혼합가정법

다시 한번 G-POINT 1과 G-POINT 2를 복습해보자.

G-POINT 1은 if 주어 + 과거동사, 주어 would/could/might + 동사원형이다. 해석은 '(현재) ~한다면, (현재) ~할 텐데'로 해석된다.

G-POINT 2는 if 주어 + had pp, 주어 would/could/might + have pp이다. 해석은 '(과거에) ~했다면, (과거에) ~했을 텐데'로 해석된다.

혼합 가정법은 G-POINT 1과 G-POINT 2를 혼합한 형태이다.
if 절에는 가정법 과거완료(G-POINT2)를 쓰고 주절에는 가정법 과거(G-POINT1)를 쓰면 된다. 다음과 같은 공식이 성립된다.

If 주어 had pp, 주어 would/could/might + 동사원형

'(과거에) ~했었다면, (현재) ~할 텐데'로 해석이 된다. 가령 다음 예문을 살펴보자.

If she had taken the medicind yesterday, she would be better right now.

if절에는 가정법 과거완료가 왔고 주절에는 가정법 과거가 와서 '만약 그녀가 어제 그 약을 먹었다면 지금 좋아졌을 텐데'로 해석된다. 주절에는 현재의 가정이므로 현재를 나타내는 단서인 'right (now), today'같은 단서가 나오는 경우가 많다는 것도 기억해두면 좋다.

켈리 지텔프 G-POINT 33

가정법 한 눈에 보기

1. 가정법 문제 유형임을 알 수 있는 방법

선택지에 조동사나 동사의 형태가 존재 + 문제에 가정법의 단서인 if나 'had 주어 pp'가 존재

2. 가정법 POINT 정리

G-POINT 1 If 주어 과거동사, 주어 would / could / might + 동사원형

G-POINT 2 If 주어 had pp (=Had 주어 pp), 주어 would / could / might + have pp

3. 가정법 오답 POINT

오답-POINT 1 had + 주어 + pp 가정법 과거완료 (G-POINT 2)

오답-POINT 2 if + 주어 + had + 명사 ➡ 가정법 과거 (G-POINT 1)

오답-POINT 3 if 주어 + could / did / were ➡ 가정법 과거 (G-POINT 1)

오답-POINT 4 if + 주어 + 현재 시제 ➡ 가정법 문제 아님

오답-POINT 5 동사 뒤 if가 '~인지 아닌지'로 해석될 경우 ➡ 가정법 문제 아님

오답-POINT 6 if 주어 had pp, 주어 would/could/might + 동사원형 + right (now), today
  ➡ 혼합가정법

STEP 4

가정법 실전 문제

01 If it had not been for the TV program, everyone _____ the event. It helped us pay attention to the issue, using interesting images and videos that the producer had collected for a long time.

(a) wouldn't have known
(b) didn't know
(c) won't know
(d) had known

02 Rachel had tried to find a skillful designer substituting for Ethan. She _____ Mark immediately had he been capable of handling Photoshop.

(a) might hire
(b) will hire
(c) had hired
(d) would have hired

03 Since some earthquakes hit the area last autumn, many experts have said that it is not a safe place from earthquakes anymore. If a stronger earthquake came to it, a lot of people _____.

(a) would have been damaged
(b) were damaged
(c) would be damaged
(d) will damage

04 Sue was not satisfied with the result on the math test because she didn't get the point that she had wanted to get. Actually, she didn't study hard. If she had studied hard, she _____ a good result.

(a) would get
(b) would have gotten
(c) gets
(d) will get

05 I would have taken a good rest at home if I _____ him. I felt sick yesterday because of a mild fever. As soon as I met him, it rained heavily. We didn't have an umbrella and I wore thin clothes.

(a) don't meet
(b) met
(c) have not met
(d) had not met

06 Grace can't come up with new ideas for her work because she doesn't have enough time. If she had more time to think about them, she _____ the task more quickly.

(a) accomplished
(b) would accomplish
(c) could have accomplished
(d) will accomplish

07 Had he not taken the first aid kit, she _____ her life. She lost her footing and got hurt badly while crossing the jungle area but was able to prevent infection using the emergency kit which contained disinfection equipment.

(a) can lose
(b) would have lost
(c) would lose
(d) will have lost

08 If a firefighter had arrived five minutes later, there _____ a big explosion in the building. The firefighter arrived quickly and put out the fire because the owner of the building quickly reported it.

(a) has been
(b) would be
(c) would have been
(d) can be

09 The film _____ successful if it had been actively promoted. The film where, based on a good scenario, famous actors appeared, was not well promoted, so many people didn't watch it.

(a) would have been
(b) might be
(c) will have been
(d) were

10 If the company had stopped making aggressive investments, it _____ into a giant. Despite the recession, executives of the company continued to invest in new products, expecting growth and consequently establishing itself as an overwhelming leader in the industry.

(a) was not
(b) has not
(c) would not grow
(d) would not have grown

11 If the password had been set more difficult, the bank account _____ from being hacked. Monica had set up a password easy to remember, thus being hacked by a notorious hacker, which resulted in a huge loss for her.

(a) is preventing
(b) would have been prevented
(c) will have been prevented
(d) could be prevented

12 Kelly _____ the crisis had she not saved enough money. She had been working for a long time, saving her salary steadily, thereby able to cover all the hospital bills without much burden when her father suddenly collapsed and needed a lot of money.

(a) would not overcome
(b) would not have overcome
(c) could overcome
(d) will overcome

13 If it hadn't rained that day, he _____ her. After a blind date, he had asked her out on a date and made an appointment, but the date was canceled because of the heavy rain.

(a) would have met
(b) will have met
(c) will meet
(d) is meeting

14 If Jack had started his business in a better location, he _____ now. He started his business after retirement, but the location is not so good that he is having a hard time attracting customers.

(a) would succeed
(b) is succeeding
(c) have succeeded
(d) would have succeeded

15 If she hadn't learned how to swim when she was young, there _____ a big accident that day. When she was 5 years old, she learned to swim following her parents' recommendation and enjoyed swimming in the sea.

(a) would be
(b) could be
(c) would have been
(d) will be

16 If Kate, the boss of a famous shoe company, gave appropriate compensation to workers, their work performance _____ very good. In fact, she knows that performance-based compensation is essential to grow the company.

(a) will be
(b) would have been
(c) has been
(d) would be

17 If Ethan had missed English lessons, he _____ a good grade on the exam. Since all of the contents learned in each class were connected, he tried to attend every class, which made it possible for him to get a good grade.

(a) would not have got
(b) might get
(c) will not get
(d) haven't got

18 If Cathy had eaten food slowly, there _____ a dangerous situation. When she tried eating a large amount of food at once, she experienced a situation where food blocked her airway, which made her suffocated.

(a) would be
(b) was
(c) would not have been
(d) will be

19 If Robert sympathized with his employees, their emotional state _____. According to a study, when a leader understands the employees' situation, their stress can be relieved.

(a) would have been stabilized
(b) would be stabilized
(c) was being stabilized
(d) will have been stabilized

20 If Bill experienced many things, he _____ what he likes. Because he is afraid to challenge himself, he doesn't seem to know what he likes and is good at. His father has suggested that he be willing to take adventures.

(a) is able to see
(b) has been able to see
(c) will be able to see
(d) would be able to see

Unit 02

should 생략

>> G-POINT 3

>> should 생략 오답 POINT 1~2

should 생략 미리보기

Should 생략은 지텔프 문법 26문항 중 2문제가 출제된다. '주장, 요구, 명령, 제안, 결정, 충고'와 관련된 동사, 명사, 형용사만 암기해도 해석 없이 기계적으로 빠른 시간 안에 풀 수 있는 수험생들에게 참 고마운 유형이다. should 생략과 관련된 암기해야 할 단어는 다음과 같다.

암기표 1

A	ask, advise, agree	I	insist, important, imperative, impose	R	require, recommend, request, requirement, recommendation, rule
B	best	L	lobby		
C	claim, command, crucial, compulsory, customary	M	mandatory, move	S	suggest, suggestion, stipulate, stress
D	desire, demand, desirable, decision, determine, decree	N	necessary, natural		
		O	order	U	urge, urgent
E	essential	P	propose, proposal, prescribe	V	vital

- **출제 문제 수 :** 총 2문제

- **선택지 특징 :**

  ① 동사 위주

  ② 무조건 동사원형이 존재 (예 arrive, be 등)

  예 (a) arrives
  (b) arrive
  (c) will arrive
  (d) arrived

- **Kelly's should 생략 문제풀이 단계**

  - 선택지가 동사 위주로 구성
  - 선택지에 반드시 동사원형이 존재

  ↓ yes

  - 빈칸이 속해있는 문장에 if 또는 had 주어 pp 가 없음
  - '주요명제결충' 관련 단어 존재 + that + 주어 + _____

  ↓ yes

  should 생략 POINT 적용
  : 동사원형이 답

켈리지텔프
G-POINT
33

켈리 지텔프 **G-POINT 3**

> '주요명제결충'과 관련된 동사, 명사, 형용사 ➡ that 절에 동사원형

G-Point3에서 암기한 단어가 시험에 나오고 종속절(that절)에 빈칸이 뚫려 있다면 빈칸에는 동사원형이 들어가야 한다. 따라서 동사원형이 존재하는 선지가 답이다. 다음 예문을 통해 G-Point3을 정확히 이해해보자.

예문

I suggested that she should go there.

위의 예문은 '나는 그녀가 거기에 가야 한다고 제안했다'로 해석 된다. suggest는 제안을 나타내는 동사인데, 이 때 종속절(that절)에 있는 should는 생략할 수 있다. should는 조동사이므로 뒤에는 동사원형 형태만 존재할 수 있다. 따라서 생략된다면 동사원형의 형태만 남을 것이기 때문에, "I suggested that she go there."의 형태로 쓰는 것이다. 빈칸은 동사원형 형태인 go 부분에 뚫린다. 시제일치의 법칙에 따르면, suggested와 시제를 맞추기 위해 go를 went나 had gone으로 바꿔야 하는 게 아닌가? 혹은 she는 3인칭 단수이니 goes를 써야 하는 게 아닌가? 라고 의아해 하는 수험생들이 있을 것이다. 하지만 should가 생략되었기 때문에 동사원형이 남는다는 것을 꼭 기억하자. 시험이 어려운 경우에는 태를 구분해야 할 수도 있다. 가령 다음과 같은 문제를 살펴보자.

She insisted that the instrument _____.

(a) play (b) plays (c) be played (d) playing

(a)와 (c) 둘 다 동사원형의 형태이다. 참고로 be는 be동사의 동사원형 형태이다. 따라서 (a)와 (c)의 차이점을 찾아야 하는데, (a)는 '연주하다'라는 능동의 형태이고, (c)는 '연주되다'라는 수동의 형태이다. 주어인 'instrument (악기)'가 연주되는 것이므로 수동의 형태가 적절하다. 따라서 정답은 (c)이다. 즉, 동사의 '태'까지도 고려해야 하는 다소 어려운 문제이다. 실제로 '태'까지 고려해야 하는 문제도 출제되므로 꼼꼼하게 학습해야 한다.

그리고 주의해야할 점이 있는데, 시험에서 선택지에 'should+동사원형'과 '동사원형'이 함께 나온 적이 있다. 미국식 영어에서는 should를 쓰지 않는 것이 적절하므로 이 경우에는 동사원형의 형태를 답으로 고르면 된다.

STEP 1

어법 선택 [답의 근거를 반드시 체크하시오.]

01 He suggested that people [have / had] a foreign language certificate in order to get a job in the company they want.

02 It is essential that the paper [write / be written] by next week.

03 I recommend that Chandler [gets / get] along with various people to overcome his timidity.

04 Because she didn't look well, I suggested that she [should leave / leave] early.

05 It is essential that Bill [conduct / conducts] the comprehensive facility checks to open a business.

06 It's natural that Rachel [books / book] an expensive restaurant to date Ross.

07 He insisted that employees [analyzed / analyze] why sales had fallen sharply.

08 Kelly insisted that various programs [implement / be implemented] to give hope to young people.

09 One of the neighbors asked that I [should stop / stop] listening to music in the middle of the night.

10 A doctor recommended that enough vitamin C [take / be taken] in winter.

STEP 1

정답 및 해설

01 그는 사람들이 원하는 회사에서 일자리를 얻기 위해서는 외국어 자격증이 있어야 한다고 제안했다.
  정답 have [답의 근거 : suggested + that]

02 다음 주까지 논문이 작성되어야 하는 것이 필수적이다.
  정답 be written [답의 근거 : essential + that, 논문이 작성 되는 것이므로 수동태를 쓰는 것이 적절하다.]

03 나는 Chandler가 소심함을 극복하기 위해서는 다양한 사람들과 잘 지내야 한다고 권고했다.
  정답 get [답의 근거 : recommend + that]

04 그녀의 안색이 좋지 않았기 때문에, 조금 일찍 퇴근할 것을 제안했다.
  정답 leave [답의 근거 : suggested + that]

05 Bill이 개업을 하기 위해서는 포괄적인 시설점검을 해야 하는 것이 필수적이다.
  정답 conduct [답의 근거 : essential + that]

06 Ross와 데이트를 하려면 Rachel이 값비싼 식당을 예약 하는 것이 당연하다.
  정답 book [답의 근거 : natural + that]

07 그는 직원들이 왜 판매량이 급감했는지에 대해 분석해야 한다고 주장했다.
  정답 analyze [답의 근거 : insisted + that]

08 Kelly는 청소년들에게 희망을 주기 위해 다양한 프로그램이 실행되어야 한다고 주장했다.
  정답 be implemented [답의 근거 : insisted + that, 프로그램이 실행되는 것이므로 수동태를 쓰는 것이 적절하다.]

09 이웃 중 한명이 한밤중에 음악을 듣는 것을 멈춰달라고 요구했다.
  정답 stop [답의 근거 : asked + that]

10 한 박사가 겨울철에는 비타민 C가 충분히 섭취 되어야 한다고 권고했다.
  정답 be taken [답의 근거 : recommended + that, 비타민 C가 섭취되는 것이므로 수동태를 쓰는 것이 적절하다.]

STEP 2

밑줄 친 부분 올바르게 고치기 [답의 근거를 반드시 체크하시오.]

01 He suggested that people <u>had</u> a foreign language certificate in order to get a job in a company they want.

02 It is essential that the paper <u>write</u> by next week.

03 I recommend that Chandler <u>gets</u> along with various people to overcome his timidity.

04 Because she didn't look well, I suggested that she <u>leaves</u> early.

05 It is essential that Bill <u>conducts</u> the comprehensive facility checks to open a business.

06 It's natural that Rachel <u>books</u> an expensive restaurant to date Ross.

07 He insisted that employees <u>analyzed</u> why sales had fallen sharply.

08 Kelly insisted that various programs <u>implements</u> to give hope to young people.

09 One of the neighbors asked that I <u>should stop</u> listening to music in the middle of the night.

10 A doctor recommended that enough vitamin C <u>take</u> in winter.

STEP 2

정답 및 해설

01 그는 사람들이 원하는 회사에서 일자리를 얻기 위해서는 외국어 자격증이 있어야 한다고 제안했다.
    정답) have [답의 근거 : suggested + that]

02 다음 주까지 논문이 작성되어야 하는 것이 필수적이다.
    정답) be written [답의 근거 : essential + that, 논문이 작성 되는 것이므로 수동태를 쓰는 것이 적절하다.]

03 나는 Chandler가 소심함을 극복하기 위해서는 다양한 사람들과 잘 지내야 한다고 권고했다.
    정답) get [답의 근거 : recommend + that]

04 그녀의 안색이 좋지 않았기 때문에, 조금 일찍 퇴근할 것을 제안했다.
    정답) leave [답의 근거 : suggested + that]

05 Bill이 개업을 하기 위해서는 포괄적인 시설점검을 해야 하는 것이 필수적이다.
    정답) conduct [답의 근거 : essential + that]

06 Ross와 데이트를 하려면 Rachel이 값비싼 식당을 예약 하는 것이 당연하다.
    정답) book [답의 근거 : natural + that]

07 그는 직원들이 왜 판매량이 급감했는지에 대해 분석해야 한다고 주장했다.
    정답) analyze [답의 근거 : insisted + that]

08 Kelly는 청소년들에게 희망을 주기 위해 다양한 프로그램이 실행되어야 한다고 주장했다.
    정답) be implemented [답의 근거 : insisted + that, 프로그램이 실행되는 것이므로 수동태를 쓰는 것이 적절하다.]

09 이웃 중 한명이 한밤중에 음악을 듣는 것을 멈춰달라고 요구했다.
    정답) stop [답의 근거 : asked + that]

10 한 박사가 겨울철에는 비타민 C가 충분히 섭취 되어야 한다고 권고했다.
    정답) be taken [답의 근거 : recommended + that, 비타민 C가 섭취되는 것이므로 수동태를 쓰는 것이 적절하다.]

STEP 3

빈칸 넣기

01 He suggested that people _____ a foreign language certificate in order to get a job in a company they want.
(a) had
(b) will have
(c) should have
(d) have

02 It is essential that the paper _____ by next week.
(a) write
(b) be written
(c) will be written
(d) writes

03 I recommend that Chandler _____ along with various people to overcome his timidity.
(a) be got
(b) is being got
(c) get
(d) gets

04 Because she didn't look well, I suggested that she _____ early.
(a) leave
(b) had left
(c) leaves
(d) will leave

05 It is essential that Bill _____ the comprehensive facilities checks to open a business.
(a) should check
(b) checks
(c) would check
(d) check

STEP 3

정답 및 해설

01 그는 사람들이 원하는 회사에서 일자리를 얻기 위해서는 외국어 자격증이 있어야 한다고 제안했다.
　　정답 (d) [답의 근거 : suggested + that, 선지에 should have가 함께 있을 경우 have가 답이다.]

02 다음 주까지 논문이 작성되어야 하는 것이 필수적이다.
　　정답 (b) [답의 근거 : essential + that, 논문이 작성 되는 것이므로 수동태를 쓰는 것이 적절하다.]

03 나는 Chandler가 소심함을 극복하기 위해서는 다양한 사람들과 잘 지내야만 한다고 권고했다.
　　정답 (c) [답의 근거 : recommend + that]

04 그녀의 안색이 좋지 않았기 때문에, 조금 일찍 퇴근할 것을 제안했다.
　　정답 (a) [답의 근거 : suggested + that]

05 Bill이 개업을 하기 위해서는 포괄적인 시설점검을 해야 하는 것이 필수적이다.
　　정답 (d) [답의 근거 : essential + that, 선지에 should check가 함께 있을 경우 check가 답이다.]

STEP 3

빈칸 넣기

06 It's natural that Rachel _____ an expensive restaurant to date Ross.
- (a) book
- (b) books
- (c) will book
- (d) is being booked

07 He insisted that employees _____ why sales had fallen sharply.
- (a) analyzing
- (b) had analyzed
- (c) analyze
- (d) analyzed

08 Kelly insisted that various programs _____ to give hope to young people.
- (a) should implement
- (b) be implemented
- (c) implement
- (d) would implement

09 One of the neighbors asked that I _____ listening to music in the middle of the night.
- (a) had stopped
- (b) will stop
- (c) stop
- (d) am stopped

10 A doctor recommended that enough vitamin C _____ in winter.
- (a) take
- (b) takes
- (c) will be taken
- (d) be taken

STEP 3

정답 및 해설

06 Ross와 데이트를 하려면 Rachel이 값비싼 식당을 예약 하는 것이 당연하다.
  정답 (a) [답의 근거 : natural + that]

07 그는 직원들이 왜 판매량이 급감했는지에 대해 분석해야 한다고 주장했다.
  정답 (c) [답의 근거 : insisted + that]

08 Kelly는 청소년들에게 희망을 주기 위해 다양한 프로그램이 실행되어야 한다고 주장했다.
  정답 (b) [답의 근거 : insisted + that, 프로그램이 실행되는 것이므로 수동태를 쓰는 것이 적절하다.]

09 이웃 중 한명이 한밤중에 음악을 듣는 것을 멈춰달라고 요구했다.
  정답 (c) [답의 근거 : asked + that]

10 한 박사가 겨울철에는 비타민 C가 충분히 섭취 되어야 한다고 권고했다.
  정답 (d) [답의 근거 : recommended + that, 비타민 C가 섭취되는 것이므로 수동태를 쓰는 것이 적절하다.]

켈리의 should 생략 오답 POINT

오답 POINT 1
**선택지에 '동사원형'과 'should + 동사원형'이 모두 존재하는 경우
➡ 동사원형이 정답**

한국에서 문법 교육을 할 때 '주요명제결충'관련 단어가 나오고 that 절에 동사원형이 오는 이유는 should가 생략되었기 때문이라고 배우는 경우가 많다.

즉 우리가 배운 바에 따르면 'I demanded that she should go there'을 'I demanded that she go there'로 바꾸어 쓸 수 있다고 배웠다.

하지만 지텔프 문법은 미국식 문법을 출제한다. 미국식 영어에서는 should를 넣지 않아도 충분히 그 뜻을 파악할 수 있으므로 굳이 should를 넣을 필요가 없다고 생각하며 오히려 should를 넣는 것이 어색하다고 생각한다. 따라서 should 생략문제에서 선택지에 'should + 동사원형'과 '동사원형'이 있는 경우 동사원형이 정답이다.

오답 POINT 2
동사의 태를 구분해야 하는 경우 ➡ 주어를 찾아 능동/수동 구분하기

다음 문제를 살펴보자.

I required that the form _____ out correctly.

(a) be filled
(b) fill
(c) fills
(d) was filling

fill out은 '작성하다, 기입하다'라는 뜻으로 위의 문제는 '나는 그 양식이 올바르게 작성되어야 한다고 요구했다'로 해석된다.

그런데 선택지에 동사원형 형태가 2개 존재한다. (a)의 경우 be동사의 원형인 be가 왔으며 (b)의 경우 동사원형인 fill이 왔다.

두 선택지의 차이점을 살펴보자.
(a)의 경우 'be pp'의 형태이므로 수동이다. 따라서 '작성되다'로 해석된다.
(b)의 경우 능동이다. 따라서 '작성하다'로 해석된다.

이 경우 무엇을 답으로 골라야 할까?
빈칸 앞에 있는 주어를 보면 된다. 주어가 행위를 하면 '능동'이므로 (b)가 정답이 되고 주어가 행위를 하지 않으면 '수동'이므로 (a)가 정답이 된다.
문제에서 주어는 양식을 뜻하는 'the form'이다. 양식은 작성하는 것이 아니라 사람에 의해 작성되므로 수동임을 알 수 있다. 따라서 정답은 (a)이다.
실제로 시험에서 가끔 나오는 유형이므로 꼭 숙지하도록 하자.

켈리 지텔프 G-POINT 33

should 생략 한 눈에 보기

1. should 생략 문제 유형임을 알 수 있는 방법

선택지에 동사원형이나 동사형태가 존재 + 문제에 should 생략 관련 단어 존재 + that 절 동사 자리에 빈칸

2. should 생략 POINT 정리

G-POINT 3 '주요명제결충'과 관련된 동사, 명사, 형용사 ➡ that 절에 동사원형

3. should 생략 오답 POINT

오답-POINT 1 선택지에 '동사원형'과 'should + 동사원형'이 모두 존재하는 경우 ➡ 동사원형이 정답

오답-POINT 2 동사의 태를 구분해야 하는 경우 ➡ 주어 찾아 능수동 구분하기

STEP 4

should 생략 실전 문제

01 A doctor recommended that enough vitamin C _____ in winter. "If it is difficult to take vitamin C through food, it is also a good way to take nutritional supplements containing vitamin C," he added.

(a) takes
(b) be taken
(c) had taken
(d) will take

02 Kevin insisted that he _____ in evaluating the interviewee because he has a lot of experience at the company. His colleagues took his opinion, because knowing that.

(a) will be participating
(b) had participated
(c) participates
(d) participate

03 John suggested that more lights on the stage _____ for the audience to see the singers better. Since the last concert many people had complained that they couldn't see the stage well.

(a) are placed
(b) had been placed
(c) be placed
(d) will be placed

04 An economist insisted that workers _____ a higher salary in some developing countries. Their current salary level is far below the minimum cost of living, which leads to various problems in society.

(a) get
(b) got
(c) getting
(d) will get

05 Damian recommended that employees _____ in order to attract more customers to the cinema. In fact, many studies show that employees' kind attitude affects sales.

(a) are smiling
(b) had been smiling
(c) will smile
(d) smile

06 To solve the recent disaster, the mayor suggested that every local resident _____ forces. Citizens who had wanted to participate gathered at the plaza in front of City Hall at 3 p.m. and moved to the disaster zone.

(a) joins
(b) join
(c) will join
(d) had joined

07 A counselor required that he _____ half an hour before the appointment to break the habit of being late. To make sure he did so, he had to call the counselor to be checked.

(a) leave
(b) is leaving
(c) will leave
(d) had left

08 It is essential that companies _____ with requirements of the contract in order to build trust in a relationship. If they don't, the contract may be terminated and parties who violate them take full responsibility.

(a) complies
(b) complied
(c) should comply
(d) comply

09 The security guard asked that Jack _____ back when he crossed the line. Preventing accidents was his most important duty.

(a) stepping
(b) step
(c) will step
(d) had stepped

10 It is natural that every part _____ well for the machine to work properly. If any part goes wrong, the whole machine will stop working and a terrible accident may occur.

(a) fits
(b) will fit
(c) fit
(d) had fitted

11 Judy insisted that as many criminals as possible _____ to prevent further crimes. "Although it costs a lot of money to do so, it is something that we naturally have to do to prevent additional crimes and achieve social justice," she said.

(a) imprison
(b) should imprison
(c) will be imprisoning
(d) be imprisoned

12 The instructor recommended that Jeniffer _____ Chinese soap operas every day to get used to Chinese. He also explained that it was necessary to pronounce the lines of actors while watching dramas to improve her speaking skills.

(a) watch
(b) watches
(c) will watch
(d) had watched

STEP 4

should 생략 실전 문제

13 Ethan recommended that Kelly _____ more than two liters of water a day to stay healthy. That's why she decided to buy a water purifier to drink good water every day.

(a) drunk
(b) drink
(c) had drunk
(d) will drink

14 Austin insisted that his daughter _____ the peach to prevent herself from developing allergies. She cried and made a fuss because she wanted to eat it, but he didn't budge an inch.

(a) not eats
(b) had not eaten
(c) not eating
(d) not eat

15 Michael suggested that the item _____ at a lower price in order to generate more sales revenue. That's because he read an article that if the price of goods is lowered by 10 percent, 20 percent of sales revenue would increase.

(a) be offered
(b) will offer
(c) should be offered
(d) had offered

16 It is essential that enough rest _____ to prevent burnout. There are many ways of getting rid of stress and taking a rest such as taking a nap or enjoying a leisure activity.

(a) is taken
(b) will be taken
(c) be taken
(d) was taking

17 The president suggested that each of the employees _____ unique clothes at the costume party. At the party, Duke was chosen as the best dresser and appeared in a local newspaper.

(a) had been wearing
(b) wear
(c) will wear
(d) wears

18 It is natural that trout _____ home for scattering. After returning to their hometown against the current, trout lay eggs and die.

(a) returns
(b) will return
(c) had returned
(d) return

19 The coach insisted that Andrew _____ soccer until his injured ankle was healed. If he had continued to play soccer in that condition, his ankle could have gotten worse and he could never play soccer again.

(a) not play
(b) not plays
(c) had not played
(d) will not play

20 The counselor recommended that Kate _____ afraid of taking risks so that she would succeed. He wanted to let her know that if she didn't take the risk, she couldn't get compensation.

(a) has not been
(b) will not be
(c) not be
(d) had not been

Unit 03
시제

>> G-POINT 4~10

>> 시제 오답 POINT 1~2

>> 켈리쌤의 시제 찐팁!

시제 미리보기

시제는 지텔프 문법 26문항 중 6문제가 출제된다. 가정법과 더불어 가장 많이 출제되는 유형이다. 보통 과거진행형, 현재 진행형, 미래 진행형, 과거완료진행형, 현재완료진행형, 미래완료진행형이 각각 한 문제씩 출제된다. 하지만 때때로 각각의 시제가 한문제씩 출제되지 않을 수도 있다. 478회 시험에서는 과거완료 진행형이 출제되지 않았고 현재완료 진행형이 2문제 출제되었다. 이 점을 반드시 유념해야 한다. 정답의 힌트를 찾으면 쉽게 풀 수 있는 유형이다. 하지만, 정답과 관련된 힌트가 나오지 않아서 해석에 의존해야 하는 문제도 매 회 1~2문항 정도 출제되고 있다. 이럴 경우, 해석을 해야 한다. 고득점이 필요치 않은 수험생이라면 해석적 능력을 요구하는 2문제 정도는 풀지 않아도 된다. 따라서 힌트가 없다면 버려도 상관없다. 하지만 고득점을 필요로 하는 수험생들은 힌트가 없어도 해석을 통해서 문제를 풀 수 있는 능력을 갖추어야 한다. 단, 고득점을 필요로 하는 수험생이라면 독해를 준비했을 것인데 그 정도의 독해실력이라면 충분히 해석이 가능하므로 크게 걱정할 필요는 없다.

- **출제 문제 수** : 총 6문제

- **선택지 특징** :

    ① 동사 위주

    ② 무조건 ~ing 로 끝나는 선택지 존재

    예) (a) is studying
    (b) has been studying
    (c) studied
    (d) would study

- **Kelly's 시제 문제풀이 단계**

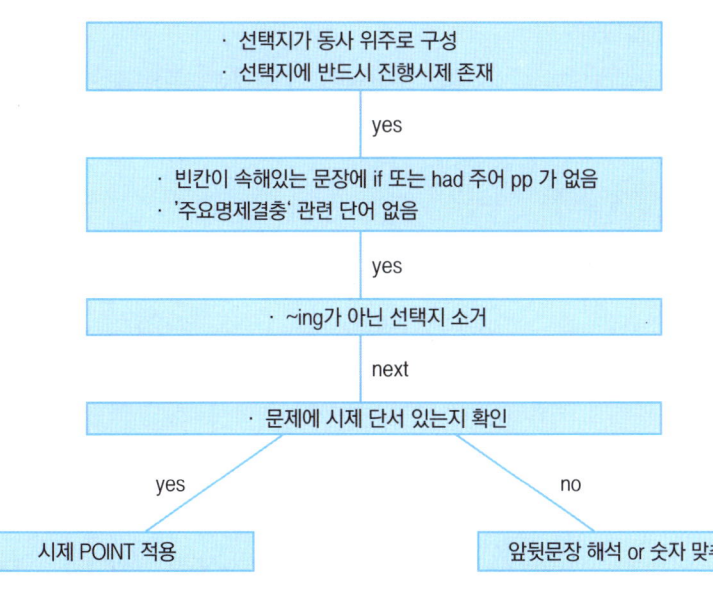

- **Kelly's 시제 찐팁!**

    찐팁 1 ~ing만 정답

    찐팁 2 과거 진행형, 현재 진행형, 미래 진행형, 과거완료 진행형, 현재완료 진행형, 미래완료 진행형 각각 한 문제씩 출제(단, 적용되지 않는 회차가 간혹 등장한다는 것을 꼭 기억할 것!)

켈리 지텔프 **G-POINT 4**

> 주절 과거 + while 과거 진행형 (was / were ~ing)

주절에 과거 시제가 나오고 while절에 빈칸이 뚫리는 경우가 있다. 이럴 경우 while절에는 과거 진행형 시제를 써주면 된다. 다음 예문을 통해 G-Point 4를 정확히 이해해보자.

예문

While she _____ the book, my mom watched TV. (read)

위의 예문처럼 while절에 빈칸이 뚫리고 주절에 과거동사 watched가 온 경우에는 과거 진행형인 was reading을 쓰면 된다.

STEP 1

어법 선택 [답의 근거를 반드시 체크하시오.]

01 While archaeologists [will have been searching / were searching] for traces of remains, the assistants prepared for lunch.

02 She watched a movie while I [am collecting / was collecting] data for the report.

03 While I [will be preparing / was preparing] the food carefully for the housewarming party, my husband cleaned the room.

04 My brother laughed at me while I [had chosen / was choosing] a dress for tomorrow's date.

05 While I [will fill / was filling] out a job application form, officials explained the guidelines regarding the application.

06 While the professor [has been watching / was watching] the students' presentation, she scored.

07 She exchanged money at Frankfurt Airport while I [has been checked / was checking] our flight schedule.

08 While we [were ordering / will order] breakfast at a hotel, an employee at the hotel cleaned the floor.

09 My girlfriend made some cookies while I [was heating / am heating] the water for a hot chocolate.

10 While I [have searched / was searching] for her lost cell phone, she called the company to learn more about cell phone insurance.

STEP 1

정답 및 해설

01 고고학자들이 유적의 흔적을 열심히 찾는 동안, 조교들은 점심식사를 준비하고 있었다.
  정답 were searching [답의 근거 : while + prepared]

02 내가 논문 준비를 위해 자료를 수집하는 동안, 그녀는 영화를 보고 있었다.
  정답 was collecting [답의 근거 : while + watched]

03 집들이를 위해 정성스럽게 음식을 준비하는 동안, 남편은 청소를 하고 있었다.
  정답 was preparing [답의 근거 : while + cleaned]

04 내일 데이트에서 입을 의상을 고르는 동안, 나의 동생은 나를 보며 비웃고 있었다.
  정답 was choosing [답의 근거 : while + laughed]

05 입사지원서를 작성하는 동안, 관계자들은 지원과 관련된 안내사항을 설명해주었다.
  정답 was filling [답의 근거 : while + explained]

06 교수님이 학생들의 발표를 지켜보는 동안, 그녀는 점수를 매기고 있었다.
  정답 was watching [답의 근거 : while + scored]

07 프랑크푸르트 공항에서 비행 일정을 확인하는 동안 그녀는 환전을 하고 있었다.
  정답 was checking [답의 근거 : while + exchanged]

08 호텔에서 아침 식사를 주문하는 동안, 호텔의 한 직원이 바닥을 청소하고 있었다.
  정답 were ordering [답의 근거 : while + cleaned]

09 내가 핫초코를 타기 위해 물을 데우는 동안, 나의 여자 친구는 쿠키를 굽고 있었다.
  정답 was heating [답의 근거 : while + made]

10 잃어버린 휴대폰을 찾는 동안 그녀는 휴대폰 보험에 대해 자세히 알아보기 위해 회사에 전화를 했다.
  정답 was searching [답의 근거 : while + called]

STEP 2

밑줄 친 부분 올바르게 고치기 [답의 근거를 반드시 체크하시오.]

01 While archaeologists have been searching for traces of remains, the assistants prepared for lunch.

02 She watched a movie while I will collect data for the report.

03 While I will be preparing the food carefully for the housewarming party, my husband cleaned the room.

04 My brother laughed at me while I had chosen a dress for tomorrow's date.

05 While I have filled out a job application form, officials explained the guidelines regarding the application.

06 While the professor is watching the students' presentation, she scored.

07 She exchanged money at Frankfurt Airport while I check our flight schedule.

08 While we had ordered breakfast at a hotel, an employee at the hotel cleaned the floor.

09 My girlfriend made some cookies while I have been heating the water for a hot chocolate.

10 While I am searching for her lost cell phone, she called the company to learn more about cell phone insurance.

STEP 2

정답 및 해설

01 고고학자들이 유적의 흔적을 열심히 찾는 동안, 조교들은 점심식사를 준비하고 있었다.
  정답 were searching [답의 근거 : while + prepared]

02 내가 논문 준비를 위해 자료를 수집하는 동안, 그녀는 영화를 보고 있었다.
  정답 was collecting [답의 근거 : while + watched]

03 집들이를 위해 정성스럽게 음식을 준비하는 동안, 남편은 청소를 하고 있었다.
  정답 was preparing [답의 근거 : while + cleaned]

04 내일 데이트에서 입을 의상을 고르는 동안, 나의 동생은 나를 보며 비웃고 있었다.
  정답 was choosing [답의 근거 : while + laughed]

05 입사지원서를 작성하는 동안, 관계자들은 지원과 관련된 안내사항을 설명해주었다.
  정답 was filling [답의 근거 : while + explained]

06 교수님이 학생들의 발표를 지켜보는 동안, 그녀는 점수를 매기고 있었다.
  정답 was watching [답의 근거 : while + scored]

07 프랑크푸르트 공항에서 비행 일정을 확인하는 동안 그녀는 환전을 하고 있었다.
  정답 was checking [답의 근거 : while + exchanged]

08 호텔에서 아침 식사를 주문하는 동안, 호텔의 한 직원이 바닥을 청소하고 있었다.
  정답 were ordering [답의 근거 : while + cleaned]

09 내가 핫초코를 타기 위해 물을 데우는 동안, 나의 여자 친구는 쿠키를 굽고 있었다.
  정답 was heating [답의 근거 : while + made]

10 잃어버린 휴대폰을 찾는 동안 그녀는 휴대폰 보험에 대해 자세히 알아보기 위해 회사에 전화를 했다.
  정답 was searching [답의 근거 : while + called]

STEP 3

빈칸 넣기

01 While archaeologists _____ for traces of remains, the assistants prepared for lunch.
- (a) search
- (b) were searching
- (c) have been searching
- (d) are searching

02 She watched a movie while I _____ data for the report.
- (a) am collecting
- (b) collected
- (c) was collecting
- (d) had been collecting

03 While I _____ the food carefully for the housewarming party, my husband cleaned the room.
- (a) was preparing
- (b) had been preparing
- (c) am preparing
- (d) prepare

04 My brother laughed at me while I _____ a dress for tomorrow's date.
- (a) am choosing
- (b) choose
- (c) have been choosing
- (d) was choosing

05 While I _____ out a job application form, officials explained the guidelines regarding the application.
- (a) fill
- (b) am filling
- (c) have been filling
- (d) was filling

STEP 3

정답 및 해설

01 고고학자들이 유적의 흔적을 열심히 찾는 동안, 조교들은 점심식사를 준비하고 있었다.
  정답 (b) [답의 근거 : while + prepared]

02 내가 논문 준비를 위해 자료를 수집하는 동안, 그녀는 영화를 보고 있었다.
  정답 (c) [답의 근거 : while + watched]

03 집들이를 위해 정성스럽게 음식을 준비하는 동안, 남편은 청소를 하고 있었다.
  정답 (a) [답의 근거 : while + cleaned]

04 내일 데이트에서 입을 의상을 고르는 동안, 나의 동생은 나를 보며 비웃고 있었다.
  정답 (d) [답의 근거 : while + laughed]

05 입사지원서를 작성하는 동안, 관계자들은 지원과 관련된 안내사항을 설명해주었다.
  정답 (d) [답의 근거 : while + explained]

STEP 3

빈칸 넣기

06 While the professor _____ the students' presentation, she scored.

   (a) watches
   (b) has been watching
   (c) was watching
   (d) had been watching

07 She exchanged money at Frankfurt Airport while I _____ our flight schedule.

   (a) was checking
   (b) check
   (c) have been checking
   (d) had been checking

08 While we _____ breakfast at a hotel, an employee at the hotel cleaned the floor.

   (a) ordered
   (b) had been ordering
   (c) were ordering
   (d) have been ordering

09 My girlfriend made some cookies while I _____ the water for a hot chocolate.

   (a) heat
   (b) was heating
   (c) have been heating
   (d) had been heating

10 While I _____ for her lost cell phone, she called the company to learn more about cell phone insurance.

   (a) was searching
   (b) am searching
   (c) have been searching
   (d) had been searching

STEP 3

정답 및 해설

06 교수님이 학생들의 발표를 지켜보는 동안, 그녀는 점수를 매기고 있었다.
　　정답 (c) [답의 근거 : while + scored]

07 프랑크푸르트 공항에서 비행 일정을 확인하는 동안 그녀는 환전을 하고 있었다.
　　정답 (a) [답의 근거 : while + exchanged]

08 호텔에서 아침 식사를 주문하는 동안, 호텔의 한 직원이 바닥을 청소하고 있었다.
　　정답 (c) [답의 근거 : while + cleaned]

09 내가 핫초코를 타기 위해 물을 데우는 동안, 나의 여자 친구는 쿠키를 굽고 있었다.
　　정답 (b) [답의 근거 : while + made]

10 잃어버린 휴대폰을 찾는 동안 그녀는 휴대폰 보험에 대해 자세히 알아보기 위해 회사에 전화를 했다.
　　정답 (a) [답의 근거 : while + called]

켈리 지텔프 G-POINT 5

when 과거 + 주절 과거진행형 (was / were ~ing)

when 절에 과거 동사가 나오고 주절에 빈칸이 뚫리는 경우가 있다. 이럴 경우 주절에는 과거 진행형 시제를 써주면 된다. 단, G-Point 8과 구별해야 한다. 이후에 배우겠지만, for 또는 since처럼 완료진행 시제의 힌트가 있다면, 과거 진행시제 대신 G-Point 8 에서 배우게 될 과거완료 진행 시제를 써주어야 한다. 다음 예문을 통해 G-Point 5를 정확히 이해해보자.

예문

When I saw her, she _____ something. (write)

when절에 과거동사가 나왔고, for 또는 since가 없으므로 과거 진행형인 was writing을 쓰면 된다.

STEP 1

어법 선택 [답의 근거를 반드시 체크하시오.]

01 When he was promoted to sales manager, the company's sales [are increasing / were increasing].

02 When Rachel went to see her wedding dress, a clerk [had received / was receiving] a complain from another customer.

03 When people finally found him in the cabin, he [will sing / was singing] a song that reminded them of their hometown.

04 When Ross went to see the professor, she [was writing / has been writing] a paper.

05 When I called her, she [was preparing / has prepared] for the graduation exam.

06 A car suddenly [is passing / was passing] quickly when the police cracked down on drinking and driving.

07 Joey [was making / will be making] a cheat sheet when I went to take the exam.

08 When Chandler visited Monica to find out what she was doing, she [was serving / serves] customers.

09 When we finally won the finals, my parents [are crying / were crying].

10 When I finally found the tiger, it [was gobbling / will have been gobbling] its food.

STEP 1

정답 및 해설

01 그가 영업 부장으로 승진했을 때 회사의 매출은 증가했다.
  (정답) were increasing [답의 근거 : when + was]

02 Rachel이 결혼식 드레스를 보러 갔을 때, 한 점원이 다른 고객의 불만을 접수하고 있었다.
  (정답) was receiving [답의 근거 : when + went]

03 사람들이 마침내 그를 오두막집에서 발견했을 때, 그는 고향을 생각나게 하는 노래를 부르고 있었다.
  (정답) was singing [답의 근거 : when + found]

04 Ross가 교수님을 찾아 갔을 때, 교수님은 논문을 쓰고 있었다.
  (정답) was writing [답의 근거 : when + went]

05 그녀에게 전화했을 때, 그녀는 졸업시험을 준비하고 있었다.
  (정답) was preparing [답의 근거 : when + called]

06 경찰들이 음주 단속을 하고 있었을 때, 갑자기 한 차가 빠르게 지나갔다.
  (정답) was passing [답의 근거 : when + cracked]

07 내가 시험을 보러 갔을 때 Joey는 커닝페이퍼를 만들고 있었다.
  (정답) was making [답의 근거 : when + went]

08 Monica가 무엇을 하고 있는지 알아보기 위해 Chandler가 그녀를 방문했을 때, 그녀는 고객을 응대하고 있는 중이었다.
  (정답) was serving [답의 근거 : when + visited]

09 마침내 우리가 결승전에서 우승을 하였을 때, 부모님은 울먹이셨다.
  (정답) were crying [답의 근거 : when + won]

10 내가 마침내 호랑이를 발견했을 때, 호랑이는 게걸스럽게 먹잇감을 먹고 있었다.
  (정답) was gobbling [답의 근거 : when + found]

STEP 2

밑줄 친 부분 올바르게 고치기 [답의 근거를 반드시 체크하시오.]

01 When he was promoted to sales manager, the company's sales have been increasing.

02 When Rachel went to see her wedding dress, a clerk is receiving a complain from another customer.

03 When people finally found him in the cabin, he sings a song that reminded them of their hometown.

04 When Ross went to see the professor, she had written a paper.

05 When I called her, she will prepare for the graduation exam.

06 A car suddenly has passed quickly when the police cracked down on drinking and driving.

07 Joey is making a cheat sheet when I went to take the exam.

08 When Chandler visited Monica to find out what she was doing, she has been serving customers.

09 When we finally won the finals, my parents had cried.

10 When I finally found the tiger, it is gobbling its food.

STEP 2

정답 및 해설

01 그가 영업 부장으로 승진했을 때 회사의 매출은 증가했다.
   (정답) were increasing [답의 근거 : when + was]

02 Rachel이 결혼식 드레스를 보러 갔을 때, 한 점원이 다른 고객의 불만을 접수하고 있었다.
   (정답) was receiving [답의 근거 : when + went]

03 사람들이 마침내 그를 오두막집에서 발견했을 때, 그는 고향을 생각나게 하는 노래를 부르고 있었다.
   (정답) was singing [답의 근거 : when + found]

04 Ross가 교수님을 찾아 갔을 때, 교수님은 논문을 쓰고 있었다.
   (정답) was writing [답의 근거 : when + went]

05 그녀에게 전화했을 때, 그녀는 졸업시험을 준비하고 있었다.
   (정답) was preparing [답의 근거 : when + called]

06 경찰들이 음주 단속을 하고 있었을 때, 갑자기 한 차가 빠르게 지나갔다.
   (정답) was passing [답의 근거 : when + cracked]

07 내가 시험을 보러 갔을 때 Joey는 커닝페이퍼를 만들고 있었다.
   (정답) was making [답의 근거 : when + went]

08 Monica가 무엇을 하고 있는지 알아보기 위해 Chandler가 그녀를 방문했을 때, 그녀는 고객을 응대하고 있는 중이었다.
   (정답) was serving [답의 근거 : when + visited]

09 마침내 우리가 결승전에서 우승을 하였을 때, 부모님은 울먹이셨다.
   (정답) were crying [답의 근거 : when + won]

10 내가 마침내 호랑이를 발견했을 때, 호랑이는 게걸스럽게 먹잇감을 먹고 있었다.
   (정답) was gobbling [답의 근거 : when + found]

STEP 3

빈칸넣기

01 When he was promoted to sales manager, the company's sales _____ .
(a) were increasing
(b) am increasing
(c) have been increasing
(d) had been increasing

02 When Rachel went to see her wedding dress, a clerk _____ a complain from another customer.
(a) receive
(b) is receiving
(c) was receiving
(d) has been receiving

03 When people finally found him in the cabin, he _____ a song that reminded them of their hometown.
(a) sings
(b) has been singing
(c) had been singing
(d) was singing

04 When Ross went to see the professor, she _____ a paper.
(a) is writing
(b) was writing
(c) had been writing
(d) writes

05 When I called her, she _____ for the graduation exam.
(a) is preparing
(b) has been preparing
(c) had been preparing
(d) was preparing

STEP 3

정답 및 해설

01 그가 영업 부장으로 승진했을 때 회사의 매출은 증가했다.
  정답 (a) [답의 근거 : when + was]

02 Rachel이 결혼식 드레스를 보러 갔을 때, 한 점원이 다른 고객의 불만을 접수하고 있었다.
  정답 (c) [답의 근거 : when + went]

03 사람들이 마침내 그를 오두막집에서 발견했을 때, 그는 고향을 생각나게 하는 노래를 부르고 있었다.
  정답 (d) [답의 근거 : when + found]

04 Ross가 교수님을 찾아 갔을 때, 교수님은 논문을 쓰고 있었다.
  정답 (b) [답의 근거 : when + went]

05 그녀에게 전화했을 때, 그녀는 졸업시험을 준비하고 있었다.
  정답 (d) [답의 근거 : when + called]

STEP 3

빈칸넣기

06 A car suddenly _____ quickly when the police cracked down on drinking and driving.
  (a) was passing
  (b) passed
  (c) has been passing
  (d) passes

07 Joey _____ a cheat sheet when I went to take the exam.
  (a) is making
  (b) has been making
  (c) was making
  (d) makes

08 When Chandler visited Monica to find out what she was doing, she _____ customers.
  (a) was serving
  (b) serves
  (c) has been serving
  (d) is serving

09 When we finally won the finals, my parents _____ .
  (a) are crying
  (b) were crying
  (c) have been crying
  (d) had been crying

10 When I finally found the tiger, it _____ its food.
  (a) is gobbling
  (b) has been gobbling
  (c) had been gobbling
  (d) was gobbling

STEP 3

정답 및 해설

06 경찰들이 음주 단속을 하고 있었을 때, 갑자기 한 차가 빠르게 지나갔다.
  정답 (a) [답의 근거 : when + cracked]

07 내가 시험을 보러 갔을 때 Joey는 커닝페이퍼를 만들고 있었다.
  정답 (c) [답의 근거 : when + went]

08 Monica가 무엇을 하고 있는지 알아보기 위해 Chandler가 그녀를 방문했을 때, 그녀는 고객을 응대하고 있는 중이었다.
  정답 (a) [답의 근거 : when + visited]

09 마침내 우리가 결승전에서 우승을 하였을 때, 부모님은 울먹이셨다.
  정답 (b) [답의 근거 : when + won]

10 내가 마침내 호랑이를 발견했을 때, 호랑이는 게걸스럽게 먹잇감을 먹고 있었다.
  정답 (d) [답의 근거 : when + found]

켈리지텔프
G-POINT
33

켈리 지텔프 G-POINT 6

> **현재 힌트 [now, right now, at the moment]**
> ➡ **현재 진행형 (am / are / is ~ing)**

now나 right now, at the moment처럼 현재를 암시해주는 힌트가 나오면 현재 진행형 시제를 써주면 된다. 때로는 힌트 자체가 선택지에 존재하기도 한다. 그럴 때는 문제를 읽을 필요도 없이 선택지만 보고 바로 문제를 풀면 된다. 단, G-Point 9와 구별해야 한다. 이후에 배우겠지만, for 또는 since처럼 완료진행 시제의 힌트가 있다면, 현재 진행시제 대신 G-Point 9에서 배우게 될 현재완료 진행 시제를 써주어야 한다. 다음 예문을 통해 G-Point 6을 정확히 이해해보자.

예문

Right now, Gunter _____ for a recipe to make lasagna. (search)

---

right now는 현재를 암시하는 중요한 힌트가 된다. 기간을 나타내는 for 또는 since가 존재하지 않으므로 현재진행형을 쓰는 것이 적절하다. 따라서 is searching으로 쓰면 된다. 위에서 언급했듯 선택지에 right now가 존재하는 경우도 살펴보자.

Gunter _____ for a recipe to make lasagna.

(a) is now searching
(b) was now searching
(c) could now search
(d) had now searched

선지에 이미 now가 나와 있으므로, 문제를 볼 필요도 없이 현재진행형과 함께 쓴 (a)가 정답이다.

STEP 1

어법 선택 [답의 근거를 반드시 체크하시오.]

01 Because Ethan wants to make a romantic proposal to her, he [will be buying / is buying] an expensive ring at the moment.

02 Now he [is training / has been training] the player to win the upcoming match.

03 She [worked / is working] fast now because she has to leave the office to get a date with him.

04 Now he [is booking / had booked] a restaurant to celebrate the wedding anniversary with his wife.

05 The printing shop that I had established a good connection with went out of business, and I [was looking / am looking] for a new one right now.

06 Asked to send a new article quickly, she [will revise / is revising] the material now.

07 Hoping to travel someday, he [has bought / is now buying] a camping car.

08 As moving day is just around the corner, he [is packing / had been packing] up the luggage in the attic right now.

09 Right now he [is asking / will ask] a friend to take a picture because he wants to take a picture of the Taj Mahal that he only had seen in the book.

10 Now, she [will have been talking / is talking] to the editor to delay the deadline.

STEP 1

정답 및 해설

01 Ethan은 그녀에게 로맨틱한 프로포즈를 하기 원하기 때문에, 지금 비싼 반지를 구입하고 있다.
  정답 is buying [답의 근거 : at the moment]

02 다가오는 시합에서 이기기 위해 지금 그는 선수들을 훈련시키고 있다.
  정답 is training [답의 근거 : now]

03 그와의 데이트를 위해 칼퇴근을 해야 하기 때문에 그녀는 지금 업무를 빠르게 처리하고 있다
  정답 is working [답의 근거 : now]

04 아내와 결혼기념을 축하하기 위해 그는 지금 레스토랑을 예약하고 있다.
  정답 is booking [답의 근거 : now]

05 지금 까지 거래해온 인쇄소가 폐업해서, 지금 새로운 곳을 찾고 있다.
  정답 am looking [답의 근거 : right now]

06 새로운 기사를 빨리 보내달라고 요청받을 받고, 지금 그녀는 자료를 수정하고 있다.
  정답 is revising [답의 근거 : now]

07 언젠가 여행할 수 있길 희망하면서 그는 지금 캠핑카를 구입하고 있는 중이다.
  정답 is now buying [답의 근거 : now]

08 이삿날이 코앞으로 다가와서 그는 지금 다락방에 있는 짐을 싸고 있다.
  정답 is packing [답의 근거 : right now]

09 책에서만 보던 타지마할에서 기념사진을 찍고 싶어서 지금 그는 친구에게 사진을 찍어달라고 요청하고 있다.
  정답 is asking [답의 근거 : right now]

10 마감일을 지연시키기 위해 지금 그녀는 편집장과 대화를 하고 있는 중이다.
  정답 is talking [답의 근거 : Now]

STEP 2

밑줄 친 부분 올바르게 고치기 [답의 근거를 반드시 체크하시오.]

01 Because Ethan wants to make a romantic proposal to her, he <u>was buying</u> a expensive ring at the moment.

02 Now he <u>had trained</u> the player to win the upcoming match.

03 She <u>will be working</u> fast now because she has to leave the office to get a date with him.

04 Now he <u>booked</u> a restaurant to celebrate the wedding anniversary with his wife.

05 The printing shop that I had established a good connection with went out of business, and I <u>will look</u> for a new one right now.

06 Asked to send a new article quickly, she <u>will have been revising</u> the material now.

07 Hoping to travel someday, he <u>has now bought</u> a camping car.

08 As moving day is just around the corner, he <u>will pack</u> up the luggage in the attic right now.

09 Right now he <u>had been asked</u> a friend to take a picture because he wants to take a picture of the Taj Mahal that he only had seen in the book.

10 Now she <u>will talk</u> to the editor to delay the deadline.

STEP 2

정답 및 해설

01 Ethan은 그녀에게 로맨틱한 프로포즈를 하기 원하기 때문에, 지금 비싼 반지를 구입하고 있다.
  [정답] is buying [답의 근거 : at the moment]

02 다가오는 시합에서 이기기 위해 지금 그는 선수들을 훈련시키고 있다.
  [정답] is training [답의 근거 : now]

03 그와의 데이트를 위해 칼퇴근을 해야 하기 때문에 그녀는 지금 업무를 빠르게 처리하고 있다.
  [정답] is working [답의 근거 : now]

04 아내와 결혼기념을 축하하기 위해 그는 지금 레스토랑을 예약하고 있다.
  [정답] is booking [답의 근거 : now]

05 지금 까지 거래해온 인쇄소가 폐업해서, 지금 새로운 곳을 찾고 있다.
  [정답] am looking [답의 근거 : right now]

06 새로운 기사를 빨리 보내달라는 요청을 받고, 지금 그녀는 가지고 있는 자료를 수정하고 있다.
  [정답] is revising [답의 근거 : now]

07 언젠가 여행할 수 있기를 희망하면서 그는 지금 캠핑카를 구입하고 있는 중이다.
  [정답] is buying [답의 근거 : now]

08 이삿날이 코앞으로 다가와서 그는 지금 다락방에 있는 짐을 싸고 있다.
  [정답] is packing [답의 근거 : right now]

09 책에서만 보던 타지마할에서 기념사진을 찍고 싶어서 지금 그는 친구에게 사진을 찍어달라고 요청하고 있다.
  [정답] is asking [답의 근거 : Right now]

10 마감일을 지연시키기 위해 지금 그녀는 편집장과 대화를 하고 있는 중이다.
  [정답] is talking [답의 근거 : Now]

STEP 3

빈칸넣기

01 Because Ethan wants to make a romantic proposal to her, he _____ a expensive ring at the moment.
  (a) is buying
  (b) was buying
  (c) had bought
  (d) would buy

02 He _____ the player to win the upcoming match.
  (a) now trains
  (b) had now trained
  (c) was now training
  (d) is now training

03 She _____ fast now because she has to leave the office to get a date with him.
  (a) was working
  (b) is working
  (c) would be working
  (d) would work

04 Now he _____ a restaurant to celebrate the wedding anniversary with his wife.
  (a) was booking
  (b) had booked
  (c) is booking
  (d) would book

05 The printing shop that I had established a good connection with went out of business, and I _____ for a new one right now.
  (a) would look
  (b) would be looking
  (c) look
  (d) am looking

STEP 3

정답 및 해설

01 Ethan은 그녀에게 로맨틱한 프로포즈를 하기 원하기 때문에, 지금 비싼 반지를 구입하고 있다.
정답 (a) [답의 근거 : at the moment]

02 다가오는 시합에서 이기기 위해 지금 그는 선수들을 훈련시키고 있다.
정답 (d) [답의 근거 : now]

03 그와의 데이트를 위해 칼퇴근을 해야 하기 때문에 그녀는 지금 업무를 빠르게 처리하고 있다.
정답 (b) [답의 근거 : now]

04 아내와 결혼기념을 축하하기 위해 그는 지금 레스토랑을 예약하고 있다.
정답 (c) [답의 근거 : now]

05 지금 까지 거래해온 인쇄소가 폐업해서, 지금 새로운 곳을 찾고 있다.
정답 (d) [답의 근거 : right now]

STEP 3

빈칸넣기

06 Asked to send a new article quickly, she _____ the material now.

(a) is revising
(b) had revised
(c) would revise
(d) would be revising

07 Hoping to travel someday, he _____ a camping car.

(a) would be buying
(b) is now buying
(c) now buys
(d) has bought

08 As moving day is just around the corner, he _____ up the luggage in the attic right now.

(a) had packed
(b) was packing
(c) is packing
(d) would be packing

09 Right now he _____ a friend to take a picture because he wants to take a picture of the Taj Mahal that he only had seen saw in the book.

(a) asks
(b) would ask
(c) had asked
(d) is asking

10 Now she _____ to the editor to delay the deadline.

(a) is talking
(b) had talked
(c) would talk
(d) would be talking

STEP 3

정답 및 해설

06 새로운 기사를 빨리 보내달라는 요청을 받고, 지금 그녀는 자료를 수정하고 있다.
　　정답 (a) [답의 근거 : now]

07 언젠가 여행할 수 있기를 희망하면서 그는 지금 캠핑카를 구입하고 있는 중이다.
　　정답 (b) [답의 근거 : now]

08 이삿날이 코앞으로 다가와서 그는 지금 다락방에 있는 짐을 싸고 있다.
　　정답 (c) [답의 근거 : right now]

09 책에서만 보던 타지마할에서 기념사진을 찍고 싶어서 지금 그는 친구에게 사진을 찍어달라고 요청하고 있다.
　　정답 (d) [답의 근거 : right now]

10 마감일을 지연시키기 위해 지금 그녀는 편집장과 대화를 하고 있는 중이다.
　　정답 (a) [답의 근거 : now]

프렌지컬리
G-POINT
33

켈리 지텔프 G-POINT 7

- 미래힌트 [tomorrow, next~, by 등]
- by the time / if / when / until / as soon as 절 현재
  ➡ 미래 진행형 (will be ~ing)

tomorrow, next, by처럼 미래를 암시해주는 힌트가 나오면 미래 진행형 시제를 써주면 된다. 단, G-Point 10과 구별해야 한다. 이후에 배우겠지만, for 또는 since처럼 완료진행 시제의 힌트가 있다면, 미래 진행시제 대신 G-Point 10에서 배우게 될 미래완료 진행 시제를 써주어야 한다. 다음 예문을 통해 G-Point 7을 정확히 이해해보자.

예문

Kelly _____ the result of her research next week. (announce)

'next'가 미래를 나타내는 단서가 된다. 다음 주에 그 일을 진행하고 있을 것이므로 미래 진행형을 쓰는 것이 적절하다. 따라서 will be announcing을 쓰면 된다.

또 한가지 기억해야 할 것이 있다. 시간 조건 부사절인 if나 when, until절에 현재 시제가 오는 경우가 있다. 이 경우에는 주절에 미래가 와야 하는데, 보통 지텔프에서는 진행형 시제가 정답이므로 미래 진행형으로 쓰면 된다. if가 나오면 대개 가정법 문제인데, 가정법의 경우 if절에 과거나 과거완료가 온다고 학습했다. 따라서 가정법만 공부하고 간 수험생들은 갑자기 현재 시제가 나오는 것을 보고 당황할 때가 있다. 이 경우 가정법 문제가 아니라 시제 문제로 보면 된다. 당황하지 말고 미래진행형 시제를 써주길 바란다. 다음 예문을 통해 정확히 이해해보자.

예문

They _____ a comet fall when Bill dates Kelly tomorrow evening. (watch)

when절에 현재시제인 dates가 왔으므로 주절에는 미래진행시제를 써주어야 한다. 따라서 'will be watching'을 쓰는 것이 적절하다. by the time의 경우 간혹 선택지에 미래진행형이 없고 미래완료 진행형이 나오는 경우가 있다. 이 경우에는 미래완료 진행형을 답으로 고르면 된다는 것도 기억해야 한다.

STEP 1

어법 선택 [답의 근거를 반드시 체크하시오.]

01 If he remembers the promise, we [are having / will be having] dinner at the restaurant.

02 A new competitor [appeared / will be appearing] in the upcoming match, so we are now working on a more detailed strategy.

03 I [had been having / will be having] a meal with him at the top restaurant tomorrow.

04 Upcoming the middle of July, the company [is hosting / will be hosting] a promotional event to attract new customers.

05 By next year, the company [will be selling / sells] its newly developed product.

06 The day after tomorrow, the professor [has lectured / will be lecturing] students about the atomic theory.

07 Next month, a famous cosmetics company in the United States [had offered / will be offering] free samples to customers.

08 The government [will be holding / is holding] a public hearing tomorrow to discuss the issues that have been controversial.

09 By next year, all employees [will be working / were working] on state-of-the-art devices.

10 This week, I [have been meeting / will be meeting] my childhood friend at Seoul Station.

STEP 1

정답 및 해설

01 만약 그가 약속을 기억하고 있다면, 우리는 그 식당에서 저녁을 먹고 있을 것이다.
   (정답) will be having [답의 근거 : if절 현재시제]

02 다가오는 시합에 새로운 경쟁자가 등장하게 되어, 지금 더 세밀한 전략을 짜고 있다
   (정답) will be appearing [답의 근거 : in the upcoming match]

03 내일 그와 최고급 식당에서 식사를 하고 있을 것이다.
   (정답) will be having [답의 근거 : tomorrow]

04 다가오는 7월 중순에, 그 회사는 새로운 고객들을 유치하기 위해 홍보 행사를 열 것이다.
   (정답) will be hosting [답의 근거 : upcoming the middle of July]

05 내년 쯤 되면 회사는 새로 개발한 제품을 판매할 것이다.
   (정답) will be selling [답의 근거 : by next year]

06 내일 모레, 교수님이 학생들에게 원자론에 대해 강의할 것이다.
   (정답) will be lecturing [답의 근거 The day after tomorrow]

07 다음 달에 미국의 한 유명한 화장품 회사가 고객들에게 무료 샘플을 제공할 것이다.
   (정답) will be offering [답의 근거 : next month]

08 논란의 여지가 있었던 쟁점에 대해 토론하기 위한 공청회가 내일 개최 된다
   (정답) will be holding [답의 근거 : tomorrow]

09 내년 쯤 되면 모든 직원들이 최첨단 기기를 통해 업무를 처리할 것이다
   (정답) will be working [답의 근거 : by next year]

10 이번 주에, 서울역에서 어린 시절 친구를 만날 예정이다.
   (정답) will be meeting [답의 근거 : This week]

STEP 2

밑줄 친 부분 올바르게 고치기 [답의 근거를 반드시 체크하시오.]

01 If he remembers the promise, we were having dinner at the restaurant.

02 A new competitor was appearing in the upcoming match, and we are now working on a more detailed strategy.

03 I had been having a meal with him at the top restaurant tomorrow.

04 Upcoming the middle of July, the company have hosted a promotional event to attract new customers.

05 By next year, the company is selling its newly developed product.

06 The day after tomorrow, the professor lectures students about the atomic theory.

07 Next month, a famous cosmetics company in the United States had been offering free samples to customers.

08 The government is holding a public hearing tomorrow to discuss the issues that have been controversial.

09 By next year, all employees have been working on state-of-the-art devices.

10 This week, I had met my childhood friend at Seoul Station.

STEP 2

정답 및 해설

01 만약 그가 약속을 기억하고 있다면, 우리는 그 식당에서 저녁을 먹고 있을 것이다.
  〔정답〕 will be having [답의 근거 : if절 현재시제]

02 다가오는 시합에 새로운 경쟁자가 등장하게 되어, 지금 더 세밀한 전략을 짜고 있다
  〔정답〕 will be appearing [답의 근거 : in the upcoming match]

03 내일 그와 최고급 식당에서 식사를 하고 있을 것이다.
  〔정답〕 will be having [답의 근거 : tomorrow]

04 다가오는 7월 중순에, 그 회사는 새로운 고객들을 유치하기 위해 홍보 행사를 열 것이다.
  〔정답〕 will be hosting [답의 근거 : upcoming the middle of July]

05 내년 쯤 되면 회사는 새로 개발한 제품을 판매할 것이다.
  〔정답〕 will be selling [답의 근거 : by next year]

06 내일 모레, 교수님이 학생들에게 원자론에 대해 강의할 것이다.
  〔정답〕 will be lecturing [답의 근거 The day after tomorrow]

07 다음 달에 미국의 한 유명한 화장품 회사가 고객들에게 무료 샘플을 제공할 것이다.
  〔정답〕 will be offering [답의 근거 : next month]

08 논란의 여지가 있었던 쟁점에 대해 토론하기 위한 공청회가 내일 개최 된다.
  〔정답〕 will be holding [답의 근거 : tomorrow]

09 내년 쯤 되면 모든 직원들이 최첨단 기기를 통해 업무를 처리할 것이다.
  〔정답〕 will be working [답의 근거 : by next year]

10 이번 주에, 서울역에서 어린 시절 친구를 만날 예정이다.
  〔정답〕 will be meeting [답의 근거 : This week]

STEP 3

빈칸 넣기

01 If he remembers the promise, we _____ dinner at the restaurant.
    (a) have had
    (b) will be having
    (c) would have
    (d) would be having

02 A new competitor _____ in the upcoming match, and we are now working on a more detailed strategy.
    (a) has appeared
    (b) would appear
    (c) was appearing
    (d) will be appearing

03 I _____ a meal with him at the top restaurant tomorrow.
    (a) will have
    (b) have had
    (c) would have
    (d) will be having

04 Upcoming the middle of July, the company _____ a promotional event to attract new customers.
    (a) will be hosting
    (b) has hosted
    (c) would host
    (d) had host

05 By next year, the company _____ its newly developed product.
    (a) has sold
    (b) was selling
    (c) will be selling
    (d) would sell

STEP 3

정답 및 해설

01 만약 그가 약속을 기억하고 있다면, 우리는 그 식당에서 저녁을 먹고 있을 것이다.
  정답 (b) [답의 근거 : if절 현재시제]

02 다가오는 시합에 새로운 경쟁자가 등장하게 되어, 지금 더 세밀한 전략을 짜고 있다.
  정답 (d) [답의 근거 : in the upcoming match]

03 내일 그와 최고급 식당에서 식사를 하고 있을 것이다.
  정답 (d) [답의 근거 : tomorrow]

04 다가오는 7월 중순에, 그 회사는 새로운 고객들을 유치하기 위해 홍보 행사를 열 것이다.
  정답 (a) [답의 근거 : upcoming the middle of July]

05 내년 쯤 되면 회사는 새로 개발한 제품을 판매할 것이다.
  정답 (c) [답의 근거 : by next year]

STEP 3

빈칸 넣기

06 The day after tomorrow, the professor _____ students about the atomic theory.
  (a) would lecture
  (b) has lectured
  (c) will be lecturing
  (d) was lecturing

07 Next month, a famous cosmetics company in the United States _____ free samples to customers.
  (a) will be offering
  (b) had offered
  (c) will offer
  (d) was offering

08 The government _____ a public hearing tomorrow to discuss the issues that have been controversial.
  (a) was holding
  (b) has held
  (c) would hold
  (d) will be holding

09 By next year, all employees _____ on state-of-the-art devices.
  (a) will be working
  (b) would work
  (c) were working
  (d) have worked

10 This week, I _____ my childhood friend at Seoul Station.
  (a) have met
  (b) will be meeting
  (c) had met
  (d) would meet

STEP 3

정답 및 해설

06 내일 모레, 교수님이 원자론에 대해 강의할 것이다.
　　정답 (c) [답의 근거 The day after tomorrow]

07 다음 달에 미국의 한 유명한 화장품 회사가 고객들에게 무료 샘플을 제공할 것이다.
　　정답 (a) [답의 근거 : next month]

08 그동안 논란의 여지가 있었던 쟁점에 대해 토론하기 위한 공청회가 내일 개최 된다.
　　정답 (d) [답의 근거 : tomorrow]

09 내년 쯤 되면 모든 직원들이 최첨단 기기를 통해 업무를 처리할 것이다.
　　정답 (a) [답의 근거 : by next year]

10 이번 주에, 서울역에서 오랫동안 보지 못했던 어린 시절 친구를 만날 예정이다.
　　정답 (b) [답의 근거 : This week]

켈리지텔프
G-POINT
33

켈리 지텔프 G-POINT 8

- 과거 힌트 [yesterday, ago, last~ 등] + for, since
- before 과거 시점   · until 과거 시점
  ➡ 과거완료 진행형 (had been ~ing)

과거를 나타내는 힌트와 for (~동안에), since (~이래로) 가 함께 나오면 과거완료 진행형 시제를 써주어야 한다. G-Point 5에서 when 절에 과거 동사가 나오고 주절에 빈칸이 뚫리는 경우 주절에 과거 진행형 시제를 써주면 된다고 했지만, for 또는 since처럼 완료진행 시제의 힌트가 있다면, 과거 진행시제 아니라 과거완료 진행 시제를 써주어야 한다. 다음 예문을 통해 G-Point 8을 정확히 이해해보자.

예문

Ethan _____ TV for 3 hours when Kelly arrived. (watch)

완료 진행형을 암시해주는 for (~동안)가 중요한 단서이다. for는 기간을 나타내므로 완료 진행형 시제를 써주어야 한다. when절의 시제가 과거이므로 과거 완료 진행형이 적절하다. 따라서 had been watching을 쓰면 된다. 위에서 언급 했듯이, G-Point 5와 헷갈려선 안 된다. 참고로 과거 완료 진행형은 '~해오고 있는 중이었다'로 해석된다.

또 한 가지 기억해야 할 것이 있다. before절에 과거 시제가 오는 경우가 있다. 이 경우에는 주절에 과거완료 진행형을 써야 한다. 다음 예문을 통해 정확히 이해해보자.

예문

I _____ before he tried talking to me. (study)

before절에 과거시제인 tried가 왔으므로 주절에는 과거완료진행 시제를 써주어야 한다. 따라서 'had been studying'을 쓰는 것이 적절하다.

STEP 1

어법 선택 [답의 근거를 반드시 체크하시오.]

01 When the manager arrived at the office, staffs [have been discussing / had been discussing] the matter for three hours.

02 When Bill's mother arrived home, Bill and his friends [had been making / were making] lasagna for 2 hours.

03 Citizens [will have been cleaning / had been cleaning] up for an hour when the mayor showed up in the town.

04 When the bomb exploded at the entrance to the concert hall, the audience [has cheered / had been cheering] for the famous singer for hours.

05 Because there was an important test yesterday, some students [had been staying / stayed] up all night studying for a week.

06 I [am suffering / had been suffering] from indigestion for five months, so I went to the hospital to seek medical attention yesterday.

07 Because it [had been snowing / was snowing] heavily for hours, I decided to stay home.

08 When Amy said that she liked me, I actually had a girlfriend who I [had been dating / have been dating] for three years.

09 I [am trying / had been trying] to achieve my goal before I was finally recognized.

10 300 employees in a clothing company [work / had been working] there before the Fed approved reconstruction plan.

STEP 1

정답 및 해설

01 관리자가 사무실에 도착했을 때, 직원들은 3시간 동안 그 문제에 대해 논의 중이었다.
　(정답) had been discussing [답의 근거 : arrived + for three hours]

02 Bill의 어머니가 집에 도착했을 때, Bill과 그의 친구들이 라자냐를 두 시간 동안 만들고 있었다.
　(정답) had been making [답의 근거 : arrived + for 2 hour]

03 시장님이 그 마을에 나타났을 때 시민들은 1시간 동안 청소 중이었다.
　(정답) had been cleaning [답의 근거 : showed + for an hour]

04 공연장 입구에서 폭발물이 터졌을 때, 관중들은 몇 시간 동안 유명 가수를 응원하고 있었다.
　(정답) had been cheering [답의 근거 : exploded + for hours]

05 어제 중요한 시험이 있었기 때문에 몇몇 학생들은 일주일 동안 밤을 새서 공부를 해왔다.
　(정답) had been staying [답의 근거 : was, yesterday + for a week]

06 다섯 달 동안 소화불량으로 고생했기 때문에 어제 치료를 받기 위해 병원에 갔다.
　(정답) had been suffering [답의 근거 : went, yesterday + for five months]

07 몇 시간 동안 눈이 내렸기 때문에, 나는 집에 있기로 결심했다.
　(정답) had been snowing [답의 근거 : decided + for hours]

08 Amy가 나에게 좋아한다고 고백했을 때, 사실 나는 3년 동안 만나왔던 여자친구가 있었다.
　(정답) had been dating [답의 근거 : had + for three years]

09 내 목표를 위해 끊임없이 노력해왔기 때문에, 마침내 인정받았다.
　(정답) had been trying [답의 근거 : before 과거동사]

10 연방정부가 재건축 계획 승인하기 전 한 의류회사의 직원 300명이 그곳에서 일해오고 있었다.
　(정답) had been working [답의 근거 : before 과거동사]

STEP 2

밑줄 친 부분 올바르게 고치기 [답의 근거를 반드시 체크하시오.]

01 When the manager arrived at the office, staffs have discussed the matter for three hours.

02 When Bill's mother arrived home, Bill and his friends are making lasagna for 2 hours.

03 Citizens have been cleaning up for an hour when the mayor showed up in the town.

04 When the bomb exploded at the entrance to the concert hall, the audience has cheered for the famous singer for hours.

05 Because there was an important test yesterday, some students will be staying up all night studying for a week.

06 I have been suffering from indigestion for five months, so I went to the hospital to seek medical attention yesterday.

07 Because it snowed heavily for hours, I decided to stay home.

08 When Amy said that she liked me, I actually had a girlfriend who I have been dating for three years.

09 I was trying to achieve my goal before I was finally recognized.

10 300 employees in a clothing company work there before the Fed approved reconstruction plan.

STEP 2

정답 및 해설

01 관리자가 사무실에 도착했을 때, 직원들은 3시간 동안 그 문제에 대해 논의 중이었다.
　　(정답) had been discussing [답의 근거 : arrived + for three hours]

02 Bill의 어머니가 집에 도착했을 때, Bill과 그의 친구들이 라자냐를 두 시간 동안 만들고 있었다.
　　(정답) had been making [답의 근거 : arrived + for 2 hour]

03 시장님이 그 마을에 나타났을 때 시민들은 1시간 동안 청소 중이었다.
　　(정답) had been cleaning [답의 근거 : showed + for an hour]

04 공연장 입구에서 폭발물이 터졌을 때, 관중들은 몇 시간 동안 유명 가수를 응원하고 있었다.
　　(정답) had been cheering [답의 근거 : exploded + for hours]

05 어제 중요한 시험이 있었기 때문에 몇몇 학생들은 일주일 동안 밤을 새서 공부를 해왔다.
　　(정답) had been staying [답의 근거 : was, yesterday + for a week]

06 다섯 달 동안 소화불량으로 고생했기 때문에 어제 치료를 받기 위해 병원에 갔다.
　　(정답) had been suffering [답의 근거 : went, yesterday + for five months]

07 몇 시간 동안 눈이 내렸기 때문에, 나는 집에 있기로 결심했다.
　　(정답) had been snowing [답의 근거 : decided + for hours]

08 Amy가 나에게 좋아한다고 고백했을 때, 사실 나는 3년 동안 만나왔던 여자친구가 있었다.
　　(정답) had been dating [답의 근거 : had + for three years]

09 내 목표를 위해 끊임없이 노력해왔기 때문에, 마침내 인정받았다.
　　(정답) had been trying [답의 근거 : before 과거동사]

10 연방정부가 재건축 계획을 승인하기 전 한 의류회사의 직원 300명이 그곳에서 일해오고 있었다.
　　(정답) had been working [답의 근거 : before 과거동사]

STEP 3

빈칸 넣기

01 When the manager arrived at the office, staffs _____ the matter for three hours.
   (a) are discussing
   (b) had discussed
   (c) had been discussing
   (d) will be discussing

02 When Bill's mother arrived home, Bill and his friends _____ lasagna for 2 hours.
   (a) had been making
   (b) had made
   (c) are making
   (d) will have been making

03 Citizens _____ up for an hour when the mayor showed up in the town.
   (a) had been cleaning
   (b) will be cleaning
   (c) cleaned
   (d) clean

04 When the bomb exploded at the entrance to the concert hall, the audience _____ for the famous singer for hours.
   (a) will cheer
   (b) cheered
   (c) had cheered
   (d) had been cheering

05 Because there was an important test yesterday, some students _____ up all night studying for a week.
   (a) will have been staying
   (b) had been staying
   (c) stayed
   (d) are staying

STEP 3

정답 및 해설

01 관리자가 사무실에 도착했을 때, 직원들은 3시간 동안 그 문제에 대해 논의 중이었다.
   정답 (c) [답의 근거 : arrived + for three hours]

02 Bill의 어머니가 집에 도착했을 때, Bill과 그의 친구들이 라자냐를 두 시간 동안 만들고 있었다.
   정답 (a) [답의 근거 : arrived + for 2 hour]

03 시장님이 그 마을에 나타났을 때 시민들은 1시간 동안 청소 중이었다.
   정답 (a) [답의 근거 : showed + for an hour]

04 공연장 입구에서 폭발물이 터졌을 때, 관중들은 몇 시간 동안 유명 가수를 응원하고 있었다.
   정답 (d) [답의 근거 : exploded + for hours]

05 어제 중요한 시험이 있었기 때문에 몇몇 학생들은 일주일 동안 밤을 새서 공부를 해왔다.
   정답 (b) [답의 근거 : was, yesterday + for a week]

STEP 3

빈칸 넣기

06 I _____ from indigestion for five months, so I went to the hospital to seek medical attention yesterday.
- (a) am suffering
- (b) suffered
- (c) will be suffering
- (d) had been suffering

07 Because it _____ heavily for hours, I decided to stay home.
- (a) was snowing
- (b) had snowed
- (c) had been snowing
- (d) will have been snowing

08 When Amy said that she liked me, I actually had a girlfriend who I _____ for three years.
- (a) dated
- (b) had been dating
- (c) had dated
- (d) was dating

09 I _____ to achieve my goal before I was finally recognized.
- (a) had been trying
- (b) tried
- (c) will be trying
- (d) had tried

10 300 employees in a clothing company _____ there before the Fed approved reconstruction plan.
- (a) worked
- (b) will be working
- (c) were working
- (d) had been working

STEP 3

정답 및 해설

06 다섯 달 동안 소화불량으로 고생했기 때문에 어제 치료를 받기 위해 병원에 갔다.
  정답 (d) [답의 근거 : went, yesterday + for five months]

07 몇 시간 동안 눈이 내렸기 때문에, 나는 집에 있기로 결심했다.
  정답 (c) [답의 근거 : decided + for hours]

08 Amy가 나에게 좋아한다고 고백했을 때, 사실 나는 3년 동안 만나왔던 여자친구가 있었다.
  정답 (b) [답의 근거 : had + for three years]

09 내 목표를 위해 끊임없이 노력해왔기 때문에, 마침내 인정받았다.
  정답 (a) [답의 근거 : before 과거동사]

10 연방정부가 재건축계획을 승인하기 전 한 의류회사의 직원 300명이 그곳에서 일해오고 있었다.
  정답 (d) [답의 근거 : before 과거동사]

켈리지텔프
G-POINT
33

켈리 지텔프 G-POINT 9

현재 힌트 [now, right now, at the moment 등] + for, since
➡ **현재완료 진행형 (has / have been ~ing)**

현재를 나타내는 힌트와 for (~동안에), since (~이래로)가 함께 나오면 현재완료 진행형 시제를 써주어야 한다. G-Point 6에서 now나 right now, at the moment처럼 현재를 암시해주는 힌트가 나오면 현재 진행형 시제를 써주면 된다고 했지만, for 또는 since처럼 완료진행 시제의 힌트가 있다면, 현재 진행시제 아니라 현재완료 진행 시제를 써주어야 한다. 다음 예문을 통해 G-Point 9를 정확히 이해해보자.

> **예문**
>
> Sam _____ it for over 3 hours now. (paint)

완료 진행형을 암시해주는 for (~동안)가 중요한 단서이다. for는 기간을 나타내므로 완료 진형형 시제를 써주어야 한다. now는 현재를 나타내므로 현재 완료 진행형이 적절하다. 따라서 has been painting를 쓰면 된다. 위에서 언급 했듯이, G-Point 6과 헷갈려선 안 된다. 참고로 현재 완료 진행형은 '~해오고 있는 중이다'로 해석된다.

STEP 1

어법 선택 [답의 근거를 반드시 체크하시오.]

01 Since 2010, Sheldon [has been trusting / had been trusting] Hazel because she is very honest.

02 Ethan [has been dating / is dating] Lisa for two weeks now.

03 Fiona [was studying / has been studying] hard for three weeks now because an important test is imminent.

04 The players [had trained / have been training] very hard for two weeks now ahead of the match against Japan.

05 Sometimes the mechanic asks how I can drive such an old car. Actually, I [have been driving / drive] this car for 30 years.

06 Because eating apples in the morning is known to be good for health, I [have been eating / am eating] apples in the morning for four years.

07 I [had been exercising / have been exercising] for four months now because I want to be a beautiful bride at my wedding.

08 Although people say my goal is in vain, I [made / have been making] an effort to achieve the goal for five years now.

09 Because there will be an important blind date soon, Sophia [has been minimizing / minimized] her carbohydrate intake for 2 weeks now to lose weight.

10 Andrew [works / has been working] for 3 hours now because of the editor urging him to correct the errors.

STEP 1

정답 및 해설

01 2010년부터 Sheldon은 Hazel을 신뢰해오고 있는데 그녀가 매우 정직하기 때문이다.
  정답) has been trusting [답의 근거 : since 2010 + is]

02 Ethan은 지금 2주째 Lisa와 사귀고 있다.
  정답) has been dating [답의 근거 : for two weeks now]

03 중요한 시험이 임박했기 때문에 Fiona는 지금 3주 동안 열심히 공부해오고 있다.
  정답) has been studying [답의 근거 : for three weeks now]

04 일본과의 경기를 앞두고, 선수들은 지금 2주 째 난이도 높은 훈련을 계속해오고 있다.
  정답) have been training [답의 근거 : for two weeks now]

05 때때로 정비사가 이렇게 낡은 차를 어떻게 타냐고 물어본다. 사실, 나는 이 차를 30년 째 타고 있다.
  정답) have been driving [답의 근거 : can drive + for 30 years]

06 아침에 사과를 먹는 것이 건강에 유익하다고 알려져 있기 때문에, 나는 4년 동안 아침에 사과를 먹고 있다.
  정답) have been eating [답의 근거 : is + for four years]

07 결혼식에서 예쁜 신부가 되길 원하기 때문에, 지금 4달 째 운동 중이다.
  정답) have been exercising [답의 근거 : for four months now]

08 비록 사람들이 나의 목표가 헛되다고 말하지만, 나는 나의 목표를 이루기 위해 지금 5년째 노력하고 있다.
  정답) have been making [답의 근거 : for five years now]

09 곧 중요한 소개팅이 있기 때문에, Sophia는 지금 2주 째 다이어트를 위해 탄수화물 섭취를 최소화 하고 있다.
  정답) has been minimizing [답의 근거 : for 2 weeks now]

10 오류를 수정하라는 편집자의 재촉 때문에, Andrew는 지금 3시간 째 작업중이다.
  정답) has been working [답의 근거 : for 3 hours now]

STEP 2

밑줄 친 부분 올바르게 고치기 [답의 근거를 반드시 체크하시오.]

01 Since 2010, Sheldon <u>was trusting</u> Hazel because she is very honest.

02 Ethan <u>had been dating</u> Lisa for two weeks now.

03 Fiona <u>is studying</u> hard for three weeks now because an important test is imminent.

04 The players <u>are training</u> very hard for two weeks now ahead of the match against Japan.

05 Sometimes the mechanic asks how I can drive such an old car. Actually, I <u>was driving</u> this car for 30 years.

06 Because eating apples in the morning is known to be good for health, I <u>will eat</u> apples in the morning since four years ago.

07 I <u>will have been exercising</u> for four months now because I want to be a beautiful bride at my wedding.

08 Although people say my goal is in vain, I <u>had made</u> an effort to achieve the goal for five years now.

09 Because there will be an important blind date soon, Sophia <u>was minimizing</u> her carbohydrate intake for 2 weeks now for losing weight.

10 Andrew <u>is working</u> for 3 hours now because of the editor urging him to correct the errors.

STEP 2

정답 및 해설

01 2010년부터 Sheldon은 Hazel을 신뢰해오고 있는데 그녀가 매우 정직하기 때문이다.
  정답) has been trusting [답의 근거 : since 2010 + is]

02 Ethan은 지금 2주째 Lisa와 사귀고 있다.
  정답) has been dating [답의 근거 : for two weeks now]

03 중요한 시험이 임박했기 때문에 Fiona는 지금 3주 동안 열심히 공부해오고 있다.
  정답) has been studying [답의 근거 : for three weeks now]

04 일본과의 경기를 앞두고, 선수들은 지금 2주 째 난이도 높은 훈련을 계속해오고 있다.
  정답) have been training [답의 근거 : for two weeks now]

05 때때로 정비사가 이렇게 낡은 차를 어떻게 타냐고 물어본다. 사실, 나는 이 차를 30년 째 타고 있다.
  정답) have been driving [답의 근거 : can drive + for 30 years]

06 아침에 사과를 먹는 것이 건강에 유익하다고 알려져 있기 때문에, 나는 4년 동안 아침에 사과를 먹고 있다.
  정답) have been eating [답의 근거 : is + for four years]

07 결혼식에서 예쁜 신부가 되길 원하기 때문에, 지금 4달 째 운동 중이다.
  정답) have been exercising [답의 근거 : for four months now]

08 비록 사람들이 나의 목표가 헛되다고 말하지만, 나는 나의 목표를 이루기 위해 지금 5년째 노력하고 있다.
  정답) have been making [답의 근거 : for five years now]

09 곧 중요한 소개팅이 있기 때문에, Sophia는 지금 2주 째 다이어트를 위해 탄수화물 섭취를 최소화 하고 있다.
  정답) has been minimizing [답의 근거 : for 2 weeks now]

10 오류를 수정하라는 편집자의 재촉 때문에, Andrew는 지금 3시간 째 작업중이다.
  정답) has been working [답의 근거 : for 3 hours now]

STEP 3

빈칸 넣기

01 Since 2010, Sheldon _____ Hazel because she is very honest.

(a) will trust
(b) has trusted
(c) trusted
(d) has been trusting

02 Ethan _____ Lisa for two weeks now.

(a) has dated
(b) has been dating
(c) dated
(d) will have been dating

03 Fiona _____ hard for three weeks now because an important test is imminent.

(a) has been studying
(b) studied
(c) has studied
(d) will be studying

04 The players _____ very hard for two weeks now ahead of the match against Japan.

(a) will train
(b) have trained
(c) have been training
(d) will have been training

05 Sometimes the mechanic asks how I can drive such an old car. Actually, I _____ this car for 30 years.

(a) have driven
(b) had driven
(c) drove
(d) have been driving

STEP 3

정답 및 해설

01 2010년부터 Sheldon은 Hazel을 신뢰해오고 있는데 그녀가 매우 정직하기 때문이다.
　　정답 (d) [답의 근거 : since 2010]

02 Ethan은 지금 2주째 Lisa와 사귀고 있다.
　　정답 (b) [답의 근거 : for two weeks now]

03 중요한 시험이 임박했기 때문에 Fiona는 지금 3주 동안 열심히 공부해오고 있다.
　　정답 (a) [답의 근거 : for three weeks now]

04 일본과의 경기를 앞두고, 선수들은 지금 2주 째 난이도 높은 훈련을 계속해오고 있다.
　　정답 (c) [답의 근거 : for two weeks now]

05 때때로 정비사가 이렇게 낡은 차를 어떻게 타냐고 물어본다. 사실, 나는 이 차를 30년 째 타고 있다.
　　정답 (d) [답의 근거 : can drive + for 30 years]

STEP 3

빈칸 넣기

06 Because eating apples in the morning is known to be good for health, I _____ apples in the morning since for four years.

(a) have been eating
(b) have eaten
(c) will be eating
(d) will eat

07 I _____ for four months now because I want to be a beautiful bride at my wedding.

(a) have exercised
(b) have been exercising
(c) had exercised
(d) will be exercising

08 Although people say my goal is in vain, I _____ an effort to achieve the goal for five years now.

(a) have been making
(b) have made
(c) will be making
(d) make

09 Because there will be an important blind date soon, Sophia _____ her carbohydrate intake for 2 weeks now to lose weight.

(a) is minimizing
(b) will minimize
(c) has been minimizing
(d) has minimizing

10 Andrew _____ for 3 hours now because of the editor urging him to correct the errors.

(a) has been working
(b) will be working
(c) had worked
(d) worked

STEP 3

정답 및 해설

06 아침에 사과를 먹는 것이 건강에 유익하다고 알려져 있기 때문에, 나는 4년 동안 아침에 사과를 먹고 있다.
　　정답 (a) [답의 근거 : is + for four years]

07 결혼식에서 예쁜 신부가 되길 원하기 때문에, 지금 4달 째 운동 중이다.
　　정답 (b) [답의 근거 : for four months now]

08 비록 사람들이 나의 목표가 헛되다고 말하지만, 나는 나의 목표를 이루기 위해 지금 5년째 노력하고 있다.
　　정답 (a) [답의 근거 : for five years now]

09 곧 중요한 소개팅이 있기 때문에, Sophia는 지금 2주 째 다이어트를 위해 탄수화물 섭취를 최소화 하고 있다.
　　정답 (c) [답의 근거 : for 2 weeks now]

10 오류를 수정하라는 편집자의 재촉 때문에, Andrew는 지금 3시간 째 작업 중이다.
　　정답 (a) [답의 근거 : for 3 hours now]

프렌티지컬
G-POINT
33

켈리 지텔프 G-POINT 10

> 미래 힌트 [tomorrow, next~, by, by the time 등] + for, since
> ➡ 미래 완료 진행형 (will have been ~ing)

미래를 나타내는 힌트와 for (~동안에), since (~이래로) 가 함께 나오면 미래완료 진행형 시제를 써주어야 한다. G-Point 7에서 tomorrow, next, by처럼 미래를 암시해주는 힌트가 나오면 미래 진행형 시제를 써주면 된다고 했지만, for 또는 since처럼 완료진행 시제의 힌트가 있다면, 미래 진행시제 아니라 미래완료 진행 시제를 써주어야 한다. 다음 예문을 통해 G-Point 10을 정확히 이해해보자.

예문

By next year, Rachel _____ Ross for 10 years. (date)

완료 진행형을 암시해주는 for (~동안)가 중요한 단서이다. for는 기간을 나타내므로 무조건 완료 진행형 시제를 써주어야 한다. by next year은 미래를 나타내므로 미래 완료 진행형이 적절하다. 따라서 will have been dating을 쓰는 것이 적절하다. 위에서 계속 언급하고 있듯이, G-Point 7과 헷갈려선 안 된다. 참고로 미래완료 진행형은 '~해오고 있을 것이다'로 해석된다.

STEP 1

어법 선택 [답의 근거를 반드시 체크하시오.]

01 By the time mom comes back, I [will have been working / have been working] for 2 hours.

02 By February of next year, Gunter [is devoting / will have been devoting] himself to the project for three years.

03 By next month, Judy [has used / will have been using] the smart phone for more than three years.

04 By the end of the year, I [will have been studying / had been studying] biology for two years.

05 By next month, Kate [will have been consulting / is consulting] with an expert on a problem with her husband for 3 months.

06 By 2020, a team of archaeologists [has examined / will have been examining] the remains found in a small rural village for 20 years.

07 This time next year, Clare [will have been exchanging / exchanges] emails with a French friend through the Internet for 4 years.

08 Next year Victoria [will have been running / is running] a coffee shop in London for two years.

09 By August, government [enforced / will have been enforcing] the real estate regulation for eight months.

10 A year later, Robin [has been accumulating / will have been accumulating] air miles to take first class for 5 years.

STEP 1

정답 및 해설

01 엄마가 돌아올 때쯤이면 나는 2시간 째 작업 중일 것이다.
   (정답) will have been working [답의 근거 : by the time + for 2 hours]

02 내년 2월이 되면 Gunter가 그 프로젝트에 전념한지 3년이 될 것이다.
   (정답) will have been devoting [답의 근거 : by February of next year + for three years]

03 다음 달이 되면, Judy가 새로운 스마트 폰을 사용한지 3년이 넘는다.
   (정답) will have been using [답의 근거 : by next month + for more than three years]

04 올해가 끝날 때쯤이면, 생물학을 공부한 지 2년이 된다.
   (정답) will have been studying [답의 근거 : by the end of the year + for two years]

05 다음 달이 되면 Kate가 남편과의 문제로 전문가와 상담한 지 3달이 된다.
   (정답) will have been consulting [답의 근거 : by next month + for 3 months]

06 2020년이 되면 한 팀의 고고학자들이 작은 시골마을에서 발견된 유적을 조사한지 20년이 된다.
   (정답) will have been examining [답의 근거 : by 2020 + for 20 years]

07 내년 이 맘쯤이 되면, Clare가 인터넷을 통해 프랑스 친구와 메일을 주고받은 지 4년이 된다.
   (정답) will have been exchanging [답의 근거 : this time next year + for 4 years]

08 내년이 되면 Victoria가 런던에서 커피숍을 운영한지 2년이 된다.
   (정답) will have been running [답의 근거 : next year + for two years]

09 8월이 될 때쯤이면, 정부가 부동산 규제 정책을 시행한지 8개월이 된다.
   (정답) will have been enforcing [답의 근거 : by August+for eight months]

10 일 년 후, Robin이 퍼스트 클래스를 타기 위해 마일리지를 적립하지 5년이 된다.
   (정답) will have been accumulating [답의 근거 : a year later + for 5 years]

STEP 2

밑줄 친 부분 올바르게 고치기 [답의 근거를 반드시 체크하시오.]

01 By the time mom comes back, I have been working for 2 hours.

02 By February of next year, Gunter was devoting himself to the project for three years.

03 By next month, Judy have been using the smart phone for more than three years.

04 By the end of the year, I had been studying biology for two years.

05 By next month, Kate consults with an expert on a problem with her husband for 3 months.

06 By 2020, a team of archaeologists had examined the remains found in a small rural village for 20 years.

07 This time next year, Clare had been exchanging emails with a French friend through the Internet for 4 years.

08 Next year Victoria runs a coffee shop in London for two years.

09 By August, government have been enforcing the real estate regulation for eight months.

10 A year later, Robin was accumulating air miles to take first class for 5 years.

STEP 2

정답 및 해설

01 엄마가 돌아올 때쯤이면 나는 2시간 째 작업 중일 것이다.
   정답 will have been working [답의 근거 : by the time + for 2 hours]

02 내년 2월이 되면 Gunter가 그 프로젝트에 전념한지 3년이 될 것이다.
   정답 will have been devoting [답의 근거 : by February of next year + for three years]

03 다음 달이 되면, Judy가 새로운 스마트 폰을 사용한지 3년이 넘는다.
   정답 will have been using [답의 근거 : by next month + for more than three years]

04 올해가 끝날 때쯤이면, 생물학을 공부한 지 2년이 된다.
   정답 will have been studying [답의 근거 : by the end of the year + for two years]

05 다음 달이 되면 Kate가 남편과의 문제로 전문가와 상담한 지 3달이 된다.
   정답 will have been consulting [답의 근거 : by next month + for 3 months]

06 2020년이 되면 한 팀의 고고학자들이 작은 시골마을에서 발견된 유적을 조사한지 20년이 된다.
   정답 will have been examining [답의 근거 : by 2020 + for 20 years]

07 내년 이 맘쯤이 되면, Clare가 인터넷을 통해 프랑스 친구와 메일을 주고받은 지 4년이 된다.
   정답 will have been exchanging [답의 근거 : this time next year + for 4 years]

08 내년이 되면 Victoria가 런던에서 커피숍을 운영한지 2년이 된다.
   정답 will have been running [답의 근거 : next year + for two years]

09 8월이 될 때쯤이면, 정부가 부동산 규제 정책을 시행한지 8개월이 된다.
   정답 will have been enforcing [답의 근거 : by August+for eight months]

10 일 년 후, Robin이 퍼스트 클래스를 타기 위해 마일리지를 적립하지 5년이 된다.
   정답 will have been accumulating [답의 근거 : a year later + for 5 years]

STEP 3

빈칸 넣기

01 By the time mom comes back, I _____ for 2 hours.
- (a) will be working
- (b) worked
- (c) will have been working
- (d) have worked

02 By February of next year, Gunter _____ himself to the project for three years.
- (a) will have been devoting
- (b) will be devoting
- (c) is devoting
- (d) had devoted

03 By next month, Judy _____ the smart phone for more than three years.
- (a) will be using
- (b) had used
- (c) is using
- (d) will have been using

04 By the end of the year, I _____ biology for two years.
- (a) had studied
- (b) will have been studying
- (c) am studying
- (d) have studied

05 By next month, Kate _____ with an expert on a problem with her husband for 3 months.
- (a) will be consulting
- (b) will have been consulting
- (c) had consulted
- (d) was consulting

STEP 3

정답 및 해설

01 엄마가 돌아올 때쯤이면 나는 2시간 째 작업 중일 것이다.
　　정답 (c) [답의 근거 : by the time + for 2hours]

02 내년 2월이 되면 Gunter가 그 프로젝트에 전념한지 3년이 될 것이다.
　　정답 (a) [답의 근거 : by February of next year + for three years]

03 다음 달이 되면, Judy가 새로운 스마트 폰을 사용한지 3년이 넘는다.
　　정답 (d) [답의 근거 : by next month + for more than three years]

04 올해가 끝날 때쯤이면, 생물학을 공부한 지 2년이 된다.
　　정답 (b) [답의 근거 : by the end of the year + for two years]

05 다음 달이 되면 Kate가 남편과의 문제로 전문가와 상담한 지 3달이 된다.
　　정답 (b) [답의 근거 : by next month + for 3 months]

STEP 3

빈칸 넣기

06 By 2020, a team of archaeologists _____ the remains found in a small rural village for 20 years.
   (a) was examining
   (b) had examined
   (c) will be examining
   (d) will have been examining

07 This time next year, Clare _____ emails with a French friend through the Internet for 4 years.
   (a) will have been exchanging
   (b) exchanged
   (c) has exchanged
   (d) is exchanging

08 Next year Victoria _____ a coffee shop in London for two years.
   (a) will be running
   (b) had run
   (c) will have been running
   (d) has run

09 By August, government _____ the real estate regulation for eight months.
   (a) will be enforcing
   (b) will have been enforcing
   (c) had enforced
   (d) is enforcing

10 A year later, Robin _____ air miles to take first class for 5 years.
   (a) will be accumulating
   (b) is accumulating
   (c) has accumulated
   (d) will have been accumulating

STEP 3

정답 및 해설

06 2020년이 되면 한 팀의 고고학자들이 작은 시골마을에서 발견된 유적을 조사한지 20년이 된다.
　　정답 (d) [답의 근거 : by 2020 + for 20 years]

07 내년 이 맘쯤이 되면, Clare가 인터넷을 통해 프랑스 친구와 메일을 주고받은 지 4년이 된다.
　　정답 (a) [답의 근거 : this time next year + for 4 years]

08 내년이 되면 Victoria가 런던에서 커피숍을 운영한지 2년이 된다.
　　정답 (c) [답의 근거 : next year + for two years]

09 8월이 될 때쯤이면, 정부가 부동산 규제 정책을 시행한지 8개월이 된다.
　　정답 (b) [답의 근거 : by August+for eight months]

10 일 년 후, Robin이 퍼스트 클래스를 타기 위해 마일리지를 적립하지 5년이 된다.
　　정답 (d) [답의 근거 : a year later + for 5 years]

켈리의 시제 오답 POINT

오답 POINT 1

for가 나왔다고 해서 무조건 완료진행 시제가 정답은 아니다.

시제 POINT에서 for가 나오면 완료진행시제가 나온다고 학습했다. 하지만 전치사 for는 다양한 뜻을 가지고 있으므로 for가 나온다고 해서 무조건 완료진행 시제가 정답은 아니다. for 뒤에 시간관련 표현이 와서 '~동안'이라고 해석될 때만 완료진행시제의 힌트로 기능한다.

다음 예문을 살펴보자.
I will buying flowers for you.
for가 '~을 위해'로 해석되었기 때문에 시제 힌트로써 기능하지 못한다.

오답 POINT 2

since 뒤에 과거시점이 나오는 경우 현재완료진행형도 가능하다.

수천명의 학생들에게 질문을 받은 내용이다.
since 뒤에 과거 시점이 나왔는데 왜 현재완료가 답인가요?
이 부분을 작년 강의에도 설명했음에도 불구하고 2021년에도 너무 많은 질문을 받아서 개정판에는 오답 POINT로 구성했다.

다시 한 번 정리해보자.

현재완료 진행형은 '(과거부터 현재까지) ~해오고 있는 중이다'
과거완료 진행형은 '(대과거부터 과거까지) ~해오고 있는 중이었다' 로 해석된다.

가령, I have been studying English since 2 years ago. 는 '나는 2년 전부터 영어를 공부해오고 있는 중이다'로 해석된다. since는 '~부터, ~이래로'를 뜻하며 행위의 시작시점을 나타낸다. 당연히 현재완료 진행형의 시작 시점은 과거이다. 따라서 현재완료도 since 뒤에 과거 시점이 온다.

따라서 since 뒤에 과거 시점이 나올 때 현재완료 진행형과 과거완료 진행형이 둘 다 가능하다. 확실하게 과거까지 진행 중이었다는 단서가 있다면 과거완료 진행형을 쓰면 되고, 현재까지 진행 중이거나 별다른 단서가 없으면 현재완료 진행형을 쓰면 된다.

시제 한 눈에 보기

켈리 지텔프 G-POINT 33

1. 시제 문제 유형임을 알 수 있는 방법

선택지에 동사의 형태가 존재 + 문제에 가정법의 단서 없음 + should 생략 단서 없음

2. 시제 POINT 정리

G-POINT 4 주절 과거 + while 과거 진행형 (was / were ~ing)

G-POINT 5 when 과거 + 주절 과거진행형 (was / were ~ing)

G-POINT 6 현재 힌트 [now, right now, at the moment 등] ➡ 현재 진행형 (am / are / is ~ing)

G-POINT 7 미래힌트 [tomorrow, next~, by 등]
by the time / if / when / until / as soon as 절 현재 ➡ 미래 진행형 (will be ~ing)

G-POINT 8 과거 힌트 [yesterday, ago, last~ 등] + for, since
before 과거 시점 / until 과거 시점 ➡ 과거완료 진행형 (had been ~ing)

G-POINT 9 현재 힌트 [now, right now, at the moment 등] + for, since ➡ 현재완료 진행형 (has / have been ~ing)

G-POINT 10 미래 힌트 [tomorrow, next~, by, by the time 등] + for, since ➡ 미래 완료 진행형 (will have been ~ing)

3. 시제 오답 POINT

오답-POINT 1 for가 나왔다고 해서 무조건 완료진행 시제가 정답은 아니다.

오답-POINT 2 since 뒤에 과거시점이 나오는 경우 현재완료진행형도 가능하다.

4. 켈리쌤의 시제 찐팁!

켈리쌤의 찐팁 1 ing만 정답

켈리쌤의 찐팁 2 과거 진행형, 현재 진행형, 미래 진행형, 과거완료 진행형, 현재완료 진행형, 미래완료 진행형 각각 한 문제씩 출제 (단, 출제경향이 바뀔 수 있으므로 팁으로만 참고할 것!)

STEP 4

시제 실전 문제

01 When I was 12 years old, I moved to this house, where I _____ for 16 years. Even though I am sometimes tired of living the same place for a long time, its surrounding makes me feel comfortable.

(a) have lived
(b) have been living
(c) will be living
(d) live

02 When Amy called Chandler, he _____ a movie with another woman. In fact, he intended to evoke jealousy in her.

(a) was watching
(b) will watch
(c) watches
(d) has been watching

03 Victoria, once a famous actress, _____ a film about children for three years now. It focuses on the issue of children's human rights.

(a) has been making
(b) makes
(c) had made
(d) is making

04 The production of the innovative computer, which attracted much attention, has been completed. Tomorrow, the company _____ consumers of the date when the new products will be released on the market.

(a) has been informing
(b) was informing
(c) will have been informing
(d) will be informing

05 My mom _____ to work by bus for two weeks because the bus fare is cheaper than that of the subway. Another reason she hasn't taken the subway is that she is afraid of being underground.

(a) is going
(b) will go
(c) had gone
(d) has been going

06 Ethan who teaches math is considered by students as the best when it comes to teaching math. He _____ at our school for more than twelve years.

(a) had taught
(b) teaches
(c) is teaching
(d) has been teaching

07 While Rachel _____ care of her little granddaughter, Ross planted dandelions. In fact, she wanted to plant roses, but couldn't help giving up because he was eager to plant dandelions.

(a) took
(b) was taking
(c) will take
(d) had been taking

08 James, the buyer from India, arrived and came to my office. When I had a meeting with him on details of the transaction, William _____ for a restaurant where we would have dinner.

(a) searched
(b) will search
(c) has been searching
(d) was searching

09 The ABS company will unveil a new product next week that has made people interested. Tomorrow, Daniel _____ a presentation on the product on behalf of the company.

(a) will be giving
(b) will give
(c) had given
(d) is giving

10 As president of the company, James was so interested in the welfare of his employees that he decided to give them a state-of-the-art laptop for free. All employees _____ on the new computer by next year.

(a) will work
(b) have worked
(c) will be working
(d) are working

11 Because John moved to headquarters, it is necessary to make up for a shortage of manpower. However, it's hard to find a designer to replace him. Aria _____ for three weeks to find a suitable designer.

(a) is interviewing
(b) will interview
(c) has been interviewing
(d) would interview

12 I am planning a romantic date with Chloe tomorrow. We _____ wine on the roof and watching the comet fall, then I will propose to her.

(a) were drinking
(b) will be drinking
(c) have been drinking
(d) drink

STEP 4

시제 실전 문제

13 Amelia and Aiden promised to meet in front of the Duomo Cathedral after 10 years, and she said she would wear something conspicuous so that he could recognize her. She _____ a blue dress with polka dots when she meets him.

(a) will wear
(b) wears
(c) had wore
(d) will be wearing

14 Sophia is going to enter college next month. She _____ an iPad necessary for taking courses at HMG Department Store.

(a) is now buying
(b) now buys
(c) will now have been buying
(d) had now bought

15 Avery had been eager to travel to Egypt for scuba diving. Finally, her dream has come true. Now she _____ in Hurghada, Egypt for three weeks.

(a) is staying
(b) has been staying
(c) will stay
(d) should stay

16 The deadline becomes so tight that it seems impossible for Emma to attend her sister's wedding. Now she _____ her sister to tell the whole story.

(a) has been calling
(b) calls
(c) will call
(d) is calling

17 Daniel, who had been living in Warsaw because of his work for seven years, decided to visit Seoul and asked Kelly to pick him up. She _____ to the airport next Tuesday morning.

(a) headed
(b) was heading
(c) will be heading
(d) has been heading

18 After moving to New York, Olivia is busy adjusting to her new job. She _____ her home for two weeks now, but there is no improvement.

(a) will have been organizing
(b) organized
(c) was organizing
(d) has been organizing

19 Finally, the professor began to be interested in her work. She _____ for two years to write a paper on the positive effects of fear.

(a) had been studying
(b) studied
(c) will study
(d) has studied

20 Levi played computer games while Leah _____ care of the child despite being sick. She was so irritated that she couldn't suppress anger.

(a) would take
(b) will have been taking
(c) was taking
(d) has been taking

Unit 04
준동사

›› G-POINT 11~20

›› 준동사 오답 POINT 1~2

›› 켈리쌤의 준동사 찐팁!

준동사 미리보기

준동사는 지텔프 문법 26문항 중 6문제가 출제된다. 준동사는 to 부정사와 동명사의 쓰임을 묻는 문제가 주로 출제된다. 지텔프가 묻는 준동사의 쓰임이 분명히 존재하기 때문에 지텔프 스타일로 공부하는 것이 필요하다. G-point12와 G-point 13은 매회 출제되며, 준동사와 관련된 다른 G-Point도 다양하게 출제되기 때문에 Unit4에서 소개하는 모든 G-Point를 숙지해야 한다. 문제를 풀 때에 주어자리에 빈칸이 있는지, 목적어 자리에 빈칸이 있는지, 아니면 주어나 목적어 자리가 아닌 다른 곳에 빈칸이 있는지를 먼저 확인하면 풀이 방향이 명확해져 문제 풀이가 쉬워진다.

- **출제 문제 수 :** 총 6문제 (보통 동명사 3문제, to부정사 3문제)

- **선택지 특징 :**

  ① 동명사와 to 부정사가 동시에 선택지에 존재

  ② to be ~ing, having pp, to have pp 등이 선택지에 존재

  예 (a) studying
  (b) to be studying
  (c) having studied
  (d) to study

- **Kelly's 준동사 문제풀이 단계**

· 선택지에 동명사와 to 부정사가 동시에 존재
yes
· 선택지에서 동명사와 to 부정사가 아닌 선택지 소거
next
준동사 POINT 적용

- **Kelly's 준동사 찐팁!**

  찐팁 1 동명사와 to부정사로 선지 압축

  찐팁 2 보통 ing 3문제, to 부정사 3문제 출제
  (단, 출제경향이 바뀔 수 있으므로 팁으로만 참고할 것!)

켈리 지텔프 G-POINT 11

> 전치사 뒤 빈칸 ➡ ~ing (동명사)

전치사 뒤는 목적어 자리이다. 목적어에는 명사만 올 수 있다. to 부정사와 동명사 모두 명사가 될 수 있기 때문에 전치사의 목적어 자리에 올 수 있다고 생각할 수 있다. 하지만, 전치사 뒤에는 동명사만 올 수 있으므로 전치사 뒤에 빈칸이 있다면 동명사를 써야 한다. 다음 예문을 통해 G-Point 11을 정확히 이해해보자.

예문

She prevented mosquitoes from _____ in. (come)

주의할 사항이 있다. 보통 to 뒤에는 동사원형이 오는 경우가 대부분이다. to 뒤에 동사원형이 오는 경우를 to 부정사라고 한다. 하지만 때로는 to가 전치사인 경우가 있다. 전치사 뒤에는 명사나 동명사가 오므로 to 뒤에도 명사나 동명사가 오게 된다. 이 경우는 암기를 해야 한다. to 부정사와 착각하지 않도록 다음의 표를 보고 전치사 to를 암기하자.

다음 예문을 살펴보자.

예문

We are looking forward to [meet/meeting] him.

암기표를 보면 'look forward to'에서 to는 전치사이므로 뒤에는 동명사를 써야 하므로 meeting이 적절하다.
지텔프에서 잘 나오지는 않지만 혹시 나올 것을 대비해 책에 싣게 되었다.

암기표 2 — to가 전치사로 쓰이는 경우

be accustomed to ~ing	~에 익숙하다.	in addition to ~ing	~이외에도
be addicted to ~ing	~에 중독되다	lead to ~ing	~로 이어지다
be devoted to ~ing	~에 전념하다, 몰두하다	contribute to ~ing	~에 공헌하다
be opposed to ~ing = object to ~ing	~에 반대하다	fall to ~ing	~을 시작하다
		secret to ~ing	~에 관한 비법
look forward to ~ing	~을 고대하다	key to ~ing	~에 관한 비법
what do you say to ~ing	~하는 게 어때?	be close to ~ing	거의 ~할 것 같다.
with a view to ~ing	~하기 위하여	prior to ~ing	~에 앞서, ~전에
when it comes to ~ing	~에 관한 한	superior to ~ing	~보다 우월한
refrain from ~ing	~을 삼가다	inferior to ~ing	~보다 열등한

STEP 1

어법 선택

01 Paul is a curious child, interested in [discuss / discussing] various issues.

02 The possibility of success depends on [meeting / meet] as many people as possible.

03 He is responsible for [deal / dealing] with the recent scandal.

04 As it was obvious that the results would be bad, they were opposed to [carry / carrying] out such research.

05 Jack is famous for [making / make] delicious pasta dishes in Italy.

06 Simply memorizing something is different from [to gain / gaining] knowledge.

07 My father is capable of [fix / fixing] a broken car.

08 The boss is good at [put / putting] the right person in the right place.

09 Ethan was tired of [doing / do] the same thing every day.

10 I was afraid of [to be / being] demoted at work.

STEP 1

정답 및 해설

01 Paul은 호기심 많은 아이이며, 다양한 문제에 관해 논의하는 것에 흥미가 있다.
　　정답) discussing [전치사 in 뒤에는 동명사가 적절하다.]

02 성공의 가능성은 가능하면 많은 사람들을 만나는 것에 달려있다.
　　정답) meeting [전치사 on 뒤에는 동명사가 적절하다.]

03 그는 최근의 스캔들을 처리할 책임이 있다.
　　정답) dealing [전치사 for 뒤에는 동명사가 적절하다.]

04 결과가 안 좋을 것이 뻔했기 때문에 그들은 그러한 연구를 수행하는 것에 반대했다.
　　정답) carrying [전치사 to 뒤에는 동명사가 적절하다.]

05 Jack은 이탈리아에서 맛있는 파스타를 만드는 것으로 유명하다.
　　정답) making [전치사 for 뒤에는 동명사가 적절하다.]

06 단순히 무언가를 암기하는 것은 실제로 지식을 얻는 것과는 차이가 있다.
　　정답) gaining [전치사 from 뒤에는 동명사가 적절하다.]

07 나의 아빠는 고장 난 자동차를 고칠 수 있다.
　　정답) fixing [전치사 of 뒤에는 동명사가 적절하다.]

08 사장님은 적절한 장소에 적절한 사람을 잘 배치시킨다.
　　정답) putting [전치사 at 뒤에는 동명사가 적절하다.]

09 Ethan은 매일매일 똑같은 일을 반복하는 것에 싫증이 났다.
　　정답) doing [전치사 of 뒤에는 동명사가 적절하다.]

10 나는 회사에서 좌천 될까 두려워했다.
　　정답) being [전치사 of 뒤에는 동명사가 적절하다.]

STEP 2

밑줄 친 부분 올바르게 고치기

01 Paul is a curious child, interested in discuss various issues.

02 The possibility of success depends on meet as many people as possible.

03 He is responsible for deal with the recent scandal.

04 As it was obvious that the results would be bad, they were opposed to carried out such research.

05 Jack is famous for make delicious pasta dishes in Italy.

06 Simply memorizing something is different from gain knowledge.

07 My father is capable of fix a broken car.

08 The boss is good at put the right person in the right place.

09 Ethan was tired of do the same thing every day.

10 I was afraid of be demoted at work.

STEP 2

정답 및 해설

01 Paul은 호기심 많은 아이이며, 다양한 문제에 관해 논의하는 것에 흥미가 있다.
　　정답 discussing [전치사 in 뒤에는 동명사가 적절하다.]

02 성공의 가능성은 가능하면 많은 사람들을 만나는 것에 달려있다.
　　정답 meeting [전치사 on 뒤에는 동명사가 적절하다.]

03 그는 최근의 스캔들을 처리할 책임이 있다.
　　정답 dealing [전치사 for 뒤에는 동명사가 적절하다.]

04 결과가 안 좋을 것이 뻔했기 때문에 그들은 그러한 연구를 수행하는 것에 반대했다.
　　정답 carrying [전치사 to 뒤에는 동명사가 적절하다.]

05 Jack은 이탈리아에서 맛있는 파스타를 만드는 것으로 유명하다.
　　정답 making [전치사 for 뒤에는 동명사가 적절하다.]

06 단순히 무언가를 암기하는 것은 실제로 지식을 얻는 것과는 차이가 있다.
　　정답 gaining [전치사 from 뒤에는 동명사가 적절하다]

07 나의 아빠는 고장 난 자동차를 고칠 수 있다.
　　정답 fixing [전치사 of 뒤에는 동명사가 적절하다.]

08 사장님은 적절한 장소에 적절한 사람을 잘 배치시킨다.
　　정답 putting [전치사 at 뒤에는 동명사가 적절하다.]

09 Ethan은 매일매일 똑같은 일을 반복하는 것에 싫증이 났다.
　　정답 doing [전치사 of 뒤에는 동명사가 적절하다.]

10 나는 회사에서 좌천 될까 두려워했다.
　　정답 being [전치사 of 뒤에는 동명사가 적절하다.]

STEP 3

빈칸 넣기

01 Paul is a curious child, interested in _____ various issues.
- (a) discussion
- (b) to discuss
- (c) discussing
- (d) to have discussed

02 The possibility of success depends on _____ as many people as possible.
- (a) meeting
- (b) to meet
- (c) having met
- (d) will meet

03 He is responsible for _____ with the recent scandal.
- (a) dealing
- (b) to deal
- (c) having dealt
- (d) could deal

04 As it was obvious that the results would be bad, they were opposed to _____ out such research.
- (a) having carried
- (b) to carry
- (c) might carry
- (d) carrying

05 Jack is famous for _____ delicious pasta dishes in Italy.
- (a) making
- (b) to make
- (c) to be made
- (d) having made

STEP 3

정답 및 해설

01 Paul은 호기심 많은 아이이며, 다양한 문제에 관해 논의하는 것에 흥미가 있다.
정답 (c) [전치사 in 뒤에는 동명사가 적절하다, discussion도 명사이지만 목적어인 various issues가 있으므로 동명사가 와야 한다.]

02 성공의 가능성은 가능하면 많은 사람들을 만나는 것에 달려있다.
정답 (a) [전치사 on 뒤에는 동명사가 적절하다.]

03 그는 최근의 스캔들을 처리할 책임이 있다.
정답 (a) [전치사 for 뒤에는 동명사가 적절하다.]

04 결과가 안 좋을 것이 뻔했기 때문에 그들은 그러한 연구를 수행하는 것에 반대했다.
정답 (d) [전치사 to 뒤에는 동명사가 적절하다.]

05 Jack은 이탈리아에서 맛있는 파스타를 만드는 것으로 유명하다.
정답 (a) [전치사 for 뒤에는 동명사가 적절하다.]

STEP 3

빈칸 넣기

06 Simply memorizing something is different from _____ knowledge.
  (a) be gained
  (b) having gain
  (c) gaining
  (d) to gain

07 My father is capable of _____ a broken car.
  (a) fixing
  (b) fix
  (c) would fix
  (d) to fix

08 The boss is good at _____ the right person in the right place.
  (a) to put
  (b) having put
  (c) putting
  (d) to have put

09 Ethan was tired of _____ the same thing every day.
  (a) to do
  (b) doing
  (c) having done
  (d) to have done

10 I was afraid of _____ demoted at work.
  (a) to be
  (b) would be
  (c) having been
  (d) being

STEP 3

정답 및 해설

06 단순히 무언가를 암기하는 것은 실제로 지식을 얻는 것과는 차이가 있다.
   정답 (c) [전치사 from 뒤에는 동명사가 적절하다.]

07 나의 아빠는 고장 난 자동차를 고칠 수 있다.
   정답 (a) [전치사 of 뒤에는 동명사가 적절하다.]

08 사장님은 적절한 장소에 적절한 사람을 잘 배치시킨다.
   정답 (c) [전치사 at 뒤에는 동명사가 적절하다.]

09 Ethan은 매일매일 똑같은 일을 반복하는 것에 싫증이 났다.
   정답 (b) [전치사 of 뒤에는 동명사가 적절하다.]

10 나는 회사에서 좌천 될까 두려워했다.
   정답 (d) [전치사 of 뒤에는 동명사가 적절하다.]

켈리 지텔프 G-POINT 12

주어 자리 빈칸 ➡ ~ing (동명사)

문장의 주어자리에 빈칸이 뚫린 경우가 있다. 주어 자리에는 명사만 올 수 있다. to 부정사와 동명사 모두 명사의 성질을 가지고 있기 때문에 주어자리에 올 수 있다. 하지만 지텔프 시험에서는 주어 자리에 빈칸에 뚫리면 동명사를 쓰는 것이 정답이라는 것에 주의하도록 하자. 만약 선지에 to 부정사와 동명사가 둘 다 존재한다면 동명사를 써야 한다. 다음 예문을 통해 G-Point 12를 정확히 이해해보자.

예문

_____ **English is easy. (study)**

위의 예문은 '공부하는 것은 쉽다.'로 해석이 된다. 주어자리에 빈칸이 뚫렸으므로 동명사인 studying을 쓰면 된다.

STEP 1

어법 선택

01 [Cleaning / To clean] a room can be a way to reduce depression.

02 I thought that [spend / spending] time with her was inappropriate.

03 [To climb / Climbing] the Himalayas is my goal.

04 [Listen / Listening] to music in the middle of the night made the neighbors irritated.

05 [To practice / Practicing] something will always bring good results.

06 [To wear / Wearing] expensive clothes does not always show that the person is rich.

07 [Participate / Participating] in the World Cup was Bill's dream.

08 After the lecture, [eating / to eat] chicken is Kelly's only pleasure.

09 [To exercise / Exercising] every day made Ethan a strong boy.

10 [Getting / To get] up in the morning and drinking coffee helps Monica start her day well.

STEP 1

정답 및 해설

01 방을 청소하는 것이 우울함을 감소시키는 하나의 방법이 될 수 있다.
　　정답 Cleaning [주어 자리이므로 동명사가 적절하다.]

02 나는 그녀와 함께 시간을 보내는 것이 부적절하다고 생각했다.
　　정답 spending [주어 자리이므로 동명사가 적절하다.]

03 히말라야를 등반하는 것은 나의 목표이다.
　　정답 Climbing [주어 자리이므로 동명사가 적절하다.]

04 한밤중에 음악을 듣는 것이 이웃을 짜증나게 만들었다.
　　정답 listening [주어 자리이므로 동명사가 적절하다.]

05 무언가를 연습하는 것은 항상 좋은 결과를 가져다 줄 것이다.
　　정답 Practicing [주어 자리이므로 동명사가 적절하다.]

06 비싼 옷을 입는 것이 항상 그 사람이 부자라는 것을 보여주는 것은 아니다.
　　정답 Wearing [주어 자리이므로 동명사가 적절하다.]

07 월드컵에 참가하는 것이 Bill의 꿈이었다.
　　정답 Participating [주어 자리이므로 동명사가 적절하다.]

08 강의를 끝내고 치킨을 먹는 것이 kelly의 유일한 낙이다.
　　정답 eating [주어 자리이므로 동명사가 적절하다.]

09 매일 운동을 하는 것이 Ethan을 튼튼한 소년으로 만들었다.
　　정답 Exercising [주어 자리이므로 동명사가 적절하다.]

10 아침에 일어나서 커피를 마시는 것은 Monica가 하루를 잘 시작하도록 도와준다.
　　정답 Getting [주어 자리이므로 동명사가 적절하다.]

STEP 2

밑줄 친 부분 올바르게 고치기

01 Clean a room can be a way to reduce depression.

02 I thought that spend time with her was inappropriate.

03 Climb the Himalayas is my goal.

04 Listen to music in the middle of the night made the neighbors irritated.

05 Practice something will always bring good results.

06 Wear expensive clothes does not always show that the person is rich.

07 Participate the World Cup was Bill's dream.

08 After the lecture, eat chicken is Kelly's only pleasure.

09 To exercise every day made Ethan a strong boy.

10 Get up in the morning and drinking coffee helps Monica start her day well.

STEP 2

정답 및 해설

01 방을 청소하는 것이 우울함을 감소시키는 하나의 방법이 될 수 있다.
   정답 Cleaning [주어 자리이므로 동명사가 적절하다.]

02 나는 그녀와 함께 시간을 보내는 것이 부적절하다고 생각했다.
   정답 spending [주어 자리이므로 동명사가 적절하다.]

03 히말라야를 등반하는 것은 나의 목표이다.
   정답 Climbing [주어 자리이므로 동명사가 적절하다.]

04 한밤중에 음악을 듣는 것이 이웃을 짜증나게 만들었다.
   정답 listening [주어 자리이므로 동명사가 적절하다.]

05 무언가를 연습하는 것은 항상 좋은 결과를 가져다 줄 것이다.
   정답 Practicing [주어 자리이므로 동명사가 적절하다.]

06 비싼 옷을 입는 것이 항상 그 사람이 부자라는 것을 보여주는 것은 아니다.
   정답 Wearing [주어 자리이므로 동명사가 적절하다.]

07 월드컵에 참가하는 것이 Bill의 꿈이었다.
   정답 Participating [주어 자리이므로 동명사가 적절하다.]

08 강의를 끝내고 치킨을 먹는 것이 kelly의 유일한 낙이다.
   정답 eating [주어 자리이므로 동명사가 적절하다.]

09 매일 운동을 하는 것이 Ethan을 튼튼한 소년으로 만들었다.
   정답 Exercising [주어 자리이므로 동명사가 적절하다.]

10 아침에 일어나서 커피를 마시는 것은 Monica가 하루를 잘 시작하도록 도와준다.
   정답 Getting [주어 자리이므로 동명사가 적절하다.]

STEP 3

빈칸 넣기

01 _____ a room can be a way to reduce depression.
- (a) To clean
- (b) Cleaning
- (c) To have cleaned
- (d) Having cleaned

02 I thought that _____ time with her was inappropriate.
- (a) to spend
- (b) having spent
- (c) would spend
- (d) spending

03 _____ the Himalayas is my goal.
- (a) Climbing
- (b) To climb
- (c) Having climbed
- (d) To have climbed

04 _____ to music in the middle of the night made the neighbors irritated.
- (a) To listen
- (b) Listening
- (c) Listen
- (d) To be listened

05 _____ something will always bring good results.
- (a) To practice
- (b) Having practiced
- (c) Practicing
- (d) Practice

STEP 3

정답 및 해설

01 방을 청소하는 것이 우울함을 감소시키는 하나의 방법이 될 수 있다.
    정답 (b) [주어 자리이므로 동명사가 적절하다.]

02 나는 그녀와 함께 시간을 보내는 것이 부적절하다고 생각했다.
    정답 (d) [주어 자리이므로 동명사가 적절하다.]

03 히말라야를 등반하는 것은 나의 목표이다.
    정답 (a) [주어 자리이므로 동명사가 적절하다.]

04 한밤중에 음악을 듣는 것이 이웃을 짜증나게 만들었다.
    정답 (b) [주어 자리이므로 동명사가 적절하다.]

05 무언가를 연습 하는 것은 분명 좋은 결과를 가져다 줄 것이다.
    정답 (c) [주어 자리이므로 동명사가 적절하다.]

STEP 3

빈칸 넣기

06 _____ expensive clothes does not always show that the person is rich.
- (a) Having wore
- (b) To have wore
- (c) Wear
- (d) Wearing

07 _____ the World Cup was Bill's dream.
- (a) To participate
- (b) To have participated
- (c) Participating
- (d) Having participated

08 After the lecture, _____ chicken is Kelly's only pleasure.
- (a) to eat
- (b) eating
- (c) having eaten
- (d) to have eaten

09 _____ time every day made Ethan a strong boy.
- (a) Exercising
- (b) To exercise
- (c) Having exercised
- (d) To have exercised

10 _____ up in the morning and drinking coffee helps Monica start her day well.
- (a) Getting
- (b) To get
- (c) Having got
- (d) To have got

STEP 3

정답 및 해설

06 비싼 옷을 입는 것이 항상 그 사람이 부자라는 것을 보여주는 것은 아니다.
　　정답 (d) [주어 자리이므로 동명사가 적절하다.]

07 월드컵에 참가하는 것이 Bill의 꿈이었다.
　　정답 (c) [주어 자리이므로 동명사가 적절하다.]

08 강의를 끝내고 치킨을 먹는 것이 kelly의 유일한 낙이다.
　　정답 (b) [주어 자리이므로 동명사가 적절하다.]

09 매일 운동을 하는 것이 Ethan을 튼튼한 소년으로 만들었다.
　　정답 (a) [주어 자리이므로 동명사가 적절하다.]

10 아침에 일어나서 커피를 마시는 것은 Monica가 하루를 잘 시작하도록 도와준다.
　　정답 (a) [주어 자리이므로 동명사가 적절하다.]

프렌지털리컬
G-POINT
33

켈리 지텔프 G-POINT 13

> 동사 뒤 목적어 자리 빈칸 ➡ ~ing (동명사)

지텔프 단골 문제이다. 동사 뒤에 빈칸이 있으면 목적어 자리이므로 명사의 역할을 할 수 있는 to 부정사나 동명사가 와야 한다. 다만 동사에 따라서 to 부정사가 올 수도 있고, 동명사도 올 수 있으며, 때로는 to 부정사와 동명사 둘 다 올 수 있는 경우도 있다. 따라서 목적어에 to 부정사가 오는 동사와, 동명사가 오는 동사를 각각 암기해야 한다. 다음 예문을 통해 G-POINT 13을 정확히 이해해보자.

예문

I enjoy _____ something. (eat)

enjoy는 뒤에 목적어를 가지는데, 목적어 자리에는 명사가 와야 한다. to 부정사와 동명사 모두 명사가 될 수 있지만, enjoy는 동명사만을 목적어로 가지기 때문에 I enjoy to eat something의 형태는 불가능하다. 따라서 eating을 쓰면 된다. 목적어 자리에 동명사가 오는 동사는 다음과 같다. 시험에서 항상 출제되기 때문에 무조건 암기해야 한다.

🔍 암기표 3 뒤에 동명사가 오는 대표 동사

A	avoid, admit, appreciate, abandon, advise, anticipate, allow, adore	J	justify
B	ban	K	keep
C	confess, consider	M	mind, mention, miss
D	deny, delay, dread, disclose, dislike, depict, defend, despise, discuss, defer, detest, dispute	O	oppose
		P	practice, put off, postpone, prevent, prohibit, promote, picture
E	enjoy, endure, entail, end up, encourage, envision, evade, experience, escape, excuse	Q	quit
		R	recommend, resist, risk, recall, report, require, resent, regard, resume, reject
F	finish, fear, fancy	S	suggest, support
G	give up	T	tolerate
I	imagine, include, involve	W	welcome

켈리지텔프
G-POINT
33

켈리 지텔프 G-POINT 14

> 동사 뒤 목적어 자리 빈칸 ➡ to 부정사

지텔프 단골 문제이다. 동사 뒤에 빈칸이 있으면 목적어 자리이므로 명사의 역할을 할 수 있는 to 부정사나 동명사가 와야 한다. 다만 동사에 따라서 to 부정사가 올 수도 있고, 동명사도 올 수 있으며, 때로는 to 부정사와 동명사 둘 다 올 수 있는 경우도 있다. 따라서 목적어에 to 부정사가 오는 동사와, 동명사가 오는 동사를 각각 암기해야 한다. 다음 예문을 통해 G-Point 14를 정확히 이해해보자.

예문

I want _____ something. (eat)

want는 뒤에 목적어를 가지는데, 목적어 자리에는 명사가 와야한다. to 부정사와 동명사 모두 명사가 될 수 있지만, want는 to 부정사만을 목적어로 가지기 때문에 I want eating something의 형태는 불가능하다. 따라서 to eat을 쓰면 된다. 목적어 자리에 to 부정사가 오는 동사는 다음과 같다. 시험에서 항상 출제되기 때문에 무조건 암기해야 한다. 참고로 목적어 자리가 아니지만 to부정사를 자주 동반하는 자동사도 암기표에 포함시켰다.

암기표 4 — 뒤에 to 부정사가 오는 대표 동사

A	agree, appear, afford, arrange, attempt	M	manage, make sure
C	care, choose, consent, conspire	O	offer
D	decide, desire	P	prove, promise, plan, pretend
E	expect, elect	R	refuse, resolve
F	fail, fight	S	seem, struggle, strive
H	hesitate, hope, happen	T	tend
I	intend	V	vow
L	learn	W	want, wish, would like

STEP 1

어법 선택 [답의 근거를 반드시 체크하시오.]

01 Sam hopes [to pass / passing] the exam and join a company he wants.

02 I don't mind [to communicate / communicating] with foreigners because I think it's important to make friends from various cultures.

03 To be a good father, Bill decided to quit [to smoke / smoking].

04 Matthew managed [to set / setting] up the company.

05 Lisa planned [to donate / donating] her first salary.

06 Jenny had just finished [to clean / cleaning] her room when a guest of the housewarming party called her.

07 Michael expected [to meet / meeting] his Miss Right.

08 Although the company's stock prices dropped, Chandler refused [to sell / selling] it.

09 To study astronomy more deeply, Emily chose [to go / going] to graduate school.

10 I found out that she had been a two-timer, but decided [to trust / trusting] her once again.

STEP 1

정답 및 해설

01 Sam은 시험에 합격해서 원하는 회사에 들어가기를 희망한다.
　　(정답) to pass [답의 근거 : hopes]

02 나는 다양한 문화의 사람들을 사귀는 것이 중요하다고 생각하기 때문에, 외국인들과 소통하는 것을 꺼리지 않는다.
　　(정답) communicating [답의 근거 : mind]

03 좋은 아빠가 되기 위해서, Bill은 담배를 끊기로 결심했다.
　　(정답) smoking [답의 근거 : quit]

04 Matthew는 가까스로 회사를 설립할 수 있었다.
　　(정답) to set [답의 근거 : managed]

05 Lisa는 그녀가 받은 첫 월급을 기부할 것을 계획했다.
　　(정답) to donate [답의 근거 : planned]

06 집들이 손님 중 한명이 전화했을 때, Jenny는 막 방 청소를 끝마쳤다.
　　(정답) cleaning [답의 근거 : finished]

07 Michael은 이상형을 만날 것이라고 기대했다.
　　(정답) to meet [답의 근거 : expected]

08 회사의 주가 하락에도 불구하고, Chandler는 주식을 매도하는 것을 거부했다.
　　(정답) to sell [답의 근거 : refused]

09 천문학을 더욱 심도 있게 공부하기 위해, Emily는 대학원에 진학하기로 선택했다.
　　(정답) to go [답의 근거 : chose]

10 그녀가 양다리를 걸쳤다는 사실을 알게 되었지만, 다시 한 번 그녀를 믿어보기로 결정했다.
　　(정답) to trust [답의 근거 : decided]

STEP 1

어법 선택 [답의 근거를 반드시 체크하시오.]

11 The doctor recommended [to drink / drinking] water more often.

12 Because Jason thought more scrutiny was necessary, he postponed [to submit / submitting] the article.

13 I wanted [to spend / spending] some more time with her, so I asked her to watch a movie together.

14 Because there were still more problems to solve, Angel promised [to see / seeing] Mark again.

15 These days Amanda avoids [to meet / meeting] her boyfriend because she needs more time to study.

16 I will resist [to accept / accepting] the company's offer because it is against my belief.

17 The ancient people had learned [to live / living] in a harsh environment.

18 Because Mickey had lost his ID card, officials refused [to let / letting] him enter.

19 Jack agreed [to introduce / introducing] a policy that would provide more support to the young unemployed.

20 Although Rachel's tone was cold, Gunter failed [to notice / noticing] that her mind had changed.

STEP 1

정답 및 해설

11 의사는 물을 더욱 자주 마실 것을 권고했다.
  정답) drinking [답의 근거 : recommended]

12 면밀한 조사가 더욱 필요하다고 생각했기 때문에, Jason은 기사를 제출하는 것을 미루었다.
  정답) submitting [답의 근거 : postponed]

13 나는 그녀와 좀 더 시간을 보내고 싶었기 때문에, 함께 영화를 보러 가자고 했다.
  정답) to spend [답의 근거 : wanted]

14 아직 다루어야 할 문제가 더 남아 있었기 때문에, Angel은 Mark를 다시 보기로 약속했다.
  정답) to see [답의 근거 : promised]

15 공부할 시간이 더 많이 필요했기 때문에, 요즘 Amanda는 남자친구 만나는 것을 피하고 있다.
  정답) meeting [답의 근거 : avoids]

16 회사의 제안이 나의 신념과 어긋나기 때문에, 나는 그 제안을 받아들이지 않을 것이다.
  정답) accepting [답의 근거 : resist]

17 고대인들은 척박한 환경 속에서 살아가는 법을 배웠다.
  정답) to live [답의 근거 : learned]

18 Mickey가 신분증을 잃어버렸기 때문에, 관계자는 그의 출입을 거부했다.
  정답) to let [답의 근거 : refused]

19 Jack은 청년 실업자들에게 더 많은 지원을 해 줄 정책을 도입하는 것에 동의했다.
  정답) to introduce [답의 근거 : agreed]

20 Rachel의 말투가 차가웠지만, Gunter는 그녀의 마음이 변한 것을 알아차리지 못했다.
  정답) to notice [답의 근거 : failed]

STEP 2

밑줄 친 부분 올바르게 고치기 [답의 근거를 반드시 체크하시오.]

01 Sam hopes pass the exam and join the company he wants.

02 I don't mind communicate with foreigners because I think it's important to make friends from various cultures.

03 To be a good father, Bill decided to quit smoke.

04 Matthew managed set up the company.

05 Lisa planned donate her first salary.

06 Jenny had just finished clean her room when a guest of the housewarming party called her.

07 Michael expected meet his Miss Right.

08 Although the company's stock prices dropped, Chandler refused sell it.

09 To study astronomy more deeply, Emily chose go to graduate school.

10 I found out that she had been a two-timer, but decided trust her once again.

STEP 2

정답 및 해설

01 Sam은 시험에 합격해서 원하는 회사에 들어가기를 희망한다.
   정답) to pass [답의 근거 : hopes]

02 나는 다양한 문화의 사람들을 사귀는 것이 중요하다고 생각하기 때문에, 외국인들과 소통하는 것을 꺼리지 않는다.
   정답) communicating [답의 근거 : mind]

03 좋은 아빠가 되기 위해서, Bill은 담배를 끊기로 결심했다.
   정답) smoking [답의 근거 : quit]

04 Matthew는 가까스로 회사를 설립할 수 있었다.
   정답) to set [답의 근거 : managed]

05 Lisa는 그녀가 받은 첫 월급을 기부할 것을 계획했다.
   정답) to donate [답의 근거 : planned]

06 집들이 손님 중 한명이 전화했을 때, Jenny는 막 방 청소를 끝마쳤다.
   정답) cleaning [답의 근거 : finished]

07 Michael은 이상형을 만날 것이라고 기대했다.
   정답) to meet [답의 근거 : expected]

08 회사의 주가 하락에도 불구하고, Chandler는 주식을 매도하는 것을 거부했다.
   정답) to sell [답의 근거 : refused]

09 천문학을 더욱 심도 있게 공부하기 위해, Emily는 대학원에 진학하기로 선택했다.
   정답) to go [답의 근거 : chose]

10 그녀가 양다리를 걸쳤다는 사실을 알게 되었지만, 다시 한 번 그녀를 믿어보기로 결정했다.
   정답) to trust [답의 근거 : decided]

STEP 2

밑줄 친 부분 올바르게 고치기 [답의 근거를 반드시 체크하시오.]

11 The doctor recommended drink water more often.

12 Because Jason thought more scrutiny was necessary, he postponed submit the article.

13 I wanted spend some more time with her, so I asked her to watch a movie together.

14 Because there were still more problems to solve, Angel promised see Mark again.

15 These days Amanda avoids meet her boyfriend because she needs more time to study.

16 I will resist accept the company's offer because it is against my belief.

17 The ancient people had learned live in a harsh environment.

18 Because Mickey had lost his ID card, officials refused let him enter.

19 Jack agreed introduce a policy that would provide more support to the young unemployed.

20 Although Rachel's tone was cold, Gunter failed notice that her mind had changed.

STEP 2

정답 및 해설

11 의사는 물을 더욱 자주 마실 것을 권고했다.
  정답 drinking [답의 근거 : recommended]

12 면밀한 조사가 더욱 필요하다고 생각했기 때문에, Jason은 기사를 제출하는 것을 미루었다.
  정답 submitting [답의 근거 : postponed]

13 나는 그녀와 좀 더 시간을 보내고 싶었기 때문에, 함께 영화를 보러 가자고 했다.
  정답 to spend [답의 근거 : wanted]

14 아직 다루어야 할 문제가 더 남아 있었기 때문에, Angel은 Mark를 다시 보기로 약속했다.
  정답 to see [답의 근거 : promised]

15 공부할 시간이 더 많이 필요했기 때문에, 요즘 Amanda는 남자친구를 만나는 것을 피하고 있다.
  정답 meeting [답의 근거 : avoids]

16 회사의 제안이 나의 신념과 어긋나기 때문에, 나는 그 제안을 받아들이지 않을 것이다.
  정답 accepting [답의 근거 : resist]

17 고대인들은 척박한 환경 속에서 살아가는 법을 배웠다.
  정답 to live [답의 근거 : learned]

18 Mickey가 신분증을 잃어버렸기 때문에, 관계자는 그의 출입을 거부했다.
  정답 to let [답의 근거 : refused]

19 Jack은 청년 실업자들에게 더 많은 지원을 해 줄 정책을 도입하는 것에 동의했다.
  정답 to introduce [답의 근거 : agreed]

20 Rachel의 말투가 차가웠지만, Gunter는 그녀의 마음이 변한 것을 알아차리지 못했다.
  정답 to notice [답의 근거 : failed]

STEP 3

빈칸 넣기

01 Sam hopes _____ the exam and join the company he wants.
- (a) to pass
- (b) passing
- (c) having passed
- (d) to have passed

02 I don't mind _____ with foreigners because I think it's important to make friends from various cultures.
- (a) would communicate
- (b) having communicated
- (c) communicating
- (d) to have communicated

03 To be a good father, Bill decided to quit _____.
- (a) smoking
- (b) to smoke
- (c) should smoke
- (d) having smoked

04 Matthew managed _____ up the company.
- (a) to set
- (b) setting
- (c) having set
- (d) to have set

05 Lisa planned _____ her first salary.
- (a) would donate
- (b) donating
- (c) to donate
- (d) to have donate

STEP 3

정답 및 해설

01 Sam은 시험에 합격해서 원하는 회사에 들어가기를 희망한다.
   정답 (a) [답의 근거 : hopes]

02 나는 다양한 문화의 사람들을 사귀는 것이 중요하다고 생각하기 때문에, 외국인들과 소통하는 것을 꺼리지 않는다.
   정답 (c) [답의 근거 : mind]

03 좋은 아빠가 되기 위해서, Bill은 담배를 끊기로 결심했다.
   정답 (a) [답의 근거 : quit]

04 Matthew는 가까스로 회사를 설립할 수 있었다.
   정답 (a) [답의 근거 : managed]

05 Lisa는 그녀가 받은 첫 월급을 기부할 것을 계획했다.
   정답 (c) [답의 근거 : planned]

STEP 3

빈칸 넣기

06 Jenny had just finished _____ her room when a guest of the housewarming party called her.
 (a) to clean
 (b) cleaning
 (c) to have cleaned
 (d) having cleaned

07 Michael expected _____ his Miss Right.
 (a) meeting
 (b) to meet
 (c) having met
 (d) to have met

08 Although the company's stock prices dropped, Chandler refused _____ it.
 (a) to sell
 (b) would sell
 (c) selling
 (d) to have sold

09 To study astronomy more deeply, Emily chose _____ to graduate school.
 (a) going
 (b) having gone
 (c) can go
 (d) to go

10 I found out that she had been a two-timer, but I decided _____ her again.
 (a) trusting
 (b) having trusted
 (c) might trust
 (d) to trust

STEP 3

정답 및 해설

06 집들이 손님 중 한명이 전화했을 때, Jenny는 막 방 청소를 끝마쳤다.
　　[정답] (b) [답의 근거 : finished]

07 Michael은 이상형을 만날 것이라고 기대했다.
　　[정답] (b) [답의 근거 : expected]

08 회사의 주가 하락에도 불구하고, Chandler는 주식을 매도하는 것을 거부했다.
　　[정답] (a) [답의 근거 : refused]

09 천문학을 더욱 심도 있게 공부하기 위해, Emily는 대학원에 진학하기로 선택했다.
　　[정답] (d) [답의 근거 : chose]

10 그녀가 양다리를 걸쳤다는 사실을 알게 되었지만, 다시 한 번 그녀를 믿어보기로 결정했다.
　　[정답] (d) [답의 근거 : decided]

STEP 3

빈칸 넣기

11 The doctor recommended _____ water more often.
   (a) drinking
   (b) to drink
   (c) having drunken
   (d) can drink

12 Because Jason thought more scrutiny was necessary, he postponed _____ the article.
   (a) would submit
   (b) submitting
   (c) having submitted
   (d) to submit

13 I wanted _____ some more time with her, so I asked her to watch a movie together.
   (a) spending
   (b) having spent
   (c) will spend
   (d) to spend

14 Because there were still more problems to solve, Angel promised _____ Mark again.
   (a) seeing
   (b) having seen
   (c) to see
   (d) to have seen

15 These days Amanda avoids _____ her boyfriend because she needs more time to study.
   (a) to meet
   (b) will meet
   (c) meeting
   (d) having met

STEP 3

정답 및 해설

11 의사는 물을 더욱 자주 마실 것을 권고했다.
  정답 (a) [답의 근거 : recommended]

12 면밀한 조사가 더욱 필요하다고 생각했기 때문에, Jason은 기사를 제출하는 것을 미루었다.
  정답 (b) [답의 근거 : postponed]

13 나는 그녀와 좀 더 시간을 보내고 싶었기 때문에, 함께 영화를 보러 가자고 했다.
  정답 (d) [답의 근거 : wanted]

14 아직 다루어야 할 문제가 더 남아 있었기 때문에, Angel은 Mark를 다시 보기로 약속했다.
  정답 (c) [답의 근거 : promised]

15 공부할 시간이 더 많이 필요했기 때문에, 요즘 Amanda는 남자친구를 만나는 것을 피하고 있다.
  정답 (c) [답의 근거 : avoids]

STEP 3

빈칸 넣기

16 I will resist _____ the company's offer because it is against my belief.
   (a) to accept
   (b) to have accepted
   (c) having accepted
   (d) accepting

17 The ancient people had learned _____ in a harsh environment.
   (a) should live
   (b) living
   (c) to have lived
   (d) to live

18 Because Mickey had lost his ID card, officials refused _____ him enter.
   (a) to let
   (b) letting
   (c) to have let
   (d) having let

19 Jack agreed _____ a policy that would provide more support to the young unemployed.
   (a) to introduce
   (b) introducing
   (c) would introduce
   (d) having introduced

20 Although Rachel's tone was cold, Gunter failed _____ that her mind had changed.
   (a) noticing
   (b) having noticed
   (c) to notice
   (d) to have noticed

STEP 3

정답 및 해설

16 회사의 제안이 나의 신념과 어긋나기 때문에, 나는 그 제안을 받아들이지 않을 것이다.
  정답 (d) [답의 근거 : resist]

17 고대인들은 척박한 환경 속에서 살아가는 법을 배웠다.
  정답 (d) [답의 근거 : learned]

18 Mickey가 신분증을 잃어버렸기 때문에, 관계자는 그의 출입을 거부했다.
  정답 (a) [답의 근거 : refused]

19 Jack은 청년 실업자들에게 더 많은 지원을 해 줄 정책을 도입하는 것에 동의했다.
  정답 (a) [답의 근거 : agreed]

20 Rachel의 말투가 차가웠지만, Gunter는 그녀의 마음이 변한 것을 알아차리지 못했다.
  정답 (c) [답의 근거 : failed]

켈리 지텔프 G-POINT 15

> **동사 뒤 ➡ to 부정사와 ~ing 둘 다 가능하지만, 뜻이 다름 [해석 필요]**

어떤 동사들은 문법적으로 목적어에 to 부정사와 동명사가 모두 올 수 있지만, 무엇이 오느냐에 따라서 해석이 달라지기도 한다. 이 경우, 보통 to 부정사를 쓰면 아직 안 한 일을, 동명사를 쓰면 이미 한 일을 나타내는 경우가 많다. stop의 경우에는 출제된 적이 몇 번 있다. 다음 예문을 통해 G-Point 15를 정확히 이해해보자.
[참고로 G-Point 15에서 외워야할 동사들 뒤에 나오는 것이 부사인지 목적어인지 구분할 필요는 없다. 가령 stop ~ing 에서 ~ing는 목적어지만, to 부정사는 부사인데 이것을 지텔프에서 묻지 않으므로 뜻만 암기하도록 하자.]

예문

I stopped to smoke.
➡ 나는 담배를 피기 위해 멈췄다. (곧 흡연 예정)

stop은 G-Point 15에 해당하는 동사이므로 뒤에 to 부정사가 온 것은 문법적으로 오류가 없다. 단, 뒤에 동명사가 오는 경우와는 뜻이 다르다. stop 뒤에 to 부정사가 나오면 '~하기 위해 멈추다'로 해석된다.

예문

I stopped smoking.
➡ 나는 담배피는 것을 멈추었다. (흡연 중지)

stop 뒤에 동명사가 나오면 '~하는 것을 멈추다'로 해석된다.
G-Point 15에 해당되는 동사들은 해석상의 차이가 존재하기 때문에 문맥을 파악해야 풀 수 있다. G-Point 15에 해당되는 동사는 다음과 같다.

암기표 5 해석으로 구분해야 하는 동사

	to	~ing
remember	~할 것을 기억하다	~한 것을 기억하다
forget	~할 것을 잊다	~한 것을 잊다
regret	~하게 되어 유감이다	~한 것을 후회하다
try	~하려 애쓰다, 노력하다	~하려 시도하다
stop	~하기 위해 멈추다	~하는 것을 멈추다

STEP 1

어법 선택

01 Kelly will never forget [meeting / to meet] Daniel for the first time in Warsaw on Christmas Eve a few years ago and drinking beer with him.

02 Edward had forgotten [informing / to inform] Rachel of the date of the meeting, and as a result she was absent from the meeting.

03 After breaking up with Phebe, I wanted to call her every time I drank, so I stopped [drinking / to drink] too much.

04 Since Leonardo had to pass the exam, he tried [studying / to study] every night.

05 When Penny met Gilbert on a blind date, she remembered [seeing / to see] him somewhere.

06 Cameron regrets [telling / to tell] Monica the truth because she was very shocked to hear what he said.

07 Sheldon remembered [attending / to attend] an important meeting next week regarding the development of new products.

08 Alex happened to see a man and stopped [seeing / to see] if he was Jay.

09 I regret [informing / to inform] you that you are excluded from a pay raise.

10 Because I was so busy, I couldn't remember [sending / to send] the important e-mail.

정답 및 해설

01 Kelly는 몇 년 전 크리스마스이브에 바르샤바에서 Daniel과 처음 만나 맥주를 마셨던 것을 결코 잊지 않을 것이다.
  정답) meeting [이미 만난 것이므로 동명사가 적절하다.]

02 Edward는 Rachel에게 회의 날짜를 알리는 것을 잊어버렸고, 그 결과 그녀는 회의에 불참했다.
  정답) to inform [공지할 것을 잊어서 회의에 불참했으므로 to 부정사가 적절하다.]

03 Phebe와 헤어진 후 술을 마실 때마다 그녀에게 전화하고 싶어졌다. 그래서 술을 너무 많이 마시는 것을 멈추었다.
  정답) drinking [술을 마시는 것을 멈추었다고 해야 적절하므로 동명사가 적절하다.]

04 Leonardo는 꼭 그 시험에 합격해야 했기 때문에, 매일 밤 공부하려고 애썼다.
  정답) to study [시험에 꼭 합격해야 하므로 애썼다고 해야 적절하다. 따라서 to 부정사가 적절하다.]

05 Penny가 Gilbert를 소개팅에서 만났을 때, 어디선가 그를 본 적이 있다는 것을 기억했다.
  정답) seeing [그를 보았던 것이므로 동명사가 적절하다.]

06 Monica는 그가 말한 것을 듣고 충격을 받았기 때문에 Cameron은 그녀에게 사실을 말해준 것에 대해 후회하고 있다.
  정답) telling [사실을 말한 것에 대해 후회하는 것이므로 동명사가 적절하다.]

07 Sheldon은 다음 주에 신제품 개발과 관련된 중요한 회의에 참석해야 한다는 것을 기억했다.
  정답) to attend [참석해야 할 것을 기억하고 있으므로 to 부정사가 적절하다.]

08 Alex는 우연히 한 남자를 보았고, 그가 Jay인지를 확인하기 위해 멈추었다.
  정답) to see [확인하기 위해 멈춘 것이므로 to 부정사가 적절하다.]

09 나는 당신이 연봉인상에서 제외되었음을 알리게 되어 유감이다.
  정답) to inform [나쁜 소식을 알리게 되어 유감이므로 to 부정사가 적절하다.]

10 너무 바빠서 중요한 메일을 보낼 것을 기억할 수 없었다.
  정답) to send [바빠서 중요한 메일을 보내지 못했을 것이므로 to 부정사가 적절하다.]

STEP 2

밑줄 친 부분 올바르게 고치기

01 Kelly will never forget meet Daniel for the first time in Warsaw on Christmas Eve a few years ago and drinking beer with him.

02 Edward forgot inform Rachel of the date of the meeting, and as a result she was absent from the meeting.

03 After breaking up with Phebe, I wanted to call her every time I drank, so I stopped drink too much.

04 Since Leonardo had to pass the exam, he tried study every night.

05 When Penny met Gilbert on a blind date, she remembered see him somewhere.

06 Cameron regrets tell Monica the truth because she was very shocked to hear what he said.

07 Sheldon remembered attend an important meeting next week regarding the development of new products.

08 Alex happened to see a man and stopped see if he was Jay.

09 I regret inform you that you are excluded from a pay increase.

10 Because I was so busy, I couldn't remember send the important e-mail.

STEP 2

정답 및 해설

01 Kelly는 몇 년 전 크리스마스 이브에 바르샤바에서 Daniel과 처음 만나 맥주를 마셨던 것을 결코 잊지 않을 것이다.
> 정답 meeting [이미 만난 것이므로 동명사가 적절하다.]

02 Edward는 Rachel에게 회의 날짜를 알리는 것을 잊어버렸고, 그 결과 그녀는 회의에 불참했다.
> 정답 to inform [공지할 것을 잊어서 회의에 불참했으므로 to 부정사가 적절하다.]

03 Phebe와 헤어진 후 술을 마실 때마다 그녀에게 전화하고 싶어졌다. 그래서 술을 너무 많이 마시는 것을 멈추었다.
> 정답 drinking [술을 마시는 것을 멈추었다고 해야 적절하므로 동명사가 적절하다.]

04 Leonardo는 꼭 그 시험에 합격해야 했기 때문에, 매일 밤 공부하려고 애썼다.
> 정답 to study [시험에 꼭 합격해야 하므로 애썼다고 해야 적절하다. 따라서 to 부정사가 적절하다.]

05 Penny가 Gilbert를 소개팅에서 만났을 때, 어디선가 그를 본 적이 있다는 것을 기억했다.
> 정답 seeing [그를 보았었던 것이므로 동명사가 적절하다.]

06 Monica는 그가 말한 것을 듣고 충격을 받았기 때문에 Cameron은 그녀에게 사실을 말해준 것에 대해 후회하고 있다.
> 정답 telling [사실을 말한 것에 대해 후회하는 것이므로 동명사가 적절하다.]

07 Sheldon은 다음 주에 신제품 개발과 관련된 중요한 회의에 참석해야 한다는 것을 기억했다.
> 정답 to attend [참석해야 할 것을 기억하고 있으므로 to 부정사가 적절하다.]

08 Alex는 우연히 한 남자를 보았고, 그가 Jay인지를 확인하기 위해 멈추었다.
> 정답 to see [확인하기 위해 멈춘 것이므로 to 부정사가 적절하다.]

09 나는 당신이 연봉인상에서 제외되었음을 알리게 되어 유감이다.
> 정답 to inform [나쁜 소식을 알리게 되어 유감이므로 to 부정사가 적절하다.]

10 너무 바빠서 중요한 메일을 보낼 것을 기억할 수 없었다.
> 정답 to send [바빠서 중요한 메일을 보내지 못했을 것이므로 to 부정사가 적절하다.]

STEP 3

빈칸 넣기

01 Kelly will never forget _____ Daniel for the first time in Warsaw on Christmas Eve a few years ago and drinking beer with him.
 (a) to meet
 (b) to have met
 (c) meeting
 (d) can meet

02 Edward had forgotten _____ Rachel of the date of the meeting, and as a result she was absent from the meeting.
 (a) to inform
 (b) informing
 (c) will inform
 (d) to have informed

03 After breaking up with Phebe, I wanted to call her every time I drank, so I stopped _____ too much.
 (a) to drink
 (b) drinking
 (c) to drinking
 (d) drinks

04 Since Leonardo had to pass the exam, he tried _____ every night.
 (a) have studied
 (b) having studied
 (c) to have studied
 (d) to study

05 When Penny met Gilbert on a blind date, she remembered _____ him somewhere.
 (a) to see
 (b) seeing
 (c) will see
 (d) to have seen

STEP 3

정답 및 해설

01 Kelly는 몇 년 전 크리스마스이브에 바르샤바에서 Daniel과 처음 만나 맥주를 마셨던 것을 결코 잊지 않을 것이다.

정답 (c) [이미 만난 것이므로 동명사가 적절하다.]

02 Edward는 Rachel에게 회의 날짜를 알리는 것을 잊어버렸고, 그 결과 그녀는 회의에 불참했다.

정답 (a) [공지할 것을 잊어서 회의에 불참했으므로 to 부정사가 적절하다.]

03 Phebe와 헤어진 후 술을 마실 때마다 그녀에게 전화하고 싶어졌다. 그래서 술을 너무 많이 마시는 것을 멈추었다.

정답 (b) [술을 마시는 것을 멈추었다고 해야 적절하므로 동명사가 적절하다.]

04 Leonardo는 꼭 그 시험에 합격해야 했기 때문에, 매일 밤 공부하려고 애썼다.

정답 (d) [시험에 꼭 합격해야 하므로 애썼다고 해야 적절하다. 따라서 to 부정사가 적절하다.]

05 Penny가 Gilbert를 소개팅에서 만났을 때, 어디선가 그를 본 적이 있다는 것을 기억했다.

정답 (b) [그를 보았었던 것이므로 동명사가 적절하다.]

STEP 3

빈칸 넣기

06 Cameron regrets _____ Monica the truth because she was very shocked to hear what he said.
   (a) to have told
   (b) telling
   (c) tells
   (d) to tell

07 Sheldon remembered _____ an important meeting next week regarding the development of new products.
   (a) to attend
   (b) will attend
   (c) attending
   (d) having attended

08 Alex happened to see a man and stopped _____ if he was Jay.
   (a) to see
   (b) seeing
   (c) having seen
   (d) see

09 I regret _____ you that you are excluded from a pay raise.
   (a) informing
   (b) having informed
   (c) to inform
   (d) to have informed

10 Because I was so busy, I couldn't remember _____ the important e-mail.
   (a) to send
   (b) sending
   (c) sends
   (d) having sent

STEP 3

정답 및 해설

06 Monica는 그가 말한 것을 듣고 충격을 받았기 때문에 Cameron은 그녀에게 사실을 말해준 것에 대해 후회하고 있다.

정답 (b) [사실을 말한 것에 대해 후회하는 것이므로 동명사가 적절하다.]

07 Sheldon은 다음 주에 신제품 개발과 관련된 중요한 회의에 참석해야 한다는 것을 기억했다.

정답 (a) [참석해야 할 것을 기억하고 있으므로 to 부정사가 적절하다.]

08 Alex는 우연히 한 남자를 보았고, 그가 Jay인지를 확인하기 위해 멈추었다.

정답 (a) [확인하기 위해 멈춘 것이므로 to 부정사가 적절하다.]

09 나는 당신이 연봉인상에서 제외되었음을 알리게 되어 유감이다.

정답 (c) [나쁜 소실을 알리게 되어 유감이므로 to 부정사가 적절하다.]

10 너무 바빠서 중요한 메일을 보낼 것을 기억할 수 없었다.

정답 (a) [바빠서 중요한 메일을 보내지 못했을 것이므로 to 부정사가 적절하다.]

켈리 지텔프 G-POINT 16

> 부사 자리에 빈칸 ('~하기 위하여'로 해석) ➡ to 부정사

지텔프 시험에서 빈출되는 유형이다. 주어, 목적어 자리에 빈칸이 뚫려 있지 않다면, 부사일 확률이 높다. to 부정사의 부사적 용법에서 목적을 나타내는 경우가 있다. '~하기 위해서'로 해석되는 경우이다. to 부정사의 이름에서 '부정'의 의미는 '정해지지 않음'을 뜻한다. 그 말은 다양한 역할을 한다는 말과 일반이다. 따라서 주어, 목적어 자리에 빈칸이 뚫린 게 아니라면 그 역할이 다양한 to 부정사가 올 확률이 높다고 알아두는 것도 도움이 될 수 있다. 다음 예문을 통해 G-Point 16을 정확히 이해해보자.

예문

I went to the bookstore _____ a book. (buy)

위의 예문은 '나는 책을 사기 위해 서점에 갔다'로 해석된다. 서점에 간 목적은 책을 사기 위해서이다. 따라서 목적을 나타내기 위해서는 '~하기 위하여'를 뜻하는 to buy를 쓰면 된다. 부사는 문장의 필수 성분이 아니므로 쓰지 않아도 문법적으로는 오류가 없다. 준동사와 관련된 시험문제에서, 주어자리에 빈칸이 뚫리지도 않았고, 동사 뒤의 목적어 자리에도 빈칸이 뚫리지 않았다면 부사일 확률이 높다.

STEP 1

어법 선택

01 Jason went to the library [looking / to look] for the material Jenny had wanted.

02 Amy was so thirsty after exercising that she searched for a pub [having / to have] a cool beer.

03 Because Luke did not have enough time to spend with his daughter, he decided to go to an amusement park [spending / to spend] time with her.

04 Chandler went to a hair salon [repair / to repair] damaged hair.

05 Phebe is preparing for a certificate test [getting / to get] a better job.

06 Kelly is going to the department store [buying / to buy] the birthday gift for her boyfriend.

07 Yesterday, Ashley visited the store [complaining / to complain] about bad customer service.

08 Sue is taking vitamins [get / to get] healthier.

09 I always works hard [achieving / to achieve] my goal of being an archaeologist.

10 I asked the staff to plan a novel strategy [increased / to increase] the company's sales.

STEP 1

정답 및 해설

01 Jason은 Jenny가 원하는 자료를 찾기 위해 도서관에 갔다.
  (정답) to look [도서관에 간 목적은 자료를 찾기 위해서 이므로 목적을 나타내는 to부정사를 쓰는 것이 적절하다.]

02 Amy는 운동을 하고 나서 너무 목이 말랐기 때문에, 시원한 맥주를 먹기 위해 술집을 검색했다.
  (정답) to have [술집을 검색한 목적은 시원한 맥주를 먹기 위해서 이므로 목적을 나타내는 to부정사를 쓰는 것이 적절하다.]

03 Luke는 딸과 함께 보낼 시간이 충분하지 않았기 때문에, 그녀와 함께 시간을 보내기 위해 놀이공원에 가기로 결심했다.
  (정답) to spend [놀이공원에 가기로 결심한 이유는 그녀와 함께 시간을 보내기 위해서 이므로 목적을 나타내는 to부정사를 쓰는 것이 적절하다.]

04 Chandler는 손상된 머리를 복구하기위해 미용실에 갔다.
  (정답) to repair [미용실에 간 목적은 손상된 머리를 복구하기 위해서 이므로 목적을 나타내는 to부정사를 쓰는 것이 적절하다.]

05 Phebe는 좀 더 나은 직장에 취직하기 위해, 자격증 시험을 준비하고 있다.
  (정답) to get [자격증 시험을 준비하는 이유는 좀 더 나은 직장에 취직하기 위해서 이므로 목적을 나타내는 to부정사를 쓰는 것이 적절하다.]

06 Kelly는 남자친구의 생일선물을 구입하기 위해 백화점에 갈 예정이다.
  (정답) to buy [백화점에 가는 목적은 남자친구의 생일선물을 구입하기 위해서 이므로 목적을 나타내는 to부정사를 쓰는 것이 적절하다.]

07 어제 Ashley는 형편없는 고객 서비스에 대해 불평하기 위해 매장을 찾았다.
  (정답) to complain [매장을 찾은 이유는 불평하기 위해서 이므로 목적을 나타내는 to부정사를 쓰는 것이 적절하다.]

08 Sue는 좀 더 건강해지기 위해 비타민을 섭취하고 있다
  (정답) to get [비타민을 섭취한 목적은 더 건강해지기 위해서 이므로 목적을 나타내는 to부정사를 쓰는 것이 적절하다.]

09 나는 고고학자가 되겠다는 목표를 이루기 위해 항상 열심히 작업한다.
  (정답) to achieve [열심히 작업하고 있는 목적은 목표를 이루기 위해서 이므로 목적을 나타내는 to부정사를 쓰는 것이 적절하다.]

10 나는 회사의 매출을 증가시키기 위해, 직원들에게 참신한 전략을 생각해보라고 요청했다.
  (정답) to increase [직원들에게 참신한 전략을 생각해보라고 요청한 목적은 회사의 매출을 증가시키기 위해서 이므로 목적을 나타내는 to부정사를 쓰는 것이 적절하다.]

STEP 2

밑줄 친 부분 올바르게 고치기

01 Jason went to the library look for the material Jenny had wanted.

02 Amy was so thirsty after exercising that she searched for a pub bar have a cool beer.

03 Because Luke did not have enough time to spend with his daughter, he decided to go to an amusement park spend time with her.

04 Chandler went to a hair salon repair damaged hair.

05 Phebe is preparing for a certificate test get a better job.

06 Kelly is going to the department store buy the birthday gift for her boyfriend.

07 Yesterday, Ashley visited the store complain about about bad customer service.

08 Sue is taking vitamins get healthier.

09 I always works hard achieve my goal of being an archaeologist.

10 I asked the staff to plan a novel strategy increase the company's sales.

STEP 2

정답 및 해설

01 Jason은 Jenny가 원하는 자료를 찾기 위해 도서관에 갔다.
  정답 to look [도서관에 간 목적은 자료를 찾기 위해서 이므로 목적을 나타내는 to부정사를 쓰는 것이 적절하다.]

02 Amy는 운동을 하고 나서 너무 목이 말랐기 때문에, 시원한 맥주를 먹기 위해 술집을 검색했다.
  정답 to have [술집을 검색한 목적은 시원한 맥주를 먹기 위해서 이므로 목적을 나타내는 to부정사를 쓰는 것이 적절하다.]

03 Luke는 딸과 함께 보낼 시간이 충분하지 않았기 때문에, 그녀와 함께 시간을 보내기 위해 놀이공원에 가기로 결심했다.
  정답 to spend [놀이공원에 가기로 결심한 이유는 그녀와 함께 시간을 보내기 위해서 이므로 목적을 나타내는 to부정사를 쓰는 것이 적절하다.]

04 Chandler는 손상된 머리를 복구하기 위해 미용실에 갔다.
  정답 to repair [미용실에 간 목적은 손상된 머리를 복구하기 위해서 이므로 목적을 나타내는 to부정사를 쓰는 것이 적절하다.]

05 Phebe는 좀 더 나은 직장에 취직하기 위해, 자격증 시험을 준비하고 있다.
  정답 to get [자격증 시험을 준비하는 이유는 좀 더 나은 직장에 취직하기 위해서 이므로 목적을 나타내는 to부정사를 쓰는 것이 적절하다.]

06 Kelly는 남자친구의 생일선물을 구입하기 위해 백화점에 갈 예정이다.
  정답 to buy [백화점에 가는 목적은 남자친구의 생일선물을 구입하기 위해서 이므로 목적을 나타내는 to부정사를 쓰는 것이 적절하다.]

07 어제 Ashley는 형편없는 고객 서비스에 대해 불평하기 위해 매장을 찾았다.
  정답 to complain [매장을 찾은 이유는 불평하기 위해서 이므로 목적을 나타내는 to부정사를 쓰는 것이 적절하다.]

08 Sue는 좀 더 건강해지기 위해 비타민을 섭취하고 있다.
  정답 to get [비타민을 섭취한 목적은 더 건강해지기 위해서 이므로 목적을 나타내는 to부정사를 쓰는 것이 적절하다.]

09 나는 고고학자가 되겠다는 목표를 이루기 위해 항상 열심히 작업한다.
  정답 to achieve [열심히 작업하고 있는 목적은 목표를 이루기 위해서 이므로 목적을 나타내는 to부정사를 쓰는 것이 적절하다.]

10 나는 회사의 매출을 증가시키기 위해, 직원들에게 참신한 전략을 생각해보라고 요청했다.
  정답 to increase [직원들에게 참신한 전략을 생각해보라고 요청한 목적은 회사의 매출을 증가시키기 위해서 이므로 목적을 나타내는 to부정사를 쓰는 것이 적절하다.]

STEP 3

빈칸 넣기

01 Jason went to the library _____ for the material Jenny had wanted.
- (a) looking
- (b) having looked
- (c) to have looked
- (d) to look

02 Amy was so thirsty after exercising that she searched for a pub bar _____ a cool beer.
- (a) have
- (b) to have
- (c) having
- (d) having had

03 Because Luke did not have enough time to spend with his daughter, he decided to go to an amusement park _____ time with her.
- (a) spending
- (b) would spend
- (c) to spend
- (d) will spend

04 Chandler went to a hair salon _____ damaged hair.
- (a) to repair
- (b) to have repaired
- (c) repairing
- (d) repair

05 Phebe is preparing for a certificate test _____ a better job.
- (a) getting
- (b) could get
- (c) having got
- (d) to get

STEP 3

정답 및 해설

01 Jason은 Jenny가 원하는 자료를 찾기 위해 도서관에 갔다.
정답 (d) [도서관에 간 목적은 자료를 찾기 위해서이므로 목적을 나타내는 to부정사를 쓰는 것이 적절하다.]

02 Amy는 운동을 하고 나서 너무 목이 말랐기 때문에, 시원한 맥주를 먹기 위해 술집을 검색했다.
정답 (b) [술집을 검색한 목적은 시원한 맥주를 먹기 위해서이므로 목적을 나타내는 to부정사를 쓰는 것이 적절하다.]

03 Luke는 딸과 함께 보낼 시간이 충분하지 않았기 때문에, 그녀와 함께 시간을 보내기 위해 놀이공원에 가기로 결심했다.
정답 (c) [놀이공원에 가기로 결심한 이유는 그녀와 함께 시간을 보내기 위해서이므로 목적을 나타내는 to부정사를 쓰는 것이 적절하다.]

04 Chandler는 손상된 머리를 복구하기 위해 미용실에 갔다.
정답 (a) [미용실에 간 목적은 손상된 머리를 복구하기 위해서이므로 목적을 나타내는 to부정사를 쓰는 것이 적절하다.]

05 Phebe는 좀 더 나은 직장에 취직하기 위해, 자격증 시험을 준비하고 있다.
정답 (d) [자격증 시험을 준비하는 이유는 좀 더 나은 직장에 취직하기 위해서이므로 목적을 나타내는 to부정사를 쓰는 것이 적절하다.]

STEP 3

빈칸 넣기

06 Kelly is going to the department store _____ the birthday gift for her boyfriend.

    (a) to buy
    (b) buying
    (c) having bought
    (d) to have bought

07 Yesterday, Ashley visited the store _____ about bad customer service.

    (a) complaining
    (b) having complained
    (c) to complain
    (d) could complain

08 Sue is taking vitamins _____ healthier.

    (a) would get
    (b) getting
    (c) to get
    (d) to have got

09 I always works hard _____ my goal of being an archaeologist.

    (a) to achieve
    (b) would achieve
    (c) achieving
    (d) having achieved

10 I asked the staff plan a novel strategy _____ the company's sales.

    (a) increasing
    (b) to increase
    (c) having increased
    (d) to have increased

STEP 3

정답 및 해설

06 Kelly는 남자친구의 생일선물을 구입하기 위해 백화점에 갈 예정이다.
정답 (a) [백화점에 가는 목적은 남자친구의 생일선물을 구입하기 위해서 이므로 목적을 나타내는 to부정사를 쓰는 것이 적절하다.]

07 어제 Ashley는 형편없는 고객 서비스에 대해 불평하기 위해 매장을 찾았다.
정답 (c) [매장을 찾은 이유는 불평하기 위해서 이므로 목적을 나타내는 to부정사를 쓰는 것이 적절하다.]

08 Sue는 좀 더 건강해지기 위해 비타민을 섭취하고 있다
정답 (c) [비타민을 섭취한 목적은 더 건강해지기 위해서 이므로 목적을 나타내는 to부정사를 쓰는 것이 적절하다.]

09 나는 고고학자가 되겠다는 목표를 이루기 위해 항상 열심히 작업한다.
정답 (a) [열심히 작업하고 있는 목적은 목표를 이루기 위해서 이므로 목적을 나타내는 to부정사를 쓰는 것이 적절하다.]

10 나는 회사의 매출을 증가시키기 위해, 직원들에게 참신한 전략을 생각해보라고 요청했다.
정답 (b) [직원들에게 참신한 전략을 생각해보라고 요청한 목적은 회사의 매출을 증가시키기 위해서 이므로 목적을 나타내는 to부정사를 쓰는 것이 적절하다.]

켈리지텔프
G-POINT
33

켈리 지텔프 G-POINT 17

> 형용사 자리에 빈칸 ('~할, ~하는'으로 해석) ➡ to 부정사

G-Point 16에서 to 부정사는 다양한 역할을 수행한다고 했다. '~하기 위하여'라는 부사적 역할과 더불어 앞의 명사를 수식해주는 형용사의 역할도 한다. 보통 '~할, ~하는'으로 해석된다. G-Point 16에서 이미 말했듯이, to 부정사의 이름에서 '부정'의 의미는 '정해지지 않음'을 뜻한다. 그 말은 다양한 역할을 한다는 말과 일반이다. 따라서 주어, 목적어 자리에 빈칸이 뚫린 게 아니라면 그 역할이 다양한 to 부정사가 올 확률이 높다고 알아두는 것도 도움이 될 수 있다. 그 to 부정사가 부사인지 형용사인지를 묻지는 않기 때문에 단순히 주어, 목적어 자리가 아닌 자리에 뚫린 빈칸에는 대부분 to부정사가 온다고 생각하는 것도 하나의 팁이 될 수 있다. 다음 예문을 통해 G-Point 17을 정확히 이해해보자.

예문

I got a chance _____ a book. (publish)

위의 예문은 '책을 출판할 기회를 얻었다'로 해석된다. 따라서 명사인 a chance를 수식해줄 수 있는 형용사가 필요하다. to부정사는 형용사의 역할도 하기 때문에 to publish를 쓰면 된다. G-Point 16에서 주어자리에 빈칸이 뚫리지도 않았고, 동사 뒤의 목적어 자리에도 빈칸이 뚫리지 않았다면 부사일 확률이 높다고 했었다. 하지만 G-Point 17처럼 형용사가 될 수도 있다.

STEP 1

어법 선택

01 Sam was so bored that he went to the bookstore to buy a book [read / to read].

02 Mark ordered hot tea [drinking / to drink] so that he warmed himself up.

03 Eric reviewed the report [submit / to submit] next week.

04 The government is examining various programs [provided / to provide] entertainment for young people.

05 To help his mother, Michael took dishes [washing / to wash] to the kitchen sink.

06 There is a pile of papers [looking over / to look over].

07 Kate found that she had a lot of work [doing / to do] before taking business trip.

08 After my nephew came, I had more clothes [washing / to wash].

09 I finally bought swimming goggles [used / to use] in the swimming pool.

10 There is a test [passing / to pass] to meet job requirements for that position.

STEP 1

정답 및 해설

01 Sam은 너무 무료했기 때문에, 읽을 책을 사기 위해 서점에 갔다.
　　정답) to read [명사 book을 수식해주는 to부정사의 형용사적 용법을 쓰는 것이 적절하다.]

02 Mark는 몸을 녹이기 위해 마실만한 따뜻한 차를 주문했다.
　　정답) to drink [명사 tea를 수식해주는 to부정사의 형용사적 용법을 쓰는 것이 적절하다.]

03 Eric은 다음 주에 제출할 보고서를 검토했다.
　　정답) to submit [명사 the report를 수식해주는 to부정사의 형용사적 용법을 쓰는 것이 적절하다.]

04 정부는 청소년에게 오락을 제공할 다양한 프로그램들을 검토 중이다.
　　정답) to provide [명사 programs를 수식해주는 to부정사의 형용사적 용법을 쓰는 것이 적절하다.]

05 Michael은 어머니를 돕기 위해, 설거지할 접시들을 씽크대로 가져갔다.
　　정답) to wash [명사 dishes를 수식해주는 to부정사의 형용사적 용법을 쓰는 것이 적절하다.]

06 검토해야할 서류들이 한 가득이다.
　　정답) to look over [명사 papers를 수식해주는 to부정사의 형용사적 용법을 쓰는 것이 적절하다.]

07 Kate는 출장을 가기 전 해야 할 일들이 쌓였다는 것을 발견했다.
　　정답) to do [명사 work를 수식해주는 to부정사의 형용사적 용법을 쓰는 것이 적절하다.]

08 조카가 오고 나서 세탁해야 할 빨래가 늘어났다.
　　정답) to wash [명사 clothes를 수식해주는 to부정사의 형용사적 용법을 쓰는 것이 적절하다.]

09 나는 마침내 수영장에서 사용할 물안경을 샀다.
　　정답) to use [명사 swimming goggles를 수식해주는 to부정사의 형용사적 용법을 쓰는 것이 적절하다.]

10 그 직책의 자격요건을 충족시키려면 통과해야할 시험이 있다.
　　정답) to pass [명사 test를 수식해주는 to부정사의 형용사적 용법을 쓰는 것이 적절하다.]

STEP 2

밑줄 친 부분 올바르게 고치기

01 Sam was so bored that he went to the bookstore to buy a book read.

02 Mark ordered hot tea drink so that he warmed himself up.

03 Eric reviewed the report submit next week.

04 The government is examining various programs provide entertainment for young people.

05 To help his mother, Michael took dishes wash to the kitchen sink.

06 There is a pile of papers look over.

07 Kate found that she had a lot of work do before taking business trip.

08 After my nephew came, I had more clothes wash.

09 I finally bought swimming goggles use in the swimming pool.

10 There is a test pass to meet job requirements for that position.

STEP 2

정답 및 해설

01 Sam은 너무 무료했기 때문에, 읽을 책을 사기 위해 서점에 갔다.
　　정답 to read [명사 book을 수식해주는 to부정사의 형용사적 용법을 쓰는 것이 적절하다.]

02 Mark는 몸을 녹이기 위해 마실만한 따뜻한 차를 주문했다.
　　정답 to drink [명사 tea를 수식해주는 to부정사의 형용사적 용법을 쓰는 것이 적절하다.]

03 Eric은 다음 주에 제출할 보고서를 검토했다.
　　정답 to submit [명사 the report를 수식해주는 to부정사의 형용사적 용법을 쓰는 것이 적절하다.]

04 정부는 청소년에게 오락을 제공할 다양한 프로그램들을 검토 중이다.
　　정답 to provide [명사 programs를 수식해주는 to부정사의 형용사적 용법을 쓰는 것이 적절하다.]

05 Michael은 어머니를 돕기 위해, 설거지할 접시들을 씽크대로 가져갔다.
　　정답 to wash [명사 dishes를 수식해주는 to부정사의 형용사적 용법을 쓰는 것이 적절하다.]

06 검토해야할 서류들이 한 가득이다.
　　정답 to look over [명사 papers를 수식해주는 to부정사의 형용사적 용법을 쓰는 것이 적절하다.]

07 Kate는 출장을 가기 전 해야 할 일들이 쌓였다는 것을 발견했다.
　　정답 to do [명사 work를 수식해주는 to부정사의 형용사적 용법을 쓰는 것이 적절하다.]

08 조카가 오고 나서 세탁해야 할 빨래가 늘어났다.
　　정답 to wash [명사 clothes를 수식해주는 to부정사의 형용사적 용법을 쓰는 것이 적절하다.]

09 나는 마침내 수영장에서 사용할 물안경을 샀다.
　　정답 to use [명사 swimming goggles를 수식해주는 to부정사의 형용사적 용법을 쓰는 것이 적절하다.]

10 그 직책의 자격요건을 충족시키려면 통과해야할 시험이 있다.
　　정답 to pass [명사 test를 수식해주는 to부정사의 형용사적 용법을 쓰는 것이 적절하다.]

STEP 3

빈칸 넣기

01 Sam was so bored that he went to the bookstore to buy a book _____.

(a) reading
(b) to read
(c) having read
(d) to have read

02 Mark ordered hot tea _____ so that he warmed himself up.

(a) might drink
(b) drinking
(c) having drunk
(d) to drink

03 Eric reviewed the report _____ next week.

(a) be submitted
(b) to submit
(c) to submitting
(d) having submitted

04 The government is examining various programs _____ entertainment for young people.

(a) having provided
(b) to be provided
(c) having provided
(d) to provide

05 To help his mother, Michael took dishes _____ to the sink kitchen.

(a) washing
(b) having washed
(c) to wash
(d) to have washed

STEP 3

정답 및 해설

01 Sam은 너무 무료했기 때문에, 읽을 책을 사기 위해 서점에 갔다.
　　정답 (b) [명사 book을 수식해주는 to부정사의 형용사적 용법을 쓰는 것이 적절하다.]

02 Mark는 몸을 녹이기 위해 마실만한 따뜻한 차를 주문했다.
　　정답 (d) [명사 tea를 수식해주는 to부정사의 형용사적 용법을 쓰는 것이 적절하다.]

03 Eric은 다음 주에 제출할 보고서를 검토했다.
　　정답 (b) [명사 the report를 수식해주는 to부정사의 형용사적 용법을 쓰는 것이 적절하다.]

04 정부는 청소년에게 오락을 제공할 다양한 프로그램들을 검토 중이다.
　　정답 (d) [명사 programs를 수식해주는 to부정사의 형용사적 용법을 쓰는 것이 적절하다.]

05 Michael은 어머니를 돕기 위해, 설거지할 접시들을 씽크대로 가져갔다.
　　정답 (c) [명사 dishes를 수식해주는 to부정사의 형용사적 용법을 쓰는 것이 적절하다.]

STEP 3

빈칸 넣기

06 There is a pile of papers _____ over.

(a) looking
(b) would look
(c) to look
(d) having looked

07 Kate found that she had a lot of work _____ before taking business trip.

(a) to do
(b) doing
(c) having done
(d) might do

08 After my nephew came, I had more clothes _____.

(a) washing
(b) having washed
(c) to have washed
(d) to wash

09 I finally bought swimming goggles _____ in the swimming pool.

(a) using
(b) having used
(c) to have used
(d) to use

10 There is a test _____ to meet job requirements for that position.

(a) to pass
(b) would pass
(c) pass
(d) passing

STEP 3

정답 및 해설

06 검토해야할 서류들이 한 가득이다.
　　정답 (c) [명사 papers를 수식해주는 to부정사의 형용사적 용법을 쓰는 것이 적절하다.]

07 Kate는 출장을 가기 전 해야 할 일들이 쌓였다는 것을 발견했다.
　　정답 (a) [명사 work를 수식해주는 to부정사의 형용사적 용법을 쓰는 것이 적절하다.]

08 조카가 오고 나서 세탁해야 할 빨래가 늘어났다.
　　정답 (d) [명사 clothes를 수식해주는 to부정사의 형용사적 용법을 쓰는 것이 적절하다.]

09 나는 마침내 수영장에서 사용할 물안경을 샀다.
　　정답 (d) [명사 swimming goggles를 수식해주는 to부정사의 형용사적 용법을 쓰는 것이 적절하다.]

10 그 직책의 자격요건을 충족시키려면 통과해야할 시험이 있다.
　　정답 (a) [명사 test를 수식해주는 to부정사의 형용사적 용법을 쓰는 것이 적절하다.]

켈리 지텔프 G-POINT 18

> 주어 자리에 가주어 it이 있고, 진주어 자리에 빈칸 ➡ to 부정사 (~것)

G-Point 12에서 주어 자리에 빈칸이 뚫리면 동명사가 주어자리에 와야 한다고 했다. 하지만 가주어와 진주어 구문이 나오면 이때는 to 부정사를 써주어야 한다. 우리가 학창시절에 배울 때는 동명사도 올 수 있다고 배웠지만, 지텔프에서는 가주어가 나올 경우 주어자리에는 to 부정사를 쓰는 것이 정답이라는 것에 유의해야 한다. 다음 예문을 통해 G-Point 18을 정확히 이해해보자.

예문

It is easy _____ English. (study)

위의 예문에서 it은 가리키는 대상이 없고, '공부하는 것은 쉽다'로 해석하는 것이 적절하다. 즉 it은 가짜라서 가주어라고 부른다. 주어가 길어서 주어를 뒤로 보내고, 그 자리에 가주어 it을 쓴 구문이다. 진주어 자리에는 to부정사를 쓰기 때문에 to study를 쓰면 된다. G-Point 12에서 주어자리에는 to 부정사가 아닌 동명사가 정답이라고 했다. 그런데 가주어-진주어 구문은 또 다르다. 이 경우에는 진주어 자리에 동명사가 아닌 to 부정사가 정답이다.

STEP 1

어법 선택

01 Because it was very challenging [cultivate / to cultivate] land for farming, it took a lot of manpower.

02 It's too much [write / to write] an article every day.

03 It is too hard [to book / having booked] a famous restaurant for Christmas.

04 It is our team's challenge [to increase / increase] sales of new products.

05 It is wrong [discriminating / to discriminate] against students.

06 It is important [ventilate / to ventilate] room even in winter.

07 It is essential [to maintain / maintain] physical health as you get older.

08 It is not the only answer [getting / to get] into college.

09 It is essential [replace / to replace] the engine oil if the mileage is over 5,000 kilometers.

10 It's my goal [travelling / to travel] around the world after finishing a big project.

STEP 1

정답 및 해설

01 농사지을 땅을 경작하는 것은 매우 힘든 일이었기 때문에, 많은 인력이 필요했다.
   정답 to cultivate [it은 가주어이다. 진주어 자리이므로 to부정사가 적절하다.]

02 매일매일 기사를 작성해야 하는 것이 너무 버겁다.
   정답 to write [it은 가주어이다. 진주어 자리이므로 to부정사가 적절하다.]

03 크리스마스에 유명식당을 예약하는 것은 너무 힘들다.
   정답 to book [it은 가주어이다. 진주어 자리이므로 to부정사가 적절하다.]

04 새로운 제품의 매출을 증가시키는 것이 우리 팀의 과제이다.
   정답 to increase [it은 가주어이다. 진주어 자리이므로 to부정사가 적절하다.]

05 학생들을 차별하는 것은 옳지 않다.
   정답 to discriminate [it은 가주어이다. 진주어 자리이므로 to부정사가 적절하다.]

06 겨울에도 방을 환기 시키는 것이 중요하다.
   정답 to ventilate [it은 가주어이다. 진주어 자리이므로 to부정사가 적절하다.]

07 나이가 들면서 신체 건강을 유지하는 것이 필수적이다.
   정답 to maintain [it은 가주어이다. 진주어 자리이므로 to부정사가 적절하다.]

08 대학에 들어가는 것만이 정답은 아니다.
   정답 to get [it은 가주어이다. 진주어 자리이므로 to부정사가 적절하다.]

09 주행거리가 5,000km가 넘으면 엔진오일을 교체하는 것이 필수적이다.
   정답 to replace [it은 가주어이다. 진주어 자리이므로 to부정사가 적절하다.]

10 큰 프로젝트를 끝내고 세계 여행을 떠나는 것이 나의 목표이다.
   정답 to travel [it은 가주어이다. 진주어 자리이므로 to부정사가 적절하다.]

STEP 2

밑줄 친 부분 올바르게 고치기

01 Because it was very challenging cultivate land for farming, it took a lot of manpower.

02 It's too much write an article every day.

03 It is too hard book a famous restaurant for Christmas.

04 It is our team's challenge increase sales of new products.

05 It is wrong discriminate against students.

06 It is important ventilate room even in winter.

07 It is essential maintain physical health as you get older.

08 It is not the only answer get into college.

09 It is essential replace the engine oil if the mileage is over 5,000 kilometers.

10 It's my goal travel around the world after finishing a big project.

STEP 2

정답 및 해설

01 농사지을 땅을 경작하는 것은 매우 힘든 일이었기 때문에, 많은 인력이 필요했다.
   정답) to cultivate [it은 가주어이다. 진주어 자리이므로 to부정사가 적절하다.]

02 매일매일 기사를 작성해야 하는 것이 너무 버겁다.
   정답) to write [it은 가주어이다. 진주어 자리이므로 to부정사가 적절하다.]

03 크리스마스에 유명식당을 예약하는 것은 너무 힘들다.
   정답) to book [it은 가주어이다. 진주어 자리이므로 to부정사가 적절하다.]

04 새로운 제품의 매출을 증가시키는 것이 우리 팀의 과제이다.
   정답) to increase [it은 가주어이다. 진주어 자리이므로 to부정사가 적절하다.]

05 학생들을 차별하는 것은 옳지 않다.
   정답) to discriminate [it은 가주어이다. 진주어 자리이므로 to부정사가 적절하다.]

06 겨울에도 방을 환기 시키는 것이 중요하다.
   정답) to ventilate [it은 가주어이다. 진주어 자리이므로 to부정사가 적절하다.]

07 나이가 들면서 신체 건강을 유지하는 것이 필수적이다.
   정답) to maintain [it은 가주어이다. 진주어 자리이므로 to부정사가 적절하다.]

08 대학에 들어가는 것만이 정답은 아니다.
   정답) to get [it은 가주어이다. 진주어 자리이므로 to부정사가 적절하다.]

09 주행거리가 5,000km가 넘으면 엔진오일을 교체하는 것이 필수적이다.
   정답) to replace [it은 가주어이다. 진주어 자리이므로 to부정사가 적절하다.]

10 큰 프로젝트를 끝내고 세계 여행을 떠나는 것이 나의 목표이다.
   정답) to travel [it은 가주어이다. 진주어 자리이므로 to부정사가 적절하다.]

STEP 3

빈칸 넣기

01 Because it was very challenging _____ land for farming, it took a lot of manpower.
 (a) to cultivate
 (b) having cultivated
 (c) to be cultivating
 (d) to have cultivated

02 It's too much _____ an article every day.
 (a) writing
 (b) to write
 (c) having written
 (d) to have been writing

03 It is too hard _____ a famous restaurant for Christmas.
 (a) having booked
 (b) will book
 (c) to book
 (d) to have booked

04 It is our team's challenge _____ sales of new products.
 (a) increasing
 (b) having increased
 (c) to have increased
 (d) to increase

05 It is wrong _____ against students.
 (a) discriminating
 (b) to discriminate
 (c) to be discriminating
 (d) will discriminate

STEP 3

정답 및 해설

01 농사지을 땅을 경작하는 것은 매우 힘든 일이었기 때문에, 많은 인력이 필요했다.
　　정답 (a) [it은 가주어이다. 진주어 자리이므로 to부정사가 적절하다.]

02 매일매일 기사를 작성해야 하는 것이 너무 버겁다.
　　정답 (b) [it은 가주어이다. 진주어 자리이므로 to부정사가 적절하다.]

03 크리스마스에 유명식당을 예약하는 것은 너무 힘들다.
　　정답 (c) [it은 가주어이다. 진주어 자리이므로 to부정사가 적절하다.]

04 새로운 제품의 매출을 증가시키는 것이 우리 팀의 과제이다.
　　정답 (d) [it은 가주어이다. 진주어 자리이므로 to부정사가 적절하다.]

05 학생들을 차별하는 것은 옳지 않다.
　　정답 (b) [it은 가주어이다. 진주어 자리이므로 to부정사가 적절하다.]

STEP 3

빈칸 넣기

06 It is important _____ room even in winter.

   (a) ventilates
   (b) to ventilate
   (c) having ventilated
   (d) to be ventilating

07 It is essential _____ physical health as you get older.

   (a) maintaining
   (b) maintain
   (c) having maintained
   (d) to maintain

08 It is not the only answer _____ into college.

   (a) getting
   (b) get
   (c) to get
   (d) to have got

09 It is essential _____ the engine oil if the mileage is over 5,000 kilometers.

   (a) to replace
   (b) having replaced
   (c) would replace
   (d) to have replaced

10 It's my goal _____ around the world after finishing a big project.

   (a) to travelling
   (b) having travelled
   (c) travels
   (d) to travel

STEP 3

정답 및 해설

06 겨울에도 방을 환기 시키는 것이 중요하다.
   정답 (b) [it은 가주어이다. 진주어 자리이므로 to부정사가 적절하다.]

07 나이가 들면서 신체 건강을 유지하는 것이 필수적이다.
   정답 (d) [it은 가주어이다. 진주어 자리이므로 to부정사가 적절하다.]

08 대학에 들어가는 것만이 정답은 아니다.
   정답 (c) [it은 가주어이다. 진주어 자리이므로 to부정사가 적절하다.]

09 주행거리가 5,000km가 넘으면 엔진오일을 교체하는 것이 필수적이다.
   정답 (a) [it은 가주어이다. 진주어 자리이므로 to부정사가 적절하다.]

10 큰 프로젝트를 끝내고 세계 여행을 떠나는 것이 나의 목표이다.
   정답 (d) [it은 가주어이다. 진주어 자리이므로 to부정사가 적절하다.]

켈리 지텔프 G-POINT 19

> **암기해야 할 to 부정사 표현**
> ① to 부정사를 목적보어로 가지는 동사 ② be + pp + to 부정사 ③ 그 외 표현

to 부정사는 문법적으로 쓰임이 굉장히 다양하다. 5형식에서 목적보어에 쓰일 수도 있고, 관용표현등도 있다. 가령 allow는 5형식으로 쓰일 때 목적보어에 to 부정사를 쓴다. 다음의 예문을 살펴보자.

예문

She allowed them _____ English. (study)

목적어인 그들이 영어를 공부하는 것이므로 빈칸에는 목적어를 보충해주는 목적보어가 와야 한다. allow는 목적보어에 to 부정사가 온다고 정해져 있으므로 to study를 쓰면 된다. 그럼 완성된 문장은 'She allowed them to study English.'이다. 여기서 문장을 조금만 수정해보자. 이 문장을 수동태로 바꾸어 보겠다. 수동태는 목적어를 강조하기 위해 목적어를 앞에 위치시키며 be p.p를 동사에 결합해 준다. 완성된 문장은 'They were allowed to study English'이며 '그들은 영어를 공부하도록 허락 받았다.'로 해석된다. 그럼 다음 문제를 한 번 풀어보자.

예문

Students were allowed _____ a picture. (take)

무엇이 들어가야 할까? 위에서 설명한 원리에 따르면 to take가 들어가는 것이 적절하다. 하지만 본인은 이렇게 원리를 설명하는 것이 과연 효율적일까? 라는 생각이 들었다. 시간이 없는 수험생 입장에서는 5형식 동사가 수동태가 되는 원리를 이해하기 보다는 차라리 목적보어에 to 부정사를 가지는 동사가 무엇인지를 외우고, 그와 더불어 수동태가 되었을 때의 형태를 암기하는 것이 훨씬 시간이 절약될 것이다. 따라서 이번에 소개할 G-Point는 어려운 문법 용어를 사용하는 대신 '암기해야할 to 부정사 표현'이라고 이름 붙였다. 수험생들은 다음의 암기표를 꼭 외워야 한다.

암기표 6 — 암기해야 할 to 부정사 표현

allow A to B [A가 B 하도록 허락하다]	be allowed to ~ [~하도록 허락받다]
ask A to B [A가 B 하도록 요청하다]	be asked to ~ [~하도록 요청받다]
advise A to B [A가 B 하도록 충고하다]	be advised to ~ [~하도록 충고받다]
expect A to B [A가 B 하기를 기대하다]	be expected to ~ [~하는 것이 기대되다]
enable A to B [A가 B 하는 것을 가능하게 하다]	be enabled to ~ [~하는 것이 가능해지다]
encourage A to B [A가 B 하도록 장려하다]	be encouraged to ~ [~하는 것이 장려되다]
order A to B [A가 B 하도록 명령하다]	be ordered to ~ [~하도록 명령받다]
urge A to B [A가 B 하도록 권고하다]	be urged to ~ [~하도록 권고되다]
invite A to B [A가 B 하도록 권유하다]	be invited to ~ [~하도록 권유받다]
intend A to B [A가 B 하길 의도하다]	be intended to ~ [~할 것이 의도되다]
cause A to B [A가 B 하게 하다]	be caused to ~ [~하게 되다]
convince A to B [A가 B 하도록 설득하다]	be convinced to ~ [~하도록 설득되다]
compel A to B [A가 B 하도록 강요하다]	be compelled to ~ [~하도록 강요되다]
force A to B [A가 B 하도록 강요하다]	be forced to ~ [~하도록 강요되다]
motivate A to B [A가 B 하도록 동기부여하다]	be motivated to ~ [~하도록 동기부여되다]
tell A to B [A에게 B하라고 말하다]	be told to ~ [~하라고 말하여지다]
permit A to B [A가 B하는 것을 허락하다]	be permitted to ~ [~하는 것이 허락되다]
persuade A to B [A가 B 하도록 설득하다]	be persuaded to ~ [~하도록 설득되다]
remind A to B [A가 B 할 것을 상기시키다]	be reminded to ~ [~하도록 상기되다]
have to~ [~해야 한다]	be used to~ [~하기 위해 사용되다]
be able to~ [~할 수 있다]	be likely to~ [~할 가능성이 있다]
don't have to~ [~할 필요가 없다]	be hesitant to~ [~하기를 주저하다, 망설이다]
can't wait to~ [~하고 싶어 견딜 수가 없다]	have no choice but to~ [~하지 않을 수 없다]
ought to~ [~해야 한다]	make sure to~ [~을 확인하다, ~을 확실히 해두다]
be supposed to~ [~하기로 되어 있다, ~해야 한다]	be about to~ [막 ~하려고 하다]
be willing to~ [기꺼이 ~하다]	make(believe, consider, find, think) it 형용사 to~ [~하는 것을 형용사하다고 만들다/믿다/여기다/발견하다/생각하다]

STEP 1

어법 선택

01 John allowed his son [having used / to use] his smartphone for less than an hour a day.

02 The news of endangered polar bears reminds us [to care / caring] enough about climate change.

03 You have [to be / being] careful when buying stock.

04 If I save money, I will be able [to go / to have gone] to the Galapagos Islands this winter.

05 The teacher encouraged all the students [to have / having] a chance to express their opinions.

06 I persuaded my parents [to have / having] regular medical check-ups.

07 I am supposed [to study / studying] English in the summer with my college friends.

08 The students asked the school [to provide / to have provided] high quality food.

09 The government encouraged tourists [to visit / visiting] the museum.

10 At that time, the empire of Japan forced Korean [speaking / to speak] Japanese.

STEP 1

정답 및 해설

01 John은 아들이 스마트폰을 하루에 1시간 미만만 사용하도록 허락했다.
   정답) to use [allow는 5형식일 때 목적보어로 to부정사를 취하는 동사이다.]

02 북극곰의 멸종 위기에 관한 뉴스는 우리에게 기후 변화에 대해 충분한 관심을 가질 것을 상기시킨다.
   정답) to care [remind는 5형식일 때 목적보어로 to부정사를 취하는 동사이다.]

03 주식에 투자할 때는 신중해야 한다.
   정답) to be [have to는 '~해야 한다'라는 의미의 조동사이다.]

04 열심히 돈을 모은다면, 이번 겨울에 갈라파고스에 갈 수 있을 것이다.
   정답) to go [be able to는 '~할 수 있다'를 의미한다.]

05 선생님은 모든 학생들이 자신의 의견을 말할 기회를 갖도록 장려했다.
   정답) to have [encourage는 5형식일 때 목적보어로 to부정사를 취하는 동사이다.]

06 나는 부모님이 정기적인 건강 검진을 받도록 설득했다.
   정답) to have [persuade는 5형식일 때 목적보어로 to부정사를 취하는 동사이다.]

07 나는 대학교 친구들과 함께 여름에 영어 공부를 하기로 되어있다.
   정답) to study [be supposed to는 '~하기로 되어 있다'를 의미한다.]

08 학생들은 학교가 양질의 음식을 제공하도록 요청했다.
   정답) to provide [ask는 5형식일 때 목적보어로 to부정사를 취하는 동사이다.]

09 정부는 관광객들이 박물관을 방문하도록 장려했다.
   정답) to visit [encourage는 5형식일 때 목적보어로 to부정사를 취하는 동사이다.]

10 당시 일본 제국은 한국인들이 일본어로 말하도록 강요했다.
   정답) to speak [force는 5형식일 때 목적보어로 to부정사를 취하는 동사이다.]

STEP 2

밑줄 친 부분 올바르게 고치기

01 John allowed his son use his smartphone for less than an hour a day.

02 The news of endangered polar bears reminds us care enough about climate change.

03 You have be careful when buying stock.

04 If I save money, I will be able go to Galapagos Islands this winter.

05 The teacher encouraged all the students have a chance to express their opinions.

06 I persuaded my parents have regular medical check-ups.

07 I am supposed study English in the summer with my college friends.

08 The students asked the school provide high quality food.

09 The government encouraged tourists visit the museum.

10 At that time, the empire of Japan forced Korean speak Japanese.

STEP 2

정답 및 해설

01 John은 아들이 스마트폰을 하루에 1시간 미만만 사용하도록 허락했다.
  정답) to use [allow는 5형식일 때 목적보어로 to부정사를 취하는 동사이다.]

02 북극곰의 멸종 위기에 관한 뉴스는 우리에게 기후 변화에 대해 충분한 관심을 가질 것을 상기시킨다.
  정답) to care [remind는 5형식일 때 목적보어로 to부정사를 취하는 동사이다.]

03 주식에 투자할 때는 신중해야 한다.
  정답) to be [have to는 '~해야 한다'라는 의미의 조동사이다.]

04 열심히 돈을 모은다면, 이번 겨울에 갈라파고스에 갈 수 있을 것이다.
  정답) to go [be able to는 '~할 수 있다'를 의미한다.]

05 선생님은 모든 학생들이 자신의 의견을 말할 기회를 갖도록 장려했다.
  정답) to have [encourage는 5형식일 때 목적보어로 to부정사를 취하는 동사이다.]

06 나는 부모님이 정기적인 건강 검진을 받도록 설득했다.
  정답) to have [persuade는 5형식일 때 목적보어로 to부정사를 취하는 동사이다.]

07 나는 대학교 친구들과 함께 여름에 영어 공부를 하기로 되어있다.
  정답) to study [be supposed to는 '~하기로 되어 있다'를 의미한다.]

08 학생들은 학교가 양질의 음식을 제공하도록 요청했다.
  정답) to provide [ask는 5형식일 때 목적보어로 to부정사를 취하는 동사이다.]

09 정부는 관광객들이 박물관을 방문하도록 장려했다.
  정답) to visit [encourage는 5형식일 때 목적보어로 to부정사를 취하는 동사이다.]

10 당시 일본 제국은 한국인들이 일본어로 말하도록 강요했다.
  정답) to speak [force는 5형식일 때 목적보어로 to부정사를 취하는 동사이다.]

STEP 3

빈칸 넣기

01 John allowed his son _____ his smartphone for less than an hour a day.

   (a) to use
   (b) having used
   (c) to have used
   (d) using

02 The news of endangered polar bears reminds us _____ enough about climate change.

   (a) caring
   (b) to have cared
   (c) to care
   (d) having cared

03 You have _____ careful when buying stock.

   (a) to have been
   (b) having been
   (c) being
   (d) to be

04 If I save money, I will be able _____ to Galapagos Islands this winter.

   (a) to go
   (b) having gone
   (c) to have gone
   (d) going

05 The teacher encouraged all the students _____ a chance to express their opinions.

   (a) to have had
   (b) to have
   (c) having had
   (d) having

STEP 3
정답 및 해설

01 John은 아들이 스마트폰을 하루에 1시간 미만만 사용하도록 허락했다.
　　정답 (a) [allow는 5형식일 때 목적보어로 to부정사를 취하는 동사이다.]

02 북극곰의 멸종 위기에 관한 뉴스는 우리에게 기후 변화에 대해 충분한 관심을 가질 것을 상기시킨다.
　　정답 (c) [remind는 5형식일 때 목적보어로 to부정사를 취하는 동사이다.]

03 주식에 투자할 때는 신중해야 한다.
　　정답 (d) [have to는 '~해야 한다'라는 의미의 조동사이다.]

04 열심히 돈을 모은다면, 이번 겨울에 갈라파고스에 갈 수 있을 것이다.
　　정답 (a) [be able to는 '~할 수 있다'를 의미한다.]

05 선생님은 모든 학생들이 자신의 의견을 말할 기회를 갖도록 장려했다.
　　정답 (b) [encourage는 5형식일 때 목적보어로 to부정사를 취하는 동사이다.]

STEP 3

빈칸 넣기

06 I persuaded my parents _____ regular medical check-ups.

(a) having
(b) to have
(c) having had
(d) to have had

07 I am supposed _____ English in the summer with my college friends.

(a) to have studied
(b) having studied
(c) studying
(d) to study

08 The students asked the school _____ high quality food.

(a) to provide
(b) providing
(c) to have provided
(d) having provided

09 The government encouraged tourists _____ the museum.

(a) having visited
(b) visiting
(c) to visit
(d) to have visited

10 At that time, the empire of Japan forced Korean _____ Japanese.

(a) to have spoken
(b) having spoken
(c) speaking
(d) to speak

STEP 3

정답 및 해설

06 나는 부모님이 정기적인 건강 검진을 받도록 설득했다.
   정답 (b) [persuade는 5형식일 때 목적보어로 to부정사를 취하는 동사이다.]

07 나는 대학교 친구들과 함께 여름에 영어 공부를 하기로 되어있다.
   정답 (d) [be supposed to는 '~하기로 되어 있다'를 의미한다.]

08 학생들은 학교가 양질의 음식을 제공하도록 요청했다.
   정답 (a) [ask는 5형식일 때 목적보어로 to부정사를 취하는 동사이다.]

09 정부는 관광객들이 박물관을 방문하도록 장려했다.
   정답 (c) [encourage는 5형식일 때 목적보어로 to부정사를 취하는 동사이다.]

10 당시 일본 제국은 한국인들이 일본어로 말하도록 강요했다.
   정답 (d) [force는 5형식일 때 목적보어로 to부정사를 취하는 동사이다.]

프텔지리켈
G-POINT
33

켈리 지텔프 **G-POINT 20**

동명사의 관용적 표현

관용적 표현이라는 것은, 오랫동안 써서 굳어진 표현이다. 따라서 문법적 이해가 필요하지 않고, 암기만 하면 된다. 동명사가 들어간 관용적 표현을 암기하자.

암기표 7 — 동명사의 관용적 표현

go ~ing	~하러 가다
be used to ~ing	~에 익숙하다
look forward to ~ing	~을 고대하다
prevent[=keep, stop, ban, prohibit] A from ~ing	A가 ~ing하는 것을 막다
it is no use ~ing	~해도 소용없다
feel like ~ing	~하고 싶다
cannot help ~ing	~하지 않을 수 없다
be worth ~ing	~할 가치가 있다
be busy ~ing	~하느라 바쁘다
spend ~ing	~에 시간이나 돈을 쓰다
have a hard time ~ing have trouble ~ing have difficulty ~ing	~하는 데 어려움을 겪다
there is no ~ing	~할 수 없다

STEP 1

어법 선택

01 David is looking forward to [meeting / meet] Lily.

02 Olivia had lost her wallet, so I couldn't help [paying / to pay] for dinner.

03 It was no use [crying / cry] after she left.

04 Kelly used to spend time [listening / to listen] to music on holidays.

05 Rachel is used to [tack / taking] care of children because she was a babysitter.

06 Civic groups tried to prevent him from [abuse / abusing] his power.

07 Although it takes considerable patience to read classics, they are worth [reading / to read].

08 When the weather gets better, I will go [swim / swimming] with my boyfriend.

09 Since Amy was promoted to a manager, she has been very busy [deal / dealing] with various things.

10 With the criticism reaching fever pitch, Rachel didn't feel like [writing / write] anymore.

STEP 1

정답 및 해설

01 David는 Lily를 만날 것을 고대하고 있다.
  정답 meeting [look forward to ~ing는 동명사의 관용적 표현으로 '~하기를 고대하다'를 뜻한다.]

02 Olivia가 지갑을 잃어버렸기 때문에, 내가 밥값을 낼 수 밖에 없었다.
  정답 paying [cannot help ~ing는 동명사의 관용적 표현으로 '~하지 않을 수 없다'를 뜻한다.]

03 그녀가 떠나고 난 뒤 후회해도 소용없었다.
  정답 crying [it is no use ~ing는 동명사의 관용적 표현으로 '~해도 소용없다'를 뜻한다.]

04 Kelly는 휴일에 음악을 들으며 시간을 보내곤 했다.
  정답 listening [spend 시간 ~ing는 동명사의 관용적 표현으로 '~하는데 시간을 보내다'를 뜻한다.]

05 Rachel은 베이비시터 였기 때문에, 아이들을 볼보는 일에 익숙하다.
  정답 taking [be used to ~ing는 동명사의 관용적 표현으로 '~에 익숙하다'를 뜻한다. be used to 부정사는 '~하기 위해 사용되다'를 뜻하므로 부적절하다.]

06 시민 단체는 그가 권력을 남용하는 것을 막기 위해 노력했다.
  정답 abusing [prevent A from ~ing는 동명사의 관용적 표현으로 'A가 ~하는 것을 막다'를 뜻한다.]

07 비록 읽는데 상당한 끈기가 필요하지만, 고전은 읽을 만한 가치가 있다.
  정답 reading [be worth ~ing는 동명사의 관용적 표현으로 '~할 만한 가치가 있다'를 뜻한다.]

08 날씨가 좋아지면, 남자친구와 수영을 하러 갈 것이다.
  정답 swimming [go ~ing는 동명사의 관용적 표현으로 '~하러 가다'를 뜻한다.]

09 Amy가 관리자로 승진한 이후, 다양한 일들을 처리하느라 매우 바쁘다.
  정답 dealing [be busy ~ing는 동명사의 관용적 표현으로 '~하느라 바쁘다'를 뜻한다.]

10 비평가들의 비판이 극에 달하면서, Rachel은 더 이상 글을 쓰고 싶지 않았다.
  정답 writing [feel like ~ing는 동명사의 관용적 표현으로 '~하고 싶어 하다'를 뜻한다.]

STEP 2

밑줄 친 부분 올바르게 고치기

01 David is looking forward to meet Lily.

02 Olivia had lost her wallet, so I couldn't help to pay for dinner.

03 It was no use cry after she left.

04 Kelly used to spend time to listen to music on holidays.

05 Rachel is used to take care of children because she was a babysitter.

06 Civic groups tried to prevent him from abuse his power.

07 Although it takes considerable patience to read classics, they are worth to read.

08 When the weather gets better, I will go swim with my boyfriend.

09 Since Amy was promoted to a manager, she has been very busy deal with various things.

10 With the criticism reaching fever pitch, Rachel didn't feel like write anymore.

STEP 2

정답 및 해설

01 David는 Lily를 만날 것을 고대하고 있다.
  정답 meeting [look forward to ~ing는 동명사의 관용적 표현으로 '~하기를 고대하다'를 뜻한다.]

02 Olivia가 지갑을 잃어버렸기 때문에, 내가 밥값을 낼 수 밖에 없었다.
  정답 paying [cannot help ~ing는 동명사의 관용적 표현으로 '~하지 않을 수 없다'를 뜻한다.]

03 그녀가 떠나고 난 뒤 후회해도 소용없었다.
  정답 crying [it is no use ~ing는 동명사의 관용적 표현으로 '~해도 소용없다'를 뜻한다.]

04 Kelly는 휴일에 음악을 들으며 시간을 보내곤 했다.
  정답 listening [spend 시간 ~ing는 동명사의 관용적 표현으로 '~하는데 시간을 보내다'를 뜻한다.]

05 Rachel은 베이비시터 였기 때문에, 아이들을 볼보는 일에 익숙하다.
  정답 taking [be used to ~ing는 동명사의 관용적 표현으로 '~에 익숙하다'를 뜻한다. be used to 부정사는 '~하기 위해 사용되다'를 뜻하므로 부적절하다.]

06 시민 단체는 그가 권력을 남용하는 것을 막기 위해 노력했다.
  정답 abusing [prevent A from ~ing는 동명사의 관용적 표현으로 'A가 ~하는 것을 막다'를 뜻한다.]

07 비록 읽는데 상당한 끈기가 필요하지만, 고전은 읽을 만한 가치가 있다.
  정답 reading [be worth ~ing는 동명사의 관용적 표현으로 '~할 만한 가치가 있다'를 뜻한다.]

08 날씨가 좋아지면, 남자친구와 수영을 하러 갈 것이다.
  정답 swimming [go ~ing는 동명사의 관용적 표현으로 '~하러 가다'를 뜻한다.]

09 Amy가 관리자로 승진한 이후, 다양한 일들을 처리하느라 매우 바쁘다.
  정답 dealing [be busy ~ing는 동명사의 관용적 표현으로 '~하느라 바쁘다'를 뜻한다.]

10 비평가들의 비판이 극에 달하면서, Rachel은 더 이상 글을 쓰고 싶지 않았다.
  정답 writing [feel like ~ing는 동명사의 관용적 표현으로 '~하고 싶어 하다'를 뜻한다.]

STEP 3

빈칸 넣기

01 David is looking forward to _____ Lily.

    (a) meet
    (b) meeting
    (c) having met
    (d) have met

02 Olivia had lost her wallet, so I couldn't help _____ for dinner.

    (a) paying
    (b) to pay
    (c) pay
    (d) will pay

03 It was no use _____ after she left.

    (a) cry
    (b) will cry
    (c) crying
    (d) should cry

04 Kelly used to spend time _____ to music on holidays.

    (a) having listened
    (b) to listen
    (c) listens
    (d) listening

05 Rachel is used to _____ care of children because she was a babysitter.

    (a) taken
    (b) having taken
    (c) taking
    (d) will take

STEP 3

정답 및 해설

01 David는 Lily를 만날 것을 고대하고 있다.
　정답 (b) [look forward to ~ing는 동명사의 관용적 표현으로 '~하기를 고대하다'를 뜻한다.]

02 Olivia가 지갑을 잃어버렸기 때문에, 내가 밥값을 낼 수 밖에 없었다.
　정답 (a) [cannot help ~ing는 동명사의 관용적 표현으로 '~하지 않을 수 없다'를 뜻한다.]

03 그녀가 떠나고 난 뒤 후회해도 소용없었다.
　정답 (c) [it is no use ~ing는 동명사의 관용적 표현으로 '~해도 소용없다'를 뜻한다.]

04 Kelly는 휴일에 음악을 들으며 시간을 보내곤 했다.
　정답 (d) [spend 시간 ~ing는 동명사의 관용적 표현으로 '~하는데 시간을 보내다'를 뜻한다.]

05 Rachel은 베이비시터 였기 때문에, 아이들을 돌보는 일에 익숙하다.
　정답 (c) [be used to ~ing는 동명사의 관용적 표현으로 '~에 익숙하다'를 뜻한다. be used to 부정사는 '~하기 위해 사용되다'를 뜻하므로 부적절하다.]

STEP 3

빈칸 넣기

06 Civic groups tried to prevent him from _____ his power.

(a) abuse
(b) to abuse
(c) having abused
(d) abusing

07 Although it takes considerable patience to read classics, they are worth _____ .

(a) reading
(b) to read
(c) will read
(d) to have read

08 When the weather gets better, I will go _____ with my boyfriend.

(a) having swum
(b) swimming
(c) swim
(d) to have swum

09 Since Amy was promoted to a manager, she has been very busy _____ with various things.

(a) dealing
(b) to deal
(c) to have dealt
(d) having dealt

10 With the criticism reaching fever pitch, Rachel didn't feel like _____ anymore.

(a) had written
(b) to write
(c) writing
(d) having written

STEP 3

정답 및 해설

06 시민 단체는 그가 권력을 남용하는 것을 막기 위해 노력했다.
  정답 (d) [prevent A from ~ing는 동명사의 관용적 표현으로 '목적어가 ~하는 것을 막다'를 뜻한다.]

07 비록 읽는데 상당한 끈기가 필요하지만, 고전은 읽을 만한 가치가 있다.
  정답 (a) [be worth ~ing는 동명사의 관용적 표현으로 '~할 만한 가치가 있다'를 뜻한다.]

08 날씨가 좋아지면, 남자친구와 수영을 하러 갈 것이다.
  정답 (b) [go ~ing는 동명사의 관용적 표현으로 '~하러 가다'를 뜻한다.]

09 Amy가 관리자로 승진한 이후, 다양한 일들을 처리하느라 매우 바쁘다.
  정답 (a) [be busy ~ing는 동명사의 관용적 표현으로 '~하느라 바쁘다'를 뜻한다.]

10 비평가들의 비판이 극에 달하면서, Rachel은 더 이상 글을 쓰고 싶지 않았다.
  정답 (c) [feel like ~ing는 동명사의 관용적 표현으로 '~하고 싶어 하다'를 뜻한다.]

켈리의 준동사 오답 POINT

오답 POINT 1

**allow, advise, encourage, recommend, require은
목적어와 목적보어에 오는 준동사의 형태가 다르다.**

준동사 오답 POINT1에서 언급한 다섯 개의 동사를 꼭 기억해야 한다. 해당 동사는 목적어 자리에 빈칸이 있으면 동명사를 쓰고 목적 보어 자리에 빈칸이 있으면 to 부정사를 쓰는 동사이다. 따라서 해당 동사가 나오면 빈칸의 앞뒤를 꼼꼼히 확인해야 한다. 정리하면 다음과 같다.

① allow, advise, encourage, recommend, require _____ : 동명사
② allow, advise, encourage, recommend, require 목적어 _____ : to 부정사
③ be allowed, be advised, be encouraged, be recommended, be required _____ : to 부정사

오답 POINT 2

be pp 뒤에 빈칸이 나온다고 하여 무조건 to 부정사가 답은 아니다.

보통 지텔프에서 be pp 뒤에 빈칸이 뚫리면 to 부정사가 답인 경우가 대부분이다. 하지만 2021년에 be pp 뒤에 동명사가 오는 경우가 문제로 출제되었다. 바로 be caught이다. be caught의 경우 뒤에 빈칸이 뚫리는 경우 동명사가 온다.

준동사 한 눈에 보기

켈리 지텔프 G-POINT 33

1. 준동사 문제 유형임을 알 수 있는 방법

선택지에 동명사와 to 부정사가 존재

2. 준동사 POINT 정리

G-POINT 11   전치사 뒤 빈칸 ➡ ~ing (동명사)

G-POINT 12   주어 자리 빈칸 ➡ ~ing (동명사)

G-POINT 13   동사 뒤 목적어 자리 빈칸 ➡ ~ing (동명사)

G-POINT 14   동사 뒤 목적어 자리 빈칸 ➡ to 부정사

G-POINT 15   동사 뒤 ➡ to 부정사와 ~ing 둘 다 가능하지만, 뜻이 다름 [해석 필요]

G-POINT 16   부사 자리에 빈칸 ('~하기 위하여'로 해석) ➡ to 부정사

G-POINT 17   형용사 자리에 빈칸 ('~할, ~하는'으로 해석) ➡ to 부정사

G-POINT 18   주어 자리에 가주어 it이 있고, 진주어 자리에 빈칸 ➡ to 부정사 (~것)

G-POINT 19   암기해야 할 to 부정사 표현

         ① to부정사를 목적보어로 가지는 동사   ② be pp + to부정사   ③ 그 외 표현

G-POINT 20   동명사의 관용적 표현

3. 준동사 오답 POINT

오답-POINT 1   allow, advise, encourage, recommend, require은 목적어와 목적보어에 오는 준동사의 형태가 다름

오답-POINT 2   be caught 뒤에는 동명사가 온다.

4. 켈리쌤의 준동사 찐팁!

켈리쌤의 찐팁 1   ing와 to부정사로 선지 압축

켈리쌤의 찐팁 2   ing 3문제, to 부정사 3문제 출제

         (단, 출제경향이 바뀔 수 있으므로 팁으로만 참고할 것!)

STEP 4

준동사 실전 문제

01 Due to the success of the products released last year, the company's sales have increased significantly. The company's CEO decided _____ new employees to make up for the shortage of manpower.

(a) hiring
(b) to hire
(c) to be hiring
(d) having hiring

02 They agreed _____ up with a new strategy to get out of this crisis. It is expected to take a long time for the new strategy to be implemented.

(a) coming
(b) to have come
(c) having come
(d) to come

03 Because the task as an accountant was too heavy, Victoria's health had deteriorated severely. A doctor recommended that she stop _____ for a while and get plenty of rest.

(a) to work
(b) having worked
(c) working
(d) work

04 _____ a recent dispute with JK company, Scarlett decided to sue. She is now looking for a competent lawyer.

(a) To settle
(b) To have settled
(c) Settling
(d) Having settled

05 Henry had been studying Italian on his own for 10 years, interested in Italian culture. Now he is able _____ Italian fluently.

(a) speaking
(b) to have spoken
(c) will speak
(d) to speak

06 Claire doesn't want to work anymore. The company is assigning her too many tasks without _____ her proper compensation.

(a) giving
(b) to give
(c) being given
(d) to have given

07 Lucy's parents had opposed her dream of becoming a singer and wanted her to become a lawyer. Nevertheless, she managed _____ them to support her dream.

(a) persuading
(b) to persuade
(c) would persuade
(d) having persuaded

08 B&K had invested in various products _____ customers. As a result, its sales increased significantly and it became one of the leading companies in the world.

(a) having attracted
(b) attracting
(c) to attract
(d) to have attracted

09 Kelly likes to read books alone at home on weekends. She goes to a bookstore near her house once a week to buy a book _____.

(a) will read
(b) reading
(c) having read
(d) to read

10 The expert I had met at the fitness center suggested _____ more than twice a week. I worked out as he said and finally succeeded in losing weight.

(a) to exercise
(b) exercise
(c) to have exercised
(d) exercising

11 The exam supervisor tried to prevent students from _____ on the exam. Nevertheless, some students did without getting caught.

(a) to cheat
(b) cheating
(c) would cheat
(d) having cheated

12 _____ basketball with his friends was Jack's only pleasure, so he played basketball with his friends every weekend. As a result, he grew 5 centimeters in the last 6 months.

(a) To play
(b) Play
(c) Playing
(d) Having played

STEP 4

준동사 실전 문제

13 It's a blessing _____ off work on time. If I took a lower-paying job, that would happen to me, too.

(a) getting
(b) to have got
(c) to get
(d) would get

14 My parents expected me _____ the exam because I had studied hard. Eventually, I passed the exam as they wished.

(a) to pass
(b) should pass
(c) passing
(d) having passed

15 Sophia had been working a part-time job for the past two years _____ to Paris. She eventually traveled to Paris and took pictures while admiring the Eiffel Tower.

(a) might travel
(b) traveling
(c) to have traveled
(d) to travel

16 Sam must keep _____ customers to achieve his goals. If he fails to do so, he is likely to be fired.

(a) having attracted
(b) attracting
(c) to have attracted
(d) attract

17 Murphy was famous in the company for enjoying aggressive investment. People thought he would lose a lot of money, but he risked _____ aggressive investments without caring.

(a) making
(b) to make
(c) will make
(d) having made

18 Paul thinks he has _____ money to prepare for a wedding. From now on he will focus on saving money, giving up his hobby.

(a) saving
(b) would save
(c) to save
(d) to have saved

19 The doctor said that stress was the reason Helen could not sleep. He recommended _____ the stress at work for her to get a good night's sleep.

(a) to reduce
(b) having reduced
(c) to have reduced
(d) reducing

20 The teacher asked Amy to leave the classroom because she was making a noise in class. But she refused _____ the teacher's request and didn't stop making a noise.

(a) to accept
(b) will accept
(c) accepting
(d) having accepted

Unit 05
관계사

>> G-POINT 21~26

>> 켈리쌤의 관계사 찐팁!

관계사 미리보기

관계사는 지텔프 문법 26문항 중 2문제가 출제된다. 관계사는 관계대명사와 관계부사로 나뉘는데, 관계사는 영어를 한 번이라도 공부해 보았다면 익숙한 파트일 가능성이 크다. 하지만 지텔프에서 자주 출제되는 관계사의 유형들이 존재한다. 따라서 지텔프에 나오는 유형으로 공부해야 단시간에 빠르게 학습할 수 있다. Unit5에서는 지텔프에 출제되는 관계사 Point에 대해 학습하도록 하자.

- **출제 문제 수** : 총 2문제

- **선택지 특징** :

    관계사 (who, whom, what, which, that, whose, where, why)로 시작

    예 (a) that is studying
    　　(b) what is studying
    　　(c) whose is studying
    　　(d) whom she is studying

- **Kelly's 관계사 문제풀이 단계**

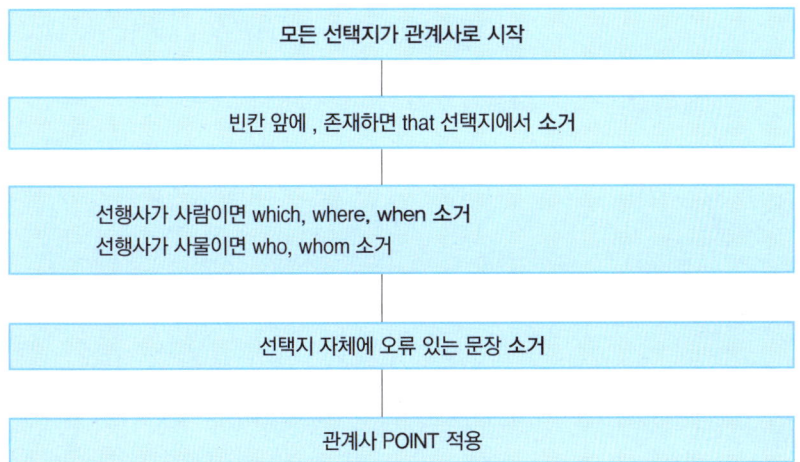

기존 지텔프에서는 what이나 whose가 답인 경우가 없었기 때문에 what이나 whose가 나오면 소거하는 것이 일반적이었다. 그러나 477회 시험에서 whose가 답으로 선택되어 수험생들을 당황 시켰다. 물론 그 이후 아직까지 출제된 적은 없으나 whose나 what이 답으로 선택될 가능성을 배제할 수 없음에 유의해야 한다. 2024년 개정판에서도 이 경향을 반영시켰다.

• Kelly's 관계사 찐팁!

찐팁 1 , 뒤에 빈칸이 있는 경우 that은 소거

찐팁 2 빈칸 앞 단어가 사람인지 사물인지 파악하면 문제의 반은 해결

(단, 출제경향이 바뀔 수 있으므로 팁으로만 참고할 것!)

켈리 지텔프 G-POINT 21

> **사람 선행사 + 뒤에 주어 없음 ➡ who, that**

관계대명사는 뒷 문장이 불완전하다. 즉 뒷문장에 주어가 존재하지 않거나 목적어가 존재하지 않는다. 주어가 존재하지 않는 경우를 주격 관계대명사라고 하며, 목적어가 존재하지 않는 경우를 목적격 관계대명사라고 부른다. 관계대명사 문제를 풀 때에는 먼저 빈칸 앞에서 선행사를 찾아야 한다. 선행사는 관계사가 수식해주는 명사이다. 빈칸 바로 앞에 있는 명사가 선행사인 경우가 대부분이다. 선행사를 확인하고, 관계대명사 뒷 문장을 확인하자. 만약 선행사가 사람이고 뒷 문장에 주어가 없다면 G-Point 21을 활용하여 문제를 풀면 된다. 다음 예문을 통해 G-Point 21을 정확히 이해해보자.

> **예문**
>
> **I want a woman who likes me.**

위의 예문은 '나는 나를 좋아하는 여자를 원한다'로 해석 된다. 관계대명사 뒷 문장은 'likes me'로 주어가 없는 불완전한 문장이다. 또한 선행사는 'woman'이므로 사람이다. who 뒷 문장의 주어는 원래 선행사인 woman이었을 것이다. 따라서 G-Point 21을 활용해 주격 관계 대명사 'who'를 써주면 된다. 관계 대명사 that도 물론 올 수 있다.

하지만 한 번 생각해보자. 주어가 왜 없을까? 그 주어는 원래 무엇이었을까? 그 주어는 바로 우리가 처음에 찾은 선행사 라는 것도 기억해야 한다. 선행사를 넣어서 해석을 해봐야 하는 경우도 시험 문제에 나올 수 있기 때문이다. 선지에 who 와 that이 둘 다 존재하는 경우에는 문법상 오류가 없고 해석상 적절한 것이 답일 것이다. who와 that이 함께 선지에 있다 면 먼저 문법상 오류가 있는지 확인하고, 오류가 없다면 해석을 통해 적절한 답을 골라야 한다. 다음 예문을 살펴보자.

> **예문**
>
> **I want a woman [that likes me / who she likes me].**

정답은 무엇일까? that과 who가 동시에 있는데 이럴 경우에는 어떻게 답을 골라야 할까? 위에서 언급한 대로 먼저 문법 상 오류가 있는지를 확인해야 한다. 위의 예문에서 who는 뒷 문장에 주어와 목적어를 갖춘 완전한 문장이 왔으므로 이미 문법적으로 오류가 존재한다는 것을 알 수 있다. 따라서 이 경우에는 'that likes me'가 적절하다. 만약 둘 다 문법상 오 류가 존재하지 않는다면 그때는 선행사를 넣어 해석을 해보고 해석상 적절한 것을 답으로 고르면 된다. 이는 G-Point22 에서 좀 더 자세히 살펴보도록 할 것이다.

STEP 1

어법 선택 [선행사를 체크하시오.]

01 I am not interested in the girl [where has liked me / who has liked me] for a long time.

02 Awards will be given to students [who give a speech / whom give a speech] on each issue.

03 The plaza in front of city hall was full of workers [which insisted on guaranteeing their basic rights / who insisted on guaranteeing their basic rights].

04 Students [who win a national essay contest / whom win a national essay contest] will be given a chance to travel around the world.

05 Older people [that exercise regularly / who they exercise regularly] tend to be psychologically stable.

06 Those [which are capable of recovering from adversity / who are capable of recovering from adversity] are more likely to succeed.

07 Kevin decided to produce an amazing movie for people [whom had waited for his sequel / who had waited for his sequel].

08 A company is looking for engineers [which can solve technological problems / who can solve technological problems].

09 Workers [whom passed the test / who passed the test] will participate in the awards ceremony tomorrow.

10 Archaeologists [which have investigated the newly discovered tomb / who have investigated the newly discovered tomb] are trying to find out who the owner of the tomb is.

정답 및 해설

01 나는 오랫동안 나를 좋아해온 그 소녀에게 별 관심이 없다.
정답 who has liked me [선행사가 the girl이므로 사람이고, 뒷문장에 주어가 없는 불완전한 문장이 왔으므로 who를 쓰는 것이 적절하다.]

02 각각의 이슈에 대해 연설하는 학생들에게 상이 수여된다.
정답 who give a speech [선행사가 students이므로 사람이고, 뒷문장에 주어가 없는 불완전한 문장이 왔으므로 who를 쓰는 것이 적절하다.]

03 시청 앞 광장은 기본적인 권리를 보장해줄 것을 주장하는 노동자들로 가득 찼다.
정답 who insisted on guaranteeing their basic rights [선행사가 workers이므로 사람이고, 뒷문장에 주어가 없는 불완전한 문장이 왔으므로 who를 쓰는 것이 적절하다.]

04 전국 에세이 대회에서 승리를 거둔 학생들에게는 세계 여행 기회가 주어진다.
정답 who win a national essay contest [선행사가 students이므로 사람이고, 뒷문장에 주어가 없는 불완전한 문장이 왔으므로 who를 쓰는 것이 적절하다.]

05 운동을 규칙적으로 하는 노인들은 심리적으로 안정되는 경향이 있다.
정답 that exercise regularly [선행사가 Older people이므로 사람이고, 뒷문장에 주어가 없는 불완전한 문장을 이끌고 있는 that이 적절하다. who는 뒷문장이 완전하므로 이미 문법적으로 오류가 있다.]

06 역경에서 회복하는 능력이 뛰어난 사람들이 더 성공할 가능성이 크다.
정답 who are capable of recovering from adversity [해석상 Those가 사람이고, 뒷문장에 주어가 없는 불완전한 문장이 왔으므로 who를 쓰는 것이 적절하다.]

07 Kevin은 속편을 기다려온 사람들을 위해 엄청난 영화를 제작하기로 결정했다.
정답 who had waited for his sequel [선행사가 people 이므로 사람이고, 뒷문장에 주어가 없는 불완전한 문장이 왔으므로 who를 쓰는 것이 적절하다.]

08 한 기업이 기술적 문제를 해결할 수 있는 기술자들을 찾고 있다.
정답 who can solve technology problems [선행사가 engineers이므로 사람이고, 뒷문장에 주어가 없는 불완전한 문장이 왔으므로 who를 쓰는 것이 적절하다.]

09 시험에 통과한 직원들은 내일 있을 시상식에 참여할 것이다.
정답 who passed the test [선행사가 workers이므로 사람이고, 뒷문장에 주어가 없는 불완전한 문장이 왔으므로 who를 쓰는 것이 적절하다.]

10 새로 발견 된 무덤을 조사 해오고 있는 고고학자들은 그 무덤의 주인이 누구인지를 밝혀내려 노력하고 있다.
정답 who have investigated the newly discovered tomb [선행사가 Archaeologists이므로 사람이고, 뒷문장에 주어가 없는 불완전한 문장이 왔으므로 who를 쓰는 것이 적절하다.]

STEP 2

밑줄 친 부분 올바르게 고치기 [선행사를 반드시 체크하시오.]

01 I am not interested in the girl whom has liked me for a long time.

02 Awards will be given to students whom give a speech on each issue.

03 The plaza in front of city hall was full of workers which insisted on guaranteeing their basic rights.

04 Students whom win a national essay contest will be given a chance to travel around the world.

05 Older people which exercise regularly tend to be psychologically stable.

06 Those whose are capable of recovering from adversity are more likely to succeed.

07 Kevin decided to produce an amazing movie for people whom had waited for his sequel.

08 A company is looking for engineers which can solve technological problems.

09 Workers whom passed the test will participate in the awards ceremony tomorrow.

10 Archaeologists whom have investigated the newly discovered tomb are trying to find out who the owner of the tomb is.

STEP 2

정답 및 해설

01 나는 오랫동안 나를 좋아해온 그 소녀에게 별 관심이 없다.
  정답 who(that) has liked me [선행사가 the girl이므로 사람이고, 뒷문장에 주어가 없는 불완전한 문장이 왔으므로 who(that)을 쓰는 것이 적절하다.]

02 각각의 이슈에 대해 연설 하는 학생들에게 상이 수여된다.
  정답 who(that) give a speech [선행사가 students이므로 사람이고, 뒷문장에 주어가 없는 불완전한 문장이 왔으므로 who(that)을 쓰는 것이 적절하다.]

03 시청 앞 광장은 기본적인 권리를 보장해줄 것을 주장하는 노동자들로 가득 찼다.
  정답 who(that) insisted on guaranteeing their basic rights [선행사가 workers이므로 사람이고, 뒷문장에 주어가 없는 불완전한 문장이 왔으므로 who(that)을 쓰는 것이 적절하다.]

04 전국 에세이 대회에서 승리를 거둔 학생들에게는 세계 여행 기회가 주어진다.
  정답 who(that) win a national essay contest [선행사가 students이므로 사람이고, 뒷문장에 주어가 없는 불완전한 문장이 왔으므로 who(that)을 쓰는 것이 적절하다.]

05 운동을 규칙적으로 하는 노인들은 심리적으로 안정되는 경향이 있다.
  정답 who(that) exercise regularly [선행사가 Older people이므로 사람이고, 뒷문장에 주어가 없는 불완전한 문장이 왔으므로 who(that)을 쓰는 것이 적절하다.]

06 역경에서 회복하는 능력이 뛰어난 사람들이 더 성공할 가능성이 크다.
  정답 who(that) are capable of recovering from adversity [해석상 Those는 사람이고, 뒷문장에 주어가 없는 불완전한 문장이 왔으므로 who(that)을 쓰는 것이 적절하다.]

07 Kevin은 속편을 기다려온 사람들을 위해 엄청난 영화를 제작하기로 결정했다.
  정답 who(that) had waited for his sequel [선행사가 people이므로 사람이고, 뒷 문장에 주어가 없는 불완전한 문장이 왔으므로 who(that)을 쓰는 것이 적절하다.]

08 한 기업이 기술적 문제를 해결할 수 있는 기술자들을 찾고 있다.
  정답 who(that) can solve technology problems [선행사가 engineers이므로 사람이고, 뒷문장에 주어가 없는 불완전한 문장이 왔으므로 who(that)을 쓰는 것이 적절하다.]

09 시험에 통과한 직원들은 내일 있을 시상식에 참여할 것이다.
  정답 who(that) passed the test [선행사가 workers이므로 사람이고, 뒷문장에 주어가 없는 불완전한 문장이 왔으므로 who(that)을 쓰는 것이 적절하다.]

10 새로 발견 된 무덤을 조사 해오고 있는 고고학자들은 그 무덤의 주인이 누구인지를 밝혀내려 노력하고 있다.
  정답 who(that) have investigated the newly discovered tomb [선행사가 Archaeologists이므로 사람이고, 뒷문장에 주어가 없는 불완전한 문장이 왔으므로 who(that)을 쓰는 것이 적절하다.]

STEP 3

빈칸 넣기

01 I am not interested in the girl _____ for a long time.

(a) which has liked me
(b) whom has liked me
(c) who has liked me
(d) where she has liked me

02 A awards will be given to students _____ on each issue.

(a) who give a speech
(b) whom they give a speech
(c) when give a speech
(d) which give a speech

03 The plaza in front of city hall was full of workers _____ .

(a) where they insisted on guaranteeing their basic rights
(b) that they insisted on guaranteeing their basic rights
(c) which it insisted on guaranteeing their basic rights
(d) who insisted on guaranteeing their basic rights

04 Students _____ will be given a chance to travel around the world.

(a) that win a national essay contest
(b) which win a national essay contest
(c) where they win a national essay contest
(d) who they win a national essay contest

05 Older people _____ tend to be psychologically stable.

(a) who exercise regularly
(b) whom they exercise regularly
(c) which exercise regularly
(d) where they exercise regularly

STEP 3

정답 및 해설

01 나는 오랫동안 나를 좋아해온 그 소녀에게 별 관심이 없다.
　　정답 (c) [선행사가 the girl이므로 사람이고, 뒷문장에 주어가 없는 불완전한 문장이 왔으므로 who를 쓰는 것이 적절하다.]

02 각각의 이슈에 대해 가장 합리적인 근거를 들어 연설 하는 학생들에게 상이 수여된다.
　　정답 (a) [선행사가 students이므로 사람이고, 뒷문장에 주어가 없는 불완전한 문장이 왔으므로 who를 쓰는 것이 적절하다.]

03 시청 앞에는 기본적인 권리를 보장해줄 것을 주장하는 노동자들로 가득 찼다.
　　정답 (d) [선행사가 workers이므로 사람이고, 뒷문장에 주어가 없는 불완전한 문장이 왔으므로 who를 쓰는 것이 적절하다. (b)의 that은 관계대명사 역할을 해야 하는데 뒷문장이 완전하므로 이미 문법적으로 오류가 있다.]

04 전국 에세이 대회에서 승리를 거둔 학생들에게는 세계 여행 기회가 주어진다.
　　정답 (a) [선행사가 students이므로 사람이고, 뒷문장에 주어가 없는 불완전한 문장을 이끌고 있는 that이 적절하다. (d)의 who는 뒷문장이 완전하므로 이미 문법적으로 오류가 있다.]

05 운동을 규칙적으로 하는 노인들은 심리적으로 안정되는 경향이 있다.
　　정답 (a) [선행사가 Older people이므로 사람이고, 뒷문장에 주어가 없는 불완전한 문장이 왔으므로 who를 쓰는 것이 적절하다.]

STEP 3

빈칸 넣기

06 Those _____ are more likely to succeed.
   (a) which they are capable of recovering from adversity
   (b) who they are capable of recovering from adversity
   (c) where they are capable of recovering from adversity
   (d) that are capable of recovering from adversity

07 Kevin decided to produce an amazing movie for people _____.
   (a) who had waited for his sequel
   (b) whom had waited for his sequel
   (c) which had been waited for his sequel
   (d) there has waited for his sequel

08 A company is looking for engineers _____.
   (a) which can solve technological problems
   (b) that can solve technological problems
   (c) when they can solve technological problems
   (d) who they can solve technological problems

09 Workers _____ will participate in the awards ceremony tomorrow.
   (a) which are passed the test
   (b) where they passed the test
   (c) when they passed the test
   (d) who passed the test

10 Archaeologists _____ are trying to find out who the owner of the tomb is.
   (a) where have investigated the newly discovered tomb
   (b) whom have investigated the newly discovered tomb
   (c) that have investigated the newly discovered tomb
   (d) who they are investigating the newly discovered tomb

STEP 3

정답 및 해설

06 역경에서 회복하는 능력이 뛰어난 사람들이 더 성공할 가능성이 크다.
<u>정답</u> (d) [해석상 Those는 사람이고, 뒷문장에 주어가 없는 불완전한 문장이 왔으므로 that을 쓰는 것이 적절하다. (b)의 who는 뒷문장이 완전하므로 이미 문법적으로 오류가 있다.]

07 Kevin은 속편을 기다려온 사람들을 위해 엄청난 영화를 제작하기로 결정했다.
<u>정답</u> (a) [선행사가 people이므로 사람이고, 뒷 문장에 주어가 없는 불완전한 문장이 왔으므로 who를 쓰는 것이 적절하다.]

08 한 기업이 기술적 문제를 해결할 수 있는 기술자들을 찾고 있다.
<u>정답</u> (b) [선행사가 engineers이므로 사람이고, 뒷문장에 주어가 없는 불완전한 문장이 왔으므로 that을 쓰는 것이 적절하다. (d)의 who는 뒷문장이 완전하므로 이미 문법적으로 오류가 있다.]

09 시험에 통과한 직원들은 내일 있을 시상식에 참여할 것이다.
<u>정답</u> (d) [선행사가 workers이므로 사람이고, 뒷문장에 주어가 없는 불완전한 문장이 왔으므로 who를 쓰는 것이 적절하다.]

10 새로 발견 된 무덤을 조사 해오고 있는 고고학자들은 그 무덤의 주인이 누구인지를 밝혀내려 노력하고 있다.
<u>정답</u> (c) [선행사가 Archaeologists이므로 사람이고, 뒷문장에 주어가 없는 불완전한 문장을 이끌고 있는 that이 적절하다. (d)의 who는 뒷문장이 완전하므로 이미 문법적으로 오류가 있다.]

켈리 지텔프 G-POINT 22

> 사람 선행사 + 뒤에 목적어 없음 ➡ whom, who, that

관계대명사는 뒷 문장이 불완전하다. 즉 뒷문장에 주어가 존재하지 않거나 목적어가 존재하지 않는다. 주어가 존재하지 않는 경우를 주격 관계대명사라고 하며, 목적어가 존재하지 않는 경우를 목적격 관계대명사라고 부른다. 관계대명사 문제를 풀 때에는 먼저 빈칸 앞에서 선행사를 찾아야 한다. 선행사는 관계사가 수식해주는 명사이다. 빈칸 바로 앞에 있는 명사가 선행사인 경우가 대부분이다. 선행사를 확인하고, 관계대명사 뒷 문장을 확인하자. 만약 선행사가 사람이고 뒷 문장에 목적어가 없다면 G-Point 22를 활용하여 문제를 풀면 된다. 다음 예문을 통해 G-Point 22를 정확히 이해해보자.

예문
I know the girl whom he likes

위의 예문은 '나는 그가 좋아하는 소녀를 알고 있다'로 해석 된다. 관계대명사 뒷 문장에 목적어가 없는 불완전한 문장이 왔고, 선행사는 사람이므로 목적격 관계대명사인 'whom, who, that'을 쓰는 것이 가능하다.

하지만 한 번 생각해보자. 목적어가 왜 없을까? 그 목적어는 원래 무엇이었을까? 그 목적어는 바로 우리가 처음에 찾은 선행사라는 것도 기억해야 한다. 선행사를 넣어서 해석을 해봐야 하는 경우도 시험 문제에 나올 수 있기 때문이다. 선지에 who, whom, that이 동시에 존재하는 경우에는 문법상 오류가 없고 해석상 적절한 것이 답일 것이다. who, whom, that이 함께 선지에 있다면 먼저 문법상 오류가 있는지 확인하고, 오류가 없다면 해석을 통해 적절한 답을 골라야 한다. 다음 예문을 살펴보자.

예문
I know the girl [whom likes him / who likes him].

정답은 무엇일까? whom과 who이 동시에 있는데 이럴 경우에는 어떻게 답을 골라야 할까? 위에서 언급한 대로 먼저 문법상 오류가 있는지를 확인해야 한다. 위의 예문에서 whom은 목적격 관계대명사이기 때문에 뒤에 목적어야 없어야 하는데, 주어가 없다. 따라서 문법적으로 이미 오류가 존재한다는 것을 알 수 있다. who는 주격관계대명사도 가능하고 목적격 관계대명사도 가능하므로, 정답은 'who likes him'이 적절하다. 만약 둘 다 문법상 오류가 존재하지 않는다면 그때는 선행사를 넣어 해석을 해보고 해석상 적절한 것을 답으로 고르면 된다. 다음 예문을 살펴보자.

> **예문**
>
> **I saw a girl [who was reading a book / whom she was reading].**

위의 예문에서 who는 선행사가 사람이고 뒷문장에 주어가 없는 불완전한 문장이 왔으므로 G-Point21에 배웠던 내용에 따르면 문법상 오류가 없다. whom도 선행사가 사람이고 뒷문장에 목적어가 없는 불완전한 문장이 왔으므로 문법상 오류가 없다. 이때가 바로 해석이 필요한 경우이다. who뒤에 주어가 없으므로 선행사를 주어 자리에 넣으면 'a girl was reading a book'이 되어 '한 소녀가 책을 읽고 있었다'로 해석되므로 적절하다. whom뒤에는 목적어가 없으므로 선행사를 목적어 자리에 넣으면 'she was reading a girl'이 되어 '그녀가 한 소녀를 읽고 있었다'로 해석되어 어색하다. 따라서 'who was reading a book'이 적절한 정답이다.

STEP 1

어법 선택 [선행사를 체크하시오.]

01 My parents want to meet the students [which I have taught / whom I have taught] for 3 years.

02 Donald is fascinated by a girl [whose he first saw / whom he first saw] on a backpacking trip in Europe.

03 Julia has been working for a long time with countless experts [which she trusts / whom she trusts].

04 Students at ABC Art High School invited Lily, the artist [whom they wanted to meet / where they wanted to meet].

05 Because his son was suffering from severe depression in the accident, he met the counselor [whom his neighbor recommended / when his neighbor recommended].

06 The boy [whom I really had liked / which I really had liked] turned down a date request for fear of not being able to concentrate on his studies.

07 The president [what Ethan had introduced / whom Ethan had introduced] said that I couldn't get a job.

08 People went enthusiastic when the famous actor [which they had been eager to see / whom they had been eager to see] appeared on stage.

09 A criminal [that the police had investigated / whom had investigated the police] hired a lawyer to claim his innocence.

10 Civil servants [which the government wants / whom the government wants] are those who are uncorrupted and who can serve the citizens.

STEP 2

정답 및 해설

01 나의 부모님은 내가 3년 동안 가르쳐온 학생들을 만나고 싶어 하신다.
〔정답〕 whom I have taught [선행사가 the students이므로 사람이고, 뒷 문장에 목적어가 없는 불완전한 문장이 왔으므로 whom을 쓰는 것이 적절하다.]

02 Donald는 유럽 배낭여행에서 본 한 소녀에게 푹 빠져 있다.
〔정답〕 whom he first saw [선행사가 a girl이므로 사람이고, 뒷 문장에 목적어가 없는 불완전한 문장이 왔으므로 whom을 쓰는 것이 적절하다.]

03 Julia는 그녀가 신뢰하고 있는 수많은 전문가들과 오랫동안 일해오고 있다.
〔정답〕 whom she trusts [선행사가 countless experts이므로 사람이고, 뒷 문장에 목적어가 없는 불완전한 문장이 왔으므로 whom을 쓰는 것이 적절하다.]

04 ABC 예술 고등학교 학생들은 그들이 만나고 싶어 했던 예술가인 Lily를 초청했다.
〔정답〕 whom they wanted to meet [선행사가 the artists이므로 사람이고, 뒷 문장에 목적어가 없는 불완전한 문장이 왔으므로 whom을 쓰는 것이 적절하다.]

05 그의 아들이 사고로 인해 극심한 우울증을 겪고 있었기 때문에, 이웃이 추천해준 상담사를 찾아갔다.
〔정답〕 whom his neighbor recommended [선행사가 the counselor이므로 사람이고, 뒷 문장에 목적어가 없는 불완전한 문장이 왔으므로 whom을 쓰는 것이 적절하다.]

06 내가 정말 좋아했던 소년이 학업에 집중하지 못할 수도 있다는 두려움 때문에, 나의 데이트 요청을 거절했다.
〔정답〕 whom I really had liked [선행사가 the boy이므로 사람이고, 뒷 문장에 목적어가 없는 불완전한 문장이 왔으므로 whom을 쓰는 것이 적절하다.]

07 Ethan이 소개해준 회사의 사장님은 내가 취직을 할 수 없다고 말했다.
〔정답〕 whom Ethan had introduced [선행사가 the president이므로 사람이고, 뒷 문장에 목적어가 없는 불완전한 문장이 왔으므로 whom을 쓰는 것이 적절하다.]

08 사람들은 그토록 보기를 원했던 유명 배우가 무대에 나오자 열광했다.
〔정답〕 whom they had been eager to see [선행사가 the famous actor이므로 사람이고, 뒷 문장에 목적어가 없는 불완전한 문장이 왔으므로 whom을 쓰는 것이 적절하다.]

09 경찰이 조사하고 있던 한 범죄자는 자신의 결백을 주장하기 위해 변호사를 고용했다.
〔정답〕 that the police had investigated [선행사가 A criminal이므로 사람이고, 뒷 문장에 목적어가 없는 불완전한 문장을 이끄는 that이 적절하다. whom had investigated the police는 뒤에 목적어가 없어야 하는데 주어가 없으므로 문법적으로 이미 오류가 있다.]

10 정부가 원하는 공무원은 청렴하고, 시민에게 봉사정신을 발휘할 수 있는 사람이다.
〔정답〕 whom the government wants [선행사가 Civil servants이므로 사람이고, 뒷 문장에 목적어가 없는 불완전한 문장이 왔으므로 whom을 쓰는 것이 적절하다.]

STEP 2

밑줄 친 부분 올바르게 고치기 [선행사를 체크하시오.]

01 My parents want to meet the students where I have taught English for 3 years.

02 Donald is fascinated by a girl which he first saw on a backpacking trip in Europe.

03 Julia has been working for a long time with countless experts which she trusts.

04 Students at ABC Art High School invited Lily, the artist whose they wanted to meet.

05 Because his son was suffering from severe depression in the accident, he went to the counselor where his neighbor recommended.

06 The boy when I really had liked turned down a date request for fear of not being able to concentrate on his studies.

07 The president which Ethan had introduced said that I couldn't get a job.

08 People went enthusiastic when the famous actor whose they had been eager to see appeared on stage.

09 A criminal why the police had investigated hired a lawyer to claim his innocence.

10 Civil servants when the government wants are those who are uncorrupted and who can serve the citizens.

STEP 2

정답 및 해설

01 나의 부모님은 내가 3년 동안 가르쳐온 학생들을 만나고 싶어 하신다.
[정답] whom(who, that) I have taught [선행사가 the students이므로 사람이고, 뒷 문장에 목적어가 없는 불완전한 문장이 왔으므로 whom(who, that)을 쓰는 것이 적절하다.]

02 Donald는 유럽 배낭여행에서 본 한 소녀에게 푹 빠져 있다.
[정답] whom(who, that) he first saw [선행사가 a girl이므로 사람이고, 뒷 문장에 목적어가 없는 불완전한 문장이 왔으므로 whom(who, that)을 쓰는 것이 적절하다.]

03 Julia는 그녀가 신뢰하고 있는 수많은 전문가들과 오랫동안 일해오고 있다.
[정답] whom(who, that) she trusts [선행사가 countless experts이므로 사람이고, 뒷 문장에 목적어가 없는 불완전한 문장이 왔으므로 whom(who, that)을 쓰는 것이 적절하다.]

04 ABC 예술 고등학교 학생들은 그들이 만나고 싶어 했던 예술가인 Lily를 초청했다.
[정답] whom(who, that) they wanted to meet [선행사가 the artists이므로 사람이고, 뒷 문장에 목적어가 없는 불완전한 문장이 왔으므로 whom(who, that)을 쓰는 것이 적절하다.]

05 그의 아들이 사고로 인해 극심한 우울증을 겪고 있었기 때문에, 이웃이 추천해준 상담사를 찾아갔다.
[정답] whom(who, that) his neighbor recommended [선행사가 the counselor이므로 사람이고, 뒷 문장에 목적어가 없는 불완전한 문장이 왔으므로 whom(who, that)을 쓰는 것이 적절하다.]

06 내가 정말 좋아했던 소년이 학업에 집중하지 못할 수도 있다는 두려움 때문에, 나의 데이트 요청을 거절했다.
[정답] whom(who, that) I really had liked [선행사가 the boy이므로 사람이고, 뒷 문장에 목적어가 없는 불완전한 문장이 왔으므로 whom(who, that)을 쓰는 것이 적절하다.]

07 Ethan이 소개해준 회사의 사장님은 내가 취직을 할 수 없다고 말했다.
[정답] whom(who, that) Ethan had introduced [선행사가 the president이므로 사람이고, 뒷 문장에 목적어가 없는 불완전한 문장이 왔으므로 whom(who, that)을 쓰는 것이 적절하다.

08 사람들은 그토록 보기를 원했던 유명 배우가 무대에 나오자 열광했다.
[정답] whom(who, that) they had been eager to see [선행사가 the famous actor이므로 사람이고, 뒷 문장에 목적어가 없는 불완전한 문장이 왔으므로 whom(who, that)을 쓰는 것이 적절하다.]

09 경찰이 조사하고 있던 한 범죄자는 자신의 결백을 주장하기 위해 변호사를 고용했다.
[정답] whom(who, that) the police had investigated [선행사가 A criminal이므로 사람이고, 뒷 문장에 목적어가 없는 불완전한 문장이 왔으므로 whom(who, that)을 쓰는 것이 적절하다.]

10 정부가 원하는 공무원은 청렴하고, 시민에게 봉사정신을 발휘할 수 있는 사람이다.
[정답] whom(who, that) the government wants [선행사가 Civil servants이므로 사람이고, 뒷 문장에 목적어가 없는 불완전한 문장이 왔으므로 whom(who, that)을 쓰는 것이 적절하다.]

STEP 3

빈칸 넣기

01 My parents want to meet the students _____ for 3 years.
   (a) who have taught me
   (b) whom I have taught
   (c) where I have taught
   (d) when I have taught them

02 Donald is fascinated by a girl _____ on a backpacking trip in Europe.
   (a) whom he first saw
   (b) when he first saw
   (c) where he first saw
   (d) which he first saw

03 Julia has been working with countless experts _____ for a long time.
   (a) when she trusts
   (b) which she trusts
   (c) whom she trusts
   (d) who she trusts them

04 Students at ABC Art High School invited Lily, the artist _____.
   (a) where they most wanted to meet
   (b) who they most wanted to meet her
   (c) which they most wanted to meet
   (d) whom they most wanted to meet

05 Because his son was suffering from severe depression in the accident, he went to the counselor _____.
   (a) who his neighbor recommended
   (b) which his neighbor recommended
   (c) when his neighbor recommended
   (d) whom recommended her

STEP 3

정답 및 해설

01 나의 부모님은 내가 3년 동안 가르쳐온 학생들을 만나고 싶어 하신다.

정답 (b) [선행사가 the students이므로 사람이고, 뒷 문장에 목적어가 없는 불완전한 문장이 왔으므로 whom을 쓰는 것이 적절하다. (a)의 who는 문법상으로는 오류가 없으나 선행사인 students가 나를 가르친다는 표현이 되어 해석상 어색하다.]

02 Donald는 유럽 배낭여행에서 처음 본 한 소녀에게 푹 빠져 있다.

정답 (a) [선행사가 a girl이므로 사람이고, 뒷 문장에 목적어가 없는 불완전한 문장이 왔으므로 whom을 쓰는 것이 적절하다.]

03 Julia는 그녀가 신뢰하고 있는 수많은 전문가들과 오랫동안 일해오고 있다.

정답 (c) [선행사가 countless experts이므로 사람이고, 뒷 문장에 목적어가 없는 불완전한 문장이 왔으므로 whom을 쓰는 것이 적절하다. (d)의 who는 뒷문장이 완전하여 이미 문법상 오류가 있다.]

04 ABC 예술 고등학교 학생들은 그들이 만나고 싶어 했던 예술가인 Lily를 초청했다.

정답 (d) [선행사가 the artist이므로 사람이고, 뒷 문장에 목적어가 없는 불완전한 문장이 왔으므로 whom을 쓰는 것이 적절하다. (b)의 who는 뒷문장이 완전하여 이미 문법상 오류가 있다.]

05 그의 아들이 사고로 인해 극심한 우울증을 겪고 있었기 때문에, 이웃이 추천해준 상담사를 만났다.

정답 (a) [선행사가 the counselor이므로 사람이고, 뒷 문장에 목적어가 없는 불완전한 문장이 왔으므로 who를 쓰는 것이 적절하다. (d)의 whom은 주어가 없는 불완전한 문장이 왔으므로 이미 문법적으로 오류가 있다.]

STEP 3

빈칸 넣기

06 The boy _____ turned down a date request for fear of not being able to concentrate on his studies.
   (a) when I really had liked
   (b) where I really had liked
   (c) whom I really had liked
   (d) who I really had liked him

07 The president _____ said that I couldn't get a job.
   (a) who Ethan had introduced
   (b) whom Ethan had introduced him
   (c) which Ethan had introduced
   (d) when Ethan had introduced him

08 People went enthusiastic when the famous actor _____ appeared on stage.
   (a) that had been eager to meet
   (b) which they had been eager to meet
   (c) where they had been eager to meet him
   (d) whom they had been eager to meet

09 A criminal _____ hired a lawyer to claim his innocence.
   (a) when the police had investigated
   (b) whom the police had investigated
   (c) where the police had investigated
   (d) which the police had investigated

10 Civil servants _____ are those who are uncorrupted and who can serve the citizens.
   (a) which the government wants
   (b) when the government wants them
   (c) who the government wants
   (d) whom want the government

STEP 3

정답 및 해설

06 내가 정말 좋아했던 소년이 학업에 집중하지 못할 수도 있다는 두려움 때문에, 나의 데이트 요청을 거절했다.
정답 (c) [선행사가 the boy이므로 사람이고, 뒷 문장에 목적어가 없는 불완전한 문장이 왔으므로 whom을 쓰는 것이 적절하다. (d)의 who는 뒷문장이 완전하므로 이미 문법적으로 오류가 있다.]

07 Ethan이 소개해준 회사의 사장님은 내가 취직을 할 수 없다고 말했다.
정답 (a) [선행사가 the president이므로 사람이고, 뒷 문장에 목적어가 없는 불완전한 문장이 왔으므로 who를 쓰는 것이 적절하다. (b)의 whom은 뒷문장이 완전하므로 이미 문법적으로 오류가 있다.]

08 사람들이 그토록 보기를 원했던 유명 배우가 무대에 나오자 열광했다.
정답 (d) [선행사가 the famous actor이므로 사람이고, 뒷 문장에 목적어가 없는 불완전한 문장이 왔으므로 whom을 쓰는 것이 적절하다. (a)의 that은 주어도 없고 목적어도 없으므로 이미 문법적으로 오류가 있다.]

09 경찰이 조사하고 있던 한 범죄자는 자신의 결백을 주장하기 위해 변호사를 고용했다.
정답 (b) [선행사가 A criminal이므로 사람이고, 뒷 문장에 목적어가 없는 불완전한 문장이 왔으므로 whom을 쓰는 것이 적절하다.]

10 정부가 원하는 공무원은 청렴하고, 시민에게 봉사정신을 발휘할 수 있는 사람이다.
정답 (c) [선행사가 Civil servants이므로 사람이고, 뒷 문장에 목적어가 없는 불완전한 문장이 왔으므로 who를 쓰는 것이 적절하다. (d)의 whom은 뒷문장에 주어가 없는 불완전한 문장이 왔으므로 이미 문법적으로 오류가 있다.]

켈리 지텔프 G-POINT 23

사물 선행사 + 뒤에 주어나 목적어 없음 ➡ which, that

관계대명사는 뒷 문장이 불완전하다. 즉 뒷문장에 주어가 존재하지 않거나 목적어가 존재하지 않는다. 주어가 존재하지 않는 경우를 주격 관계대명사라고 하며, 목적어가 존재하지 않는 경우를 목적격 관계대명사라고 부른다. 관계대명사 문제를 풀 때에는 먼저 빈칸 앞에서 선행사를 찾아야 한다. 선행사는 관계사가 수식해주는 명사이다. 빈칸 바로 앞에 있는 명사가 선행사인 경우가 대부분이다. 선행사를 확인하고, 관계대명사 뒷 문장을 확인하자. 만약 선행사가 사물(사람이 아님)이고 뒷 문장에 주어나 목적어가 없다면 G-Point 23을 활용하여 문제를 풀면 된다. 다음 예문을 통해 G-Point 23을 정확히 이해해보자.

> 예문
>
> **I have the book which is interesting.**

위의 예문은 '나는 흥미로운 책을 가지고 있다.'로 해석 된다. 관계대명사 뒷 문장은 'is interesting'으로 주어가 없는 불완전한 문장이다. 또한 선행사는 'the book'이므로 사람이 아닌 사물이다. which 뒷 문장의 주어는 원래 선행사인 the book이었을 것이다. 따라서 G-Point 23을 써서 주격 관계 대명사 'which'를 써준다. 물론 관계 대명사 that도 올 수 있다. 다음 예문도 살펴 보자.

> 예문
>
> **I have the book [which it is interesting / that is interesting].**

선지에 which, that이 둘 다 존재하는 경우에는 문법상 오류가 없고 해석상 적절한 것이 답일 것이다. 따라서 which, that이 함께 선지에 있다면 먼저 문법상 오류가 있는지 확인하고, 오류가 없다면 해석을 통해 적절한 답을 골라야 한다. 위의 예문에서 which는 뒷문장이 완전하여 이미 문법상 오류가 존재하므로 'that is interesting'이 적절하다. 만약 둘 다 문법상 오류가 존재하지 않는다면 그때는 선행사를 넣어 해석을 해보고 해석상 적절한 것을 답으로 고르면 된다. 이는 다음 장에서 목적격 관계대명사를 학습한 후 좀 더 자세히 살펴보도록 하자.

앞서 주격관계대명사를 살펴보았다. 이제는 목적격 관계대명사를 살펴볼 차례이다. 선행사를 확인하고 관계대명사 뒤 문장을 확인하자. 만약 선행사가 사물이고 뒤 문장에 목적어가 없다면 주어가 없는 경우와 마찬가지로 G-Point 23을 활용하여 문제를 풀면 된다. 다음 예문을 통해 정확히 이해해보자.

> **예문**
>
> **I have the book which she likes.**

위의 예문은 '나는 그녀가 좋아하고 있는 책을 가지고 있다'로 해석 된다. 관계대명사 뒷문장은 'she likes'로 목적어가 없는 불완전한 문장이다. 또한 선행사는 the book이므로 사물이다. 따라서 G-Point 23를 활용해 목적격 관계 대명사 which를 써준다. 물론 관계 대명사 that도 올 수 있다. 하지만 한 번 생각해보자. 목적어가 왜 없을까? 그 목적어는 원래 무엇이었을까? 그 목적어는 바로 우리가 처음에 찾은 선행사라는 것도 기억해야 한다. 선행사를 넣어서 해석을 해봐야 하는 경우도 시험 문제에 나올 수 있기 때문이다. 선지에 which, that이 둘 다 존재하는 경우에는 문법상 오류가 없고 해석상 적절한 것이 답일 것이다. which, that이 함께 선지에 있다면 먼저 문법상 오류가 있는지 확인하고, 오류가 없다면 해석을 통해 적절한 답을 골라야 한다. 다음 예문을 살펴보자.

> **예문**
>
> **I have the book [which she likes it / that she likes].**

정답은 무엇일까? which와 that이 동시에 있는데 이럴 경우에는 어떻게 답을 골라야 할까? 위에서 언급한 대로 먼저 문법상 오류가 있는지를 확인해야 한다. 위의 예문에서 which는 관계대명사이기 때문에 뒤에 주어나 목적어가 없어야 하는데, 문장이 완전하다. 따라서 문법적으로 이미 오류가 존재한다는 것을 알 수 있다. 따라서 정답은 'that she likes'가 적절하다. 만약 둘다 문법상 오류가 존재하지 않는다면 그때는 선행사를 넣어 해석을 해보고 해석상 적절한 것을 답으로 고르면 된다. 다음 예문을 살펴보자

> **예문**
>
> **I have the book [which likes her / that she likes].**

위의 예문에서 which는 선행사가 사물이고 뒷문장에 주어가 없는 불완전한 문장이 왔으므로 문법상 오류가 없다. that도 선행사가 사물이고 뒷문장에 목적어가 없는 불완전한 문장이 왔으므로 문법상 오류가 없다. 이때가 바로 해석이 필요한 경우이다. which뒤에 주어가 없으므로 선행사를 주어 자리에 넣으면 'the book likes her'가 되어 '그 책이 그녀를 좋아한다'로 해석되므로 어색하다. that뒤에는 목적어가 없으므로 선행사를 목적어 자리에 넣으면 'she likes the book'이 되어 '그녀가 그 책을 좋아한다' 로 해석되어 적절하다. 따라서 'that she likes'가 정답이다.

STEP 1

어법 선택 [선행사를 체크하시오.]

01 Daniel bought a printer [which looked very old and unusable / what looked very old and unusable] at a secondhand store.

02 The advice [who the professor gave me / which the professor gave me] didn't really help me.

03 Measures [who provide practical help to the elderly / which provide practical help to the elderly] with low income should be taken.

04 The paper [when Lucy had written for 3 days / that Lucy had written for 3 days] disappeared due to a computer glitch.

05 The deforestation is destroying the ecosystem [which has provided the shelter / where has provided the shelter] for a variety of creatures.

06 The laptop [where I bought yesterday / that I bought yesterday] didn't work, so I called a repairman.

07 What are the characteristics of the books [which inspire a variety of artists / when inspire a variety of artists]?

08 Yesterday I searched all over the room to look for the passport [which I had lost / when I had lost], but I couldn't find it.

09 All the lawmakers agreed to enact a law [which it would crack down on theft / that would crack down on theft].

10 The video clip [who the researchers showed / that the researchers showed] made the students laugh..

STEP 1

정답 및 해설

01 Daniel은 중고매장에서 아주 낡아서 사용할 수 없어 보이는 프린터기 하나를 구입했다.
(정답) which looked very old and unusable [선행사가 a printer이므로 사물이고, 뒷 문장에 주어가 없는 불완전한 문장이 왔으므로 which를 쓰는 것이 적절하다.]

02 교수님이 나에게 주었던 충고는 실제로 내게 큰 도움이 되지 않았다.
(정답) which the professor gave me [선행사가 the advice이므로 사물이고, 뒷 문장에 목적어가 없는 불완전한 문장이 왔으므로 which를 쓰는 것이 적절하다. 참고로 give는 목적어를 2개 가질 수 있는데 직접목적어가 없으므로 불완전한 문장이다.]

03 소득이 낮은 노인들에게 실질적인 도움을 제공할 수 있는 조치가 취해져야 한다.
(정답) which provide practical help to the elderly [선행사가 measures이므로 사물이고, 뒷 문장에 주어가 없는 불완전한 문장이 왔으므로 which를 쓰는 것이 적절하다.]

04 Lucy가 3일 동안 작성한 리포트가 컴퓨터의 결함으로 인해 다 사라졌다.
(정답) that Lucy had written for 3 days [선행사가 the paper이므로 사물이고, 뒷 문장에 목적어가 없는 불완전한 문장이 왔으므로 that을 쓰는 것이 적절하다.]

05 벌채가 다양한 생명체에게 안식처를 제공해준 생태계를 파괴하고 있다.
(정답) which has provided shelter [선행사가 the ecosystem이므로 사물이고, 뒷 문장에 주어가 없는 불완전한 문장이 왔으므로 which를 쓰는 것이 적절하다.]

06 어제 구입한 노트북이 작동하지 않아 수리공을 불렀다.
(정답) that I bought yesterday [선행사가 the laptop이므로 사물이고, 뒷 문장에 목적어가 없는 불완전한 문장이 왔으므로 that을 쓰는 것이 적절하다.]

07 많은 예술가들에게 영감을 제공해 준 책의 특징은 무엇일까?
(정답) which inspired a variety of artists [선행사가 the books이므로 사물이고, 뒷 문장에 주어가 없는 불완전한 문장이 왔으므로 which를 쓰는 것이 적절하다.]

08 분실한 여권을 찾기 위해 어제 온 방을 샅샅이 뒤졌지만, 찾을 수가 없었다.
(정답) which I had lost [선행사가 the passport이므로 사물이고, 뒷 문장에 목적어가 없는 불완전한 문장이 왔으므로 which를 쓰는 것이 적절하다.]

09 모든 입법자들은 절도를 엄히 단속할 법령 제정에 동의했다.
(정답) that would crack down on theft [선행사가 a law이므로 사물이고, 뒷 문장에 주어가 없는 불완전한 문장이 왔으므로 that을 쓰는 것이 적절하다. which는 뒷문장이 완전하므로 이미 문법적으로 오류가 있다.]

10 연구자들이 보여준 비디오 영상이 학생들을 웃음 짓게 만들었다.
(정답) that the researchers showed [선행사가 the video clip이므로 사물이고, 뒷 문장에 목적어가 없는 불완전한 문장이 왔으므로 that을 쓰는 것이 적절하다.]

STEP 2

밑줄 친 부분 올바르게 고치기 [선행사를 체크하시오.]

01 Daniel bought a printer who looked very old and unusable at a secondhand store.

02 The advice where the professor gave me didn't really help me.

03 Measures where provide practical help to the elderly with low income should be taken.

04 The paper who Lucy had written for 3 days disappeared due to a computer glitch.

05 The deforestation is destroying the ecosystem whom has provided the shelter for a variety of creatures.

06 The laptop where I bought yesterday didn't work, so I called a repairman.

07 What are the characteristics of the books when inspire a variety of artists?

08 Yesterday I searched all over the room to look for the passport what I had lost, but I couldn't find it.

09 All the lawmakers agreed to enact a law where would crack down on theft.

10 The video clip who the researchers showed made the students laugh.

STEP 2

정답 및 해설

01 Daniel은 중고매장에서 아주 낡아서 사용할 수 없어 보이는 프린터기 하나를 구입했다.
　　정답　which(that) looked very old and unusable [선행사가 a printer이므로 사물이고, 뒷 문장에 주어가 없는 불완전한 문장이 왔으므로 which(that)를 쓰는 것이 적절하다.]

02 교수님이 나에게 주었던 충고는 실제로 내게 큰 도움이 되지 않았다.
　　정답　which(that) the professor gave me [선행사가 the advice이므로 사물이고, 뒷 문장에 목적어가 없는 불완전한 문장이 왔으므로 which(that)를 쓰는 것이 적절하다. 참고로 give는 목적어를 2개 가질 수 있는데 직접목적어가 없으므로 불완전한 문장이다.]

03 소득이 낮은 노인들에게 실질적인 도움을 제공할 수 있는 조치가 취해져야 한다.
　　정답　which(that) provide practical help to the elderly [선행사가 measures이므로 사물이고, 뒷 문장에 주어가 없는 불완전한 문장이 왔으므로 which(that)를 쓰는 것이 적절하다.]

04 Lucy가 3일 동안 작성한 리포트가 컴퓨터의 결함으로 인해 다 사라졌다.
　　정답　which(that) Lucy had written for 3 days [선행사가 the paper이므로 사물이고, 뒷 문장에 목적어가 없는 불완전한 문장이 왔으므로 which(that)을 쓰는 것이 적절하다.]

05 벌채가 다양한 생명체에게 안식처를 제공해준 생태계를 파괴하고 있다.
　　정답　which(that) has provided shelter [선행사가 the ecosystem이므로 사물이고, 뒷 문장에 주어가 없는 불완전한 문장이 왔으므로 which(that)를 쓰는 것이 적절하다.]

06 어제 구입한 노트북이 작동하지 않아, 수리공을 불렀다.
　　정답　which(that) I bought yesterday [선행사가 the laptop이므로 사물이고, 뒷 문장에 목적어가 없는 불완전한 문장이 왔으므로 which(that)를 쓰는 것이 적절하다.]

07 많은 예술가들에게 영감을 제공해 준 책의 특징은 무엇일까?
　　정답　which(that) inspired a variety of artists [선행사가 the books이므로 사물이고, 뒷 문장에 주어가 없는 불완전한 문장이 왔으므로 which(that)를 쓰는 것이 적절하다.]

08 분실한 여권을 찾기 위해 어제 온 방을 샅샅이 뒤졌지만, 찾을 수가 없었다.
　　정답　which(that) I had lost [선행사가 the passport이므로 사물이고, 뒷 문장에 목적어가 없는 불완전한 문장이 왔으므로 which(that)를 쓰는 것이 적절하다.]

09 모든 입법자들은 절도를 엄히 단속할 법령 제정에 동의했다.
　　정답　which(that) would crack down on theft [선행사가 a law이므로 사물이고, 뒷 문장에 주어가 없는 불완전한 문장이 왔으므로 which(that)를 쓰는 것이 적절하다.]

10 연구자들이 보여준 비디오 영상이 학생들을 웃음 짓게 만들었다.
　　정답　which(that) the researchers showed [선행사가 the video clip이므로 사물이고, 뒷 문장에 목적어가 없는 불완전한 문장이 왔으므로 which(that)를 쓰는 것이 적절하다.]

STEP 3

빈칸 넣기

01 Daniel bought a printer _____ at a secondhand store.
  (a) that looked very old and unusable
  (b) which it looked very old and unusable
  (c) where it looked very old and unusable
  (d) when looked very old and unusable

02 The advice _____ didn't really help me.
  (a) who it was given to me
  (b) that the professor gave me the advice
  (c) which the professor gave me
  (d) where the professor gave me the advice

03 Measures _____ with low income should be taken.
  (a) that provide practical help to the elderly
  (b) where they provide practical help to the elderly
  (c) which they provide practical help to the elderly
  (d) when can provide practical help to the elderly

04 The paper _____ disappeared due to a computer glitch.
  (a) which Lucy had written for 3 days
  (b) when Lucy had written it for 3 days
  (c) where Lucy had written it for 3 days
  (d) whom Lucy had written for 3 days

05 The deforestation is destroying the ecosystem _____ for a variety of creatures.
  (a) which it has provided the shelter
  (b) when it has provided the shelter
  (c) that has provided the shelter
  (d) where it has been provided the shelter

STEP 3

정답 및 해설

01 Daniel은 중고매장에서 아주 낡아서 사용할 수 없어 보이는 프린터기 하나를 구입했다.
　　정답　(a) [선행사가 a printer이므로 사물이고, 뒷 문장에 주어가 없는 불완전한 문장이 왔으므로 that을 쓰는 것이 적절하다. (b)의 which는 뒷문장이 완전하므로 이미 문법적으로 오류가 있다.]

02 교수님이 나에게 주었던 충고는 실제로 내게 큰 도움이 되지 않았다.
　　정답　(c) [선행사가 the advice이므로 사물이고, 뒷 문장에 목적어가 없는 불완전한 문장이 왔으므로 which를 쓰는 것이 적절하다. 참고로 give는 목적어를 2개 가질 수 있는데 직접목적어가 없으므로 불완전한 문장이다. (b)의 that은 관계대명사 역할을 해야 하는데 뒷문장이 완전하므로 이미 문법적으로 오류가 있다.]

03 소득이 낮은 노인들에게 실질적인 도움을 제공할 수 있는 조치가 취해져야 한다.
　　정답　(a) [선행사가 Measures이므로 사물이고, 뒷 문장에 주어가 없는 불완전한 문장이 왔으므로 that을 쓰는 것이 적절하다. (c)의 which는 뒷문장이 완전하므로 이미 문법적으로 오류가 있다.]

04 Lucy가 3일 동안 작성한 리포트가 컴퓨터의 결함으로 인해 다 사라졌다.
　　정답　(a) [선행사가 the paper이므로 사물이고, 뒷 문장에 목적어가 없는 불완전한 문장이 왔으므로 which를 쓰는 것이 적절하다.]

05 벌채가 다양한 생명체에게 안식처를 제공해준 생태계를 파괴하고 있다.
　　정답　(c) [선행사가 the ecosystem이므로 사물이고, 뒷 문장에 주어가 없는 불완전한 문장을 이끄는 that을 쓰는 것이 적절하다. (a)의 which는 뒷문장이 완전하므로 이미 문법적으로 오류가 있다.]

STEP 3

빈칸 넣기

06 The laptop _____ didn't work, so I called a repairman.
  (a) which bought me yesterday
  (b) that I bought yesterday
  (c) where I bought yesterday
  (d) when I bought yesterday

07 What are the characteristics of the books _____ ?
  (a) when they inspire a variety of artists
  (b) which inspire a variety of artists
  (c) where they inspire a variety of artists
  (d) that they inspire a variety of artists

08 Yesterday I searched all over the room to look for the passport _____, but I couldn't find it.
  (a) which I had lost it
  (b) who I had lost it
  (c) when I had lost
  (d) that I had lost

09 All the lawmakers agreed to enact a law _____.
  (a) that it would crack down on theft
  (b) when would crack down on theft
  (c) where it would crack down on theft
  (d) which would crack down on theft

10 The video clip _____ made the students laugh.
  (a) which the researchers showed
  (b) where the researchers showed
  (c) who the researchers showed it
  (d) when the researchers showed it

STEP 3

정답 및 해설

06 어제 구입한 노트북이 작동하지 않아, 수리공을 불렀다.

  정답 (b) [선행사가 the laptop이므로 사물이고, 뒷문장에 목적어가 없는 불완전한 문장을 이끄는 that이 적절하다. (a)의 which 뒤에는 주어가 없는데 선행사인 laptop을 주어로 넣어 해석하면 'laptop이 나를 구입했다'라는 어색한 표현이 되므로 부적절하다.]

07 많은 예술가들에게 영감을 제공해 준 책의 특징은 무엇일까?

  정답 (b) [선행사가 the books이므로 사물이고, 뒷 문장에 주어가 없는 불완전한 문장이 왔으므로 which를 쓰는 것이 적절하다. (d)의 that은 관계대명사의 역할을 해야 하는데 뒷문장이 완전하므로 이미 문법적으로 오류가 있다.]

08 분실한 여권을 찾기 위해 어제 온 방을 샅샅이 뒤졌지만, 찾을 수가 없었다.

  정답 (d) [선행사가 the passport이므로 사물이고, 뒷문장에 목적어가 없는 불완전한 문장을 이끄는 that이 적절하다. (a)의 which는 뒷문장이 완전한 상태이므로 이미 문법적으로 오류가 있다.]

09 모든 입법자들은 절도를 엄히 단속할 법령 제정에 동의했다.

  정답 (d) [선행사가 a law이므로 사물이고, 뒷 문장에 주어가 없는 불완전한 문장이 왔으므로 which를 쓰는 것이 적절하다. (a)의 that은 관계대명사의 역할을 해야 하는데 뒷문장이 완전하므로 이미 문법적으로 오류가 있다.]

10 연구자들이 보여준 비디오 영상이 학생들을 웃음 짓게 만들었다.

  정답 (a) [선행사가 the video clip이므로 사물이고, 뒷 문장에 목적어가 없는 불완전한 문장이 왔으므로 which를 쓰는 것이 적절하다.]

켈리 지텔프 G-POINT 24

> 선행사 존재 (뒤에 나오는 주어와 소유의 관계) + 뒷문장 완전 ➡ whose

소유격 관계대명사의 특징을 정리하면 다음과 같다.
① 선행사가 뒤에 나오는 주어와 소유의 관계이므로 선행사에 '~의'를 붙여 해석하면 자연스럽다.
② 소유격 관계대명사 whose 뒤에는 소유격(my, your, his, her, its, our, your, their) 의 형태가 존재하지 않지만, 뒷문장은 완전하거나 완전한 것처럼 보인다.

다음 예문을 살펴보자.

예문

I know a girl whose computer is expensive.

위 예문은 '나는 한 소녀를 안다 / 그 소녀의 컴퓨터는 비싸다'로 해석된다.

① 선행사는 a girl이며 whose 뒤에 나오는 주어 computer와 소유의 관계이다. 따라서 girl에 '~의'를 붙여 '그녀의 컴퓨터'라고 해석하면 자연스럽다.
② 뒷 문장에 주어(computer), 동사(is), 주격보어(expensive)가 나와 문장이 완전한 것처럼 보인다.

완전한 것처럼 보인다고 한 것은 사실은 완전하지 않을 수도 있다는 것을 의미한다. 영어에서는 computer처럼 셀 수 있는 명사에는 관사(a, the)나 소유격 등을 붙여야 한다. 즉, computer만 단독으로 쓸 수 없다. 따라서 her computer 등으로 써야 하는데 그렇게 쓰지 않았으므로 사실 whose 뒷 문장은 불완전하다고 할 수 있다.
단, 수험생들이 그것까지 판단하지 않아도 된다. 우리는 whose 뒷 문장은 그냥 완전하다고 가정할 것이다.
정리하면 소유의 관계인 선행사가 존재하고 뒷문장이 완전하면 whose가 정답이다.

STEP 1

어법 선택 [선행사를 체크하시오.]

01 I know a smart doctor [who / whose] house is big.

02 Rachel likes a boy [whom / whose] name is unknown.

03 They provide support for people [whose / who] suffer financial difficulties.

04 A boy [whose / which] dog disappeared 3 years ago says that he will continue to look for him.

05 A man [whose / who] luggage was stolen while traveling on the train visited a police station.

06 We need tiles [which / whose] length and breadth are 5 cm and 7 cm to tile the floor.

07 An island nation [whose / that] has experienced environmental problems will offer several environmental conservation projects.

08 One of the largest car companies in the world will provide compensation to a buyer [whose / which] car has been affected by engine problems.

09 Do you want to become a communication expert [who / whose] can help others overcome adversity?

10 Experts say that teenagers [who / whose] parents are smokers tend to choose to try e-cigarettes.

STEP 1

정답 및 해설

01 나는 한 의사를 아는데 그의 집은 크다.
  (정답) whose [뒷문장이 완전하고 선행사가 관계사의 주어와 소유의 관계이므로 whose가 적절하다.]

02 Rachel은 이름을 알 수 없는 소년을 좋아한다.
  (정답) whose [뒷문장이 완전하고 선행사가 관계사의 주어와 소유의 관계이므로 whose가 적절하다.]

03 그들은 경제적인 어려움을 겪는 사람들을 지원한다.
  (정답) who [뒷문장에 주어가 없는 불완전한 문장이 왔고 선행사가 사람이므로 who가 적절하다.]

04 3년 전에 강아지가 사라진 한 소년은 계속해서 강아지를 찾을 것이라고 말한다.
  (정답) whose [뒷문장이 완전하고 선행사가 관계사의 주어와 소유의 관계이므로 whose가 적절하다.]

05 기차 안에서 여행 중에 짐을 도난당한 남자가 경찰서를 방문했다.
  (정답) whose [뒷문장이 완전하고 선행사가 관계사의 주어와 소유의 관계이므로 whose가 적절하다.]

06 우리는 바닥에 타일을 깔기 위해 길이와 폭이 5cm와 7cm인 타일이 필요하다.
  (정답) whose [뒷문장이 완전하고 선행사가 관계사의 주어와 소유의 관계이므로 whose가 적절하다.]

07 환경 문제를 겪고 있는 한 섬나라가 몇 가지 환경 보호 프로젝트를 제공할 것이다.
  (정답) that [뒷문장에 주어가 없는 불완전한 문장이 왔고 선행사가 사물이므로 which가 적절하다.]

08 세계에서 가장 큰 자동차 회사 중 하나가 엔진 문제로 인해 차에 영향을 받은 구매자에게 보상을 제공할 것이다.
  (정답) whose [뒷문장이 완전하고 선행사가 관계사의 주어와 소유의 관계이므로 whose가 적절하다.]

09 당신은 다른 사람들이 역경을 극복하도록 도울 수 있는 의사소통 전문가가 되고 싶나요?
  (정답) who [뒷문장에 주어가 없는 불완전한 문장이 왔고 선행사가 사람이므로 who가 적절하다.]

10 전문가들은 부모가 흡연자인 10대들이 전자담배를 시도하는 경향이 있다고 말한다.
  (정답) whose [뒷문장이 완전하고 선행사가 관계사의 주어와 소유의 관계이므로 whose가 적절하다.]

STEP 2

밑줄 친 부분 올바르게 고치기 [선행사를 체크하시오.]

01 I know a smart doctor who house is big.

02 Rachel likes a boy whom name is unknown.

03 They provide support for people whose suffer financial difficulties.

04 A boy who dog disappeared 3 years ago says that he will continue to look for him.

05 A man who luggage was stolen while traveling on the train visited a police station.

06 We need tiles which length and breadth are 5 cm and 7 cm to tile the floor.

07 An island nation whose has experienced environmental problems will offer several environmental conservation projects.

08 One of the largest car companies in the world will provide compensation to a buyer who car has been affected by engine problems.

09 Do you want to become a communication expert whose can help others overcome adversity?

10 Experts say that teenagers who parents are smokers tend to choose to try e-cigarettes.

STEP 2

정답 및 해설

01 나는 한 의사를 아는데 그의 집은 크다.
　　(정답) whose house is big [뒷문장이 완전하고 선행사가 관계사의 주어와 소유의 관계이므로 whose를 쓰는 것이 적절하다.]

02 Rachel은 이름을 알 수 없는 소년을 좋아한다.
　　(정답) whose name is unknown [뒷문장이 완전하고 선행사가 관계사의 주어와 소유의 관계이므로 whose를 쓰는 것이 적절하다.]

03 그들은 경제적인 어려움을 겪는 사람들을 지원한다.
　　(정답) who(that) suffer financial difficulties [뒷문장에 주어가 없는 불완전한 문장이 왔고 선행사가 사람이므로 who(that)을 쓰는 것이 적절하다.]

04 3년 전에 강아지가 사라진 한 소년은 계속해서 강아지를 찾을 것이라고 말한다.
　　(정답) whose dog disappeared [뒷문장이 완전하고 선행사가 관계사의 주어와 소유의 관계이므로 whose를 쓰는 것이 적절하다.]

05 기차 안에서 여행 중에 짐을 도난당한 남자가 경찰서를 방문했다.
　　(정답) whose luggage was stolen [뒷문장이 완전하고 선행사가 관계사의 주어와 소유의 관계이므로 whose를 쓰는 것이 적절하다.]

06 우리는 바닥에 타일을 깔기 위해 길이와 폭이 5cm와 7cm인 타일이 필요하다.
　　(정답) whose length and breadth are 5 cm and 7 cm [뒷문장이 완전하고 선행사가 관계사의 주어와 소유의 관계이므로 whose를 쓰는 것이 적절하다.]

07 환경 문제를 겪고 있는 한 섬나라가 몇 가지 환경 보호 프로젝트를 제공할 것이다.
　　(정답) which(that) has experienced environmental problems [뒷문장에 주어가 없는 불완전한 문장이 왔고 선행사가 사물이므로 which(that)을 쓰는 것이 적절하다.]

08 세계에서 가장 큰 자동차 회사 중 하나가 엔진 문제로 인해 차에 영향을 받은 구매자에게 보상을 제공할 것이다.
　　(정답) whose car has been affected [뒷문장이 완전하고 선행사가 관계사의 주어와 소유의 관계이므로 whose를 쓰는 것이 적절하다.]

09 당신은 다른 사람들이 역경을 극복하도록 도울 수 있는 의사소통 전문가가 되고 싶나요?
　　(정답) who(that) can help others overcome adversity [뒷문장에 주어가 없는 불완전한 문장이 왔고 선행사가 사람이므로 who(that)을 쓰는 것이 적절하다.]

10 전문가들은 부모가 흡연자인 10대들이 전자담배를 시도하는 경향이 있다고 말한다.
　　(정답) whose parents are smokers [뒷문장이 완전하고 선행사와 소유의 관계이므로 whose를 쓰는 것이 적절하다.]

STEP 3

빈칸 넣기

01 I know a smart doctor _____.

  (a) who house is big
  (b) which house is big
  (c) whose house is big
  (d) whom house is big

02 Rachel likes a boy _____.

  (a) whose name is unknown
  (b) who name is unknown
  (c) that name is unknown
  (d) which name is unknown

03 They provide support for people _____.

  (a) whose suffer financial difficulties
  (b) which suffer financial difficulties
  (c) whom suffer financial difficulties
  (d) who suffer financial difficulties

04 A boy _____ says that he will continue to look for him.

  (a) who disappeared 3 years ago
  (b) who dog disappeared 3 years ago
  (c) which dog disappeared 3 years ago
  (d) whose dog disappeared 3 years ago

05 A man _____ while traveling on the train visited a police station.

  (a) whose luggage was stolen
  (b) who luggage was stolen
  (c) which luggage was stolen
  (d) whom luggage was stolen

STEP 3

정답 및 해설

01 나는 한 의사를 아는데 그의 집은 크다.
정답 (c) [뒷문장이 완전하고 선행사가 관계사의 주어와 소유의 관계이므로 whose가 적절하다.]

02 Rachel은 이름을 알 수 없는 소년을 좋아한다.
정답 (a) [뒷문장이 완전하고 선행사가 관계사의 주어와 소유의 관계이므로 whose가 적절하다.]

03 그들은 경제적인 어려움을 겪는 사람들을 지원한다.
정답 (d) [뒷문장에 주어가 없는 불완전한 문장이 왔고 선행사가 사람이므로 who가 적절하다.]

04 3년 전에 강아지가 사라진 한 소년은 계속해서 강아지를 찾을 것이라고 말한다.
정답 (d) [뒷문장이 완전하고 선행사가 관계사의 주어와 소유의 관계이므로 whose가 적절하다.]

05 기차 안에서 여행 중에 짐을 도난당한 남자가 경찰서를 방문했다.
정답 (a) [뒷문장이 완전하고 선행사가 관계사의 주어와 소유의 관계이므로 whose가 적절하다.]

STEP 3

빈칸 넣기

06 We need tiles _____ to tile the floor.
- (a) who length and breadth are 5 cm and 7 cm
- (b) which length and breadth are 5 cm and 7 cm
- (c) whose length and breadth are 5 cm and 7 cm
- (d) that length and breadth are 5 cm and 7 cm

07 An island nation _____ will offer several environmental conservation projects.
- (a) that has experienced environmental problems
- (b) who has experienced environmental problems
- (c) where has experienced environmental problems
- (d) whose has experienced environmental problems

08 One of the largest car companies in the world will provide compensation to a buyer _____ by engine problems.
- (a) who car has been affected
- (b) which car has been affected
- (c) whom car has been affected
- (d) whose car has been affected

09 Do you want to become a communication expert _____?
- (a) whose can help others overcome adversity
- (b) who can help others overcome adversity
- (c) which can help others overcome adversity
- (d) whom can help others overcome adversity

10 Experts say that teenagers _____ tend to choose to try e-cigarettes.
- (a) whose parents are smokers
- (b) who parents are smokers
- (c) which parents are smokers
- (d) whom are smokers

STEP 3

정답 및 해설

06 우리는 바닥에 타일을 깔기 위해 길이와 폭이 5cm와 7cm인 타일이 필요하다.
  정답 (c) [뒷문장이 완전하고 선행사가 관계사의 주어와 소유의 관계이므로 whose를 쓰는 것이 적절하다.]

07 환경 문제를 겪고 있는 한 섬나라가 몇 가지 환경 보호 프로젝트를 제공할 것이다.
  정답 (a) [뒷문장에 주어가 없는 불완전한 문장이 왔고 선행사가 사물이므로 which(that)을 쓰는 것이 적절하다.]

08 세계에서 가장 큰 자동차 회사 중 하나가 엔진 문제로 인해 차에 영향을 받은 구매자에게 보상을 제공할 것이다.
  정답 (d) [뒷문장이 완전하고 선행사가 관계사의 주어와 소유의 관계이므로 whose를 쓰는 것이 적절하다.]

09 당신은 다른 사람들이 역경을 극복하도록 도울 수 있는 의사소통 전문가가 되고 싶나요?
  정답 (b) [뒷문장에 주어가 없는 불완전한 문장이 왔고 선행사가 사람이므로 who(that)을 쓰는 것이 적절하다.]

10 전문가들은 부모가 흡연자인 10대들이 전자담배를 시도하는 경향이 있다고 말한다.
  정답 (a) [뒷문장이 완전하고 선행사가 관계사의 주어와 소유의 관계이므로 whose를 쓰는 것이 적절하다.]

켈리 지텔프 G-POINT 25

> , 뒤 ➡ that은 답에서 소거

관계대명사에는 계속적 용법이 있다. , 뒤에 나오면 계속적 용법이라고 한다. , 가 없으면 제한적 용법이라고 부르며, 각각의 용법은 차이가 존재한다. 하지만 그런 차이를 묻는 문제가 지텔프에 나올 가능성은 낮기 때문에 , 가 존재하면 계속적 용법이라는 것만 알면 된다. 차이를 궁금해 하는 독자들을 위해 간단히 설명을 하겠지만, 시간이 없다면 스킵해도 상관없다. 다음 예문을 살펴보자.

예문

I have two books which are interesting.

위의 예문은 '나는 흥미로운 두권의 책을 가지고 있다.'로 해석된다. 흥미롭다는 것은 나의 두권의 책으로 제한이 되어 있다. 쉽게 말하면, 흥미롭지 않은 책이 있을 수도 있다는 것이다. 즉, 책이 몇권인지는 불분명하다. 또 다른 예문을 살펴보자.

예문

I have two books, which are interesting.

위의 예문은 '나는 두권의 책이 있는데, 그 책은 흥미롭다.'로 해석된다. 책이 총 두권이고, 그 책 모두 흥미롭다는 것이다. 즉, 내가 가진 책은 두권이다. 계속적 용법과 제한적 용법의 차이는 바로 이것이다. 하지만 시험에서 이것을 묻지는 않는다. 중요한 것은 관계대명사의 계속적 용법, 즉 , 뒤에는 관계대명사 that을 쓸 수 없다는 것이다. 따라서 , 뒤에 빈칸이 있다면 that을 쓰지 않도록 주의해야 한다. 다음 예문을 통해 G-Point 25를 정확히 이해해보자.

예문

I have the books, [which are interesting / that are interesting].

계속적 용법으로 that은 쓸 수 없으므로 'which are interesting'이 정답이다.

STEP 1

어법 선택

01 The professor came up with two solutions, [that were enough to appeal to me / which were enough to appeal to me].

02 Kelly was offered a job in a company, [where is very large in Korea / which is very large in Korea].

03 Maya bought three books, [which gave her a chance / when gave her a chance] to rethink the way of life.

04 Teenagers are participating in programs, [that will make them healthier / which will make them healthier].

05 When visiting Cairo, I bought a variety of things, [where are rare things / which are rare things] anyone can't find in Korea.

06 You need to have good communication skills, [that are very useful / which are very useful] in doing business.

07 After quitting the job, I've been watching TV dramas, [where are very popular among women / which are very popular among women].

08 A famous cook opened his own unique recipe, [which is easy to follow / when is easy to follow].

09 Jenny has been writing a novel, [that is based on a true story / which is based on a true story].

10 Harry has a nickname, [where is related to his good looks / which is related to his good looks].

STEP 1

정답 및 해설

01 교수님은 두 가지 해결책을 생각해 내셨는데, 그것들은 나의 마음을 끌기에 충분했다.
　정답 which [선행사가 two solutions이므로 사물이고, 뒷 문장에 주어가 없는 불완전한 문장이 왔으므로 관계대명사가 와야 하는데 ,가 있으므로 관계대명사 which를 써야한다.]

02 Kelly는 얼마 전 한 회사에서 일자리를 제안 받았는데, 그 회사는 한국에서 규모가 상당히 크다.
　정답 which [선행사가 a company이므로 사물이고, 뒷 문장에 주어가 없는 불완전한 문장이 왔으므로 관계대명사가 와야 하는데 ,가 있으므로 관계대명사 which를 써야한다.]

03 Maya는 3권의 책을 샀는데, 그 책은 그녀에게 삶의 방향에 대해 다시 한 번 생각할 기회를 제공해주었다.
　정답 which [선행사가 books이므로 사물이고, 뒷 문장에 주어가 없는 불완전한 문장이 왔으므로 관계대명사가 와야 하는데 ,가 있으므로 관계대명사 which를 써야한다.]

04 청소년들이 프로그램에 참가하고 있는데, 그 프로그램은 청소년들을 더 건강하게 만들어 줄 것이다.
　정답 which [선행사가 programs이므로 사물이고, 뒷 문장에 주어가 없는 불완전한 문장이 왔으므로 관계대명사가 와야 하는데 ,가 있으므로 관계대명사 which를 써야한다.]

05 카이로를 방문했을 때 물건을 샀는데, 이것은 한국에서는 찾을 수 없는 드문 것이다.
　정답 which [선행사가 a variety of things이므로 사물이고, 뒷 문장에 주어가 없는 불완전한 문장이 왔으므로 관계대명사가 와야 하는데 ,가 있으므로 관계대명사 which를 써야한다.]

06 당신은 적절한 의사소통 기술을 배울 필요가 있는데, 이것은 사업을 하는데 매우 유용하다.
　정답 which [선행사가 communication skills이므로 사물이고, 뒷 문장에 주어가 없는 불완전한 문장이 왔으므로 관계대명사가 와야 하는데 ,가 있으므로 관계대명사 which를 써야한다.]

07 직장을 그만 둔 후, TV 드라마를 보고 있는데, 이 드라마는 여성들 사이에서 인기가 아주 많다.
　정답 which [선행사가 TV dramas이므로 사물이고, 뒷 문장에 주어가 없는 불완전한 문장이 왔으므로 관계대명사가 와야 하는데 ,가 있으므로 관계대명사 which를 써야한다.]

08 한 유명 요리사가 자신의 독특한 조리법을 공개했는데, 이것은 따라 하기 쉽다.
　정답 which [선행사가 recipe이므로 사물이고, 뒷 문장에 주어가 없는 불완전한 문장이 왔으므로 관계대명사가 와야 하는데 ,가 있으므로 관계대명사 which를 써야한다.]

09 Jenny는 소설을 쓰고 있는데, 그 소설은 실화를 바탕으로 한다.
　정답 which [선행사가 a novel이므로 사물이고, 뒷 문장에 주어가 없는 불완전한 문장이 왔으므로 관계대명사가 와야 하는데 ,가 있으므로 관계대명사 which를 써야한다.]

10 Harry는 별명이 있는데, 이것은 그의 멋진 외모와 관련된 것이다.
　정답 which [선행사가 a nickname이므로 사물이고, 뒷 문장에 주어가 없는 불완전한 문장이 왔으므로 관계대명사가 와야 하는데 ,가 있으므로 관계대명사 which를 써야한다.]

STEP 2

밑줄 친 부분 올바르게 고치기

01 The professor came up with two solutions, that were enough to appeal to me.

02 Kelly was offered a job in a company, that is very large in Korea.

03 Maya bought three books, where gave her a chance to rethink the way of life.

04 Teenagers are participating in programs, when will make them healthier.

05 When visiting Cairo, I bought a variety of things, that are rare things anyone can't find in Korea.

06 You need to have good communication skills, where are very useful in doing business.

07 After quitting the job, I've been watching TV dramas, that are very popular among women.

08 A famous cook opened his own unique recipe, where is easy to follow.

09 Jenny has been writing a novel, where is based on a true story.

10 Harry has a nickname, that is related to his good looks.

STEP 2

정답 및 해설

01 교수님은 두 가지 해결책을 생각해 내셨는데, 그것들은 나의 마음을 끌기에 충분했다.
  (정답) which [선행사가 two solutions이므로 사물이고, 뒷 문장에 주어가 없는 불완전한 문장이 왔으므로 관계대명사가 와야 하는데 ,가 있으므로 관계대명사 which를 써야한다.]

02 Kelly는 얼마 전 한 회사에서 일자리를 제안 받았는데, 그 회사는 한국에서 규모가 상당히 크다.
  (정답) which [선행사가 a company이므로 사물이고, 뒷 문장에 주어가 없는 불완전한 문장이 왔으므로 관계대명사가 와야 하는데 ,가 있으므로 관계대명사 which를 써야한다.]

03 Maya는 3권의 책을 샀는데, 그 책은 그녀에게 삶의 방향에 대해 다시 한 번 생각할 기회를 제공해주었다.
  (정답) which [선행사가 books이므로 사물이고, 뒷 문장에 주어가 없는 불완전한 문장이 왔으므로 관계대명사가 와야 하는데 ,가 있으므로 관계대명사 which를 써야한다.]

04 청소년들이 프로그램에 참가하고 있는데, 그 프로그램은 청소년들을 더 건강하게 만들어 줄 것이다.
  (정답) which [선행사가 programs이므로 사물이고, 뒷 문장에 주어가 없는 불완전한 문장이 왔으므로 관계대명사가 와야 하는데 ,가 있으므로 관계대명사 which를 써야한다.]

05 카이로를 방문했을 때 물건을 샀는데, 이것은 한국에서는 찾을 수 없는 드문 것이다.
  (정답) which [선행사가 a variety of things이므로 사물이고, 뒷 문장에 주어가 없는 불완전한 문장이 왔으므로 관계대명사가 와야 하는데 ,가 있으므로 관계대명사 which를 써야한다.]

06 당신은 적절한 의사소통 기술을 배울 필요가 있는데, 이것은 사업을 하는데 매우 유용하다.
  (정답) which [선행사가 communication skills이므로 사물이고, 뒷 문장에 주어가 없는 불완전한 문장이 왔으므로 관계대명사가 와야 하는데 ,가 있으므로 관계대명사 which를 써야한다.]

07 직장을 그만 둔 후, TV 드라마를 보고 있는데, 이 드라마는 여성들 사이에서 인기가 아주 많다.
  (정답) which [선행사가 TV dramas이므로 사물이고, 뒷 문장에 주어가 없는 불완전한 문장이 왔으므로 관계대명사가 와야 하는데 ,가 있으므로 관계대명사 which를 써야한다.]

08 한 유명 요리사가 자신의 독특한 조리법을 공개했는데, 이것은 따라 하기 쉽다.
  (정답) which [선행사가 recipe이므로 사물이고, 뒷 문장에 주어가 없는 불완전한 문장이 왔으므로 관계대명사가 와야 하는데 ,가 있으므로 관계대명사 which를 써야한다.]

09 Jenny는 소설을 쓰고 있는데, 그 소설은 실화를 바탕으로 한다.
  (정답) which [선행사가 a novel이므로 사물이고, 뒷 문장에 주어가 없는 불완전한 문장이 왔으므로 관계대명사가 와야 하는데 ,가 있으므로 관계대명사 which를 써야한다.]

10 Harry는 별명이 있는데, 이것은 그의 멋진 외모와 관련된 것이다.
  (정답) which [선행사가 a nickname이므로 사물이고, 뒷 문장에 주어가 없는 불완전한 문장이 왔으므로 관계대명사가 와야 하는데 ,가 있으므로 관계대명사 which를 써야한다.]

STEP 3

빈칸 넣기

01 The professor came up with two solutions, _____.

    (a) that were enough to appeal to me
    (b) which were enough to appeal to me
    (c) where they were enough to appeal to me
    (d) who were enough to appeal to me

02 Kelly was offered a job in a company, _____.

    (a) where it is very large in Korea
    (b) when is very large in Korea
    (c) who she is very large in Korea
    (d) which is very large in Korea

03 Maya bought three books, _____ to rethink the way of life.

    (a) that gave her a chance
    (b) who it gave her a chance
    (c) which gave her a chance
    (d) where it gave her a chance

04 Teenagers are participating in programs, _____.

    (a) that they will make them healthier
    (b) which will make them healthier
    (c) where they will make them healthier
    (d) when will make them healthier

05 When visiting Cairo, I bought a variety of things, _____ anyone can't find in Korea.

    (a) which are rare things
    (b) who they are rare things
    (c) that are rare things
    (d) where they are rare things

STEP 3

정답 및 해설

01 교수님은 두 가지 해결책을 생각해 내셨는데, 그것들은 나의 마음을 끌기에 충분했다.
　　정답 (b) [선행사가 two solutions이므로 사물이고, 뒷 문장에 주어가 없는 불완전한 문장이 왔으므로 관계대명사가 와야 하는데 ,가 있으므로 관계대명사 which를 써야한다.]

02 Kelly는 얼마 전 한 회사에서 일자리를 제안 받았는데, 그 회사는 한국에서 규모가 상당히 크다.
　　정답 (d) [선행사가 a company이므로 사물이고, 뒷 문장에 주어가 없는 불완전한 문장이 왔으므로 관계대명사가 와야 하는데 ,가 있으므로 관계대명사 which를 써야한다.]

03 Maya는 3권의 책을 샀는데, 그 책은 그녀에게 삶의 방향에 대해 다시 한 번 생각할 기회를 제공해주었다.
　　정답 (c) [선행사가 books이므로 사물이고, 뒷 문장에 주어가 없는 불완전한 문장이 왔으므로 관계대명사가 와야 하는데 ,가 있으므로 관계대명사 which를 써야한다.]

04 청소년들이 프로그램에 참가하고 있는데, 그 프로그램은 청소년들을 더 건강하게 만들어 줄 것이다.
　　정답 (b) [선행사가 programs이므로 사물이고, 뒷 문장에 주어가 없는 불완전한 문장이 왔으므로 관계대명사가 와야 하는데 ,가 있으므로 관계대명사 which를 써야한다.]

05 카이로를 방문했을 때 물건을 샀는데, 이것은 한국에서는 찾을 수 없는 드문 것이다.
　　정답 (a) [선행사가 a variety of things이므로 사물이고, 뒷 문장에 주어가 없는 불완전한 문장이 왔으므로 관계대명사가 와야 하는데 ,가 있으므로 관계대명사 which를 써야한다.]

STEP 3

빈칸 넣기

06 You need to have good communication skills, _____ in doing business.

   (a) where they are very useful
   (b) when they are very useful
   (c) who you are very useful
   (d) which are very useful

07 After quitting the job, I've been watching TV dramas, _____.

   (a) which are very popular among women
   (b) that are very popular among women
   (c) who I am very popular among women
   (d) when they are very popular among women

08 A famous cook opened his own unique recipe, _____.

   (a) who he is easy to follow
   (b) where is is easy to follow
   (c) which is easy to follow
   (d) that is easy to follow

09 Jenny has been writing a novel, _____.

   (a) where it is based on a true story
   (b) which is based on a true story
   (c) who she is based on a true story
   (d) that is based on a true story

10 Harry has a nickname, _____ his good looks.

   (a) that is related to
   (b) which is related to
   (c) who he is related to
   (d) when it is related to

STEP 3

정답 및 해설

06 당신은 적절한 의사소통 기술을 배울 필요가 있는데, 이것은 사업을 하는데 매우 유용하다.
정답 (d) [선행사가 communication skills이므로 사물이고, 뒷 문장에 주어가 없는 불완전한 문장이 왔으므로 관계대명사가 와야 하는데 ,가 있으므로 관계대명사 which를 써야한다.]

07 직장을 그만 둔 후, TV 드라마를 보고 있는데, 이 드라마는 여성들 사이에서 인기가 아주 많다.
정답 (a) [선행사가 TV dramas이므로 사물이고, 뒷 문장에 주어가 없는 불완전한 문장이 왔으므로 관계대명사가 와야 하는데 ,가 있으므로 관계대명사 which를 써야한다.]

08 한 유명 요리사가 자신의 독특한 조리법을 공개했는데, 이것은 따라 하기 쉽다.
정답 (c) [선행사가 recipe이므로 사물이고, 뒷 문장에 주어가 없는 불완전한 문장이 왔으므로 관계대명사가 와야 하는데 ,가 있으므로 관계대명사 which를 써야한다.]

09 Jenny는 소설을 쓰고 있는데, 그 소설은 실화를 바탕으로 한다.
정답 (b) [선행사가 a novel이므로 사물이고, 뒷 문장에 주어가 없는 불완전한 문장이 왔으므로 관계대명사가 와야 하는데 ,가 있으므로 관계대명사 which를 써야한다.]

10 Harry는 별명이 있는데, 이것은 그의 멋진 외모와 관련된 것이다.
정답 (b) [선행사가 a nickname이므로 사물이고, 뒷 문장에 주어가 없는 불완전한 문장이 왔으므로 관계대명사가 와야 하는데 ,가 있으므로 관계대명사 which를 써야한다.]

켈리지텔프
G-POINT
33

켈리 지텔프 G-POINT 26

> 뒷문장 완전 + 선행사가 장소나 때인 경우 ➡ 관계부사 (where, when)

시험에서는 관계대명사와 더불어 관계부사도 출제된다. 관계부사는 장소와 관련된 where과 때와 관련된 when을 알고 있어야 한다. 관계대명사와의 가장 큰 차이점은 뒷문장이 완전하다는 것이다. 관계대명사는 뒷 문장에 주어나 목적어가 없는 불완전한 문장이 오는 반면, 관계 부사는 뒷 문장에 완전한 문장이 온다. 다음 예문을 통해 G-Point 26을 정확히 이해해보자.

예문

I live in a house [which / where] is gorgeous.

뒷 문장에는 주어가 없는 불완전한 문장이 왔으므로 G-Point 23에서 학습한대로 관계대명사인 which를 쓰는 것이 적절하다. 하지만 다음을 살펴보자.

예문

This is the cafe [which / where] I met him.

이 경우에는 뒷문장에 주어와 동사를 갖춘 완전한 문장이 왔고, 선행사가 장소를 나타내는 cafe이므로 where을 쓰는 것이 적절하다.

STEP 1

어법 선택 [선행사를 체크하시오.]

01 Recently, a number of caves were discovered in a city [which ancient people had lived / where ancient people had lived].

02 There is a beautiful building [where an exhibition is held every week / when an exhibition is held every week].

03 An organization [who Jason had volunteered to help the poor / where Jason had volunteered to help the poor] decided to go to Africa.

04 Kelly still vividly remembers the day [when she first met Ethan / which she first met Ethan].

05 The company [what Monica had worked / where Monica had worked] for more than 10 years went bankrupt and was shut down.

06 Phebe used to go to the a cafeteria [which homeless people could eat for free / where homeless people could eat for free].

07 Recently a lot of new applications [where consumers can do useful work / which consumers can do useful work] have been developed.

08 There was a time [when blacks couldn't vote / where blacks couldn't vote].

09 April Fool's Day is a special day [which people play tricks on others / when people play tricks on others].

10 I found a fancy restaurant [whom a rock band performs live / where a rock band performs live] every night.

STEP 1

정답 및 해설

01 최근 한 도시에서 고대 사람들이 살았던 동굴들이 무더기로 발견되었다.
（정답） where [선행사가 a city이므로 장소이고, 뒷문장이 완전하므로 관계부사 where이 적절하다. live는 자동사이므로 원래 목적어가 없다.]

02 예쁜 건물이 하나 있는데 거기에서 매주 전시회가 열린다.
（정답） where [선행사가 a beautiful building이므로 장소이고, 뒷문장이 완전하므로 관계부사 where이 적절하다.]

03 Jason이 어려운 사람들을 돕기위해 자원봉사하고 있는 한 단체가 아프리카에 가기로 결정했다.
（정답） where [선행사가 an organization이므로 장소이고, 뒷문장이 완전하므로 관계부사 where이 적절하다.]

04 Kelly는 Ethan과 처음 만났던 그 날을 아직도 생생하게 기억하고 있다.
（정답） when [선행사가 the day이므로 때이고, 뒷문장이 완전하므로 관계부사 when이 적절하다.]

05 Monica가 10년을 넘게 일해 왔던 그 회사가 파산하여 문을 닫게 되었다.
（정답） where [선행사가 the company이므로 장소이고, 뒷문장이 완전하므로 관계부사 where이 적절하다. work는 자동사이므로 원래 목적어가 없다.]

06 Phebe는 노숙자들이 무료로 밥을 먹을 수 있는 식당에 가곤 했었다.
（정답） where [선행사가 a cafeteria이므로 장소이고, 뒷문장이 완전하므로 관계부사 where이 적절하다. eat은 목적어가 있을 수도 있고(타동사), 없을 수도 있는데(자동사) 목적어가 있었다면 선행사가 목적어 였을 것이다. a cafeteria가 선행사인데, 식당을 먹는 것은 문맥상 어색하므로 eat을 자동사로 보는 것이 적절하다. 따라서 원래 목적어가 없으므로 문장은 완전하다고 봐야 한다.]

07 최근 새로운 어플이 많이 개발되고 있는데, 소비자들은 그 어플을 통해 유용한 작업들을 할 수 있다.
（정답） where [선행사가 new applications이고, 뒷문장이 완전하므로 관계부사 where이 적절하다. 관계부사 where은 장소가 아닐 때도 사용된다.]

08 흑인들이 투표를 할 수 없는 시절이 있었다.
（정답） when [선행사가 a time이므로 때이고, 뒷문장이 완전하므로 관계부사 when이 적절하다. vote는 자동사로 쓰였기 때문에 원래 목적어가 없다.]

09 만우절은 사람들을 속일 수 있는 특별한 날이다.
（정답） when [선행사가 a special day이므로 때이고, 뒷문장이 완전하므로 관계부사 when이 적절하다.]

10 고급스러운 레스토랑을 하나 발견했는데, 그곳에서는 밴드가 매일 밤 라이브 공연을 한다.
（정답） where [선행사가 a fancy restaurant이므로 장소이고, 뒷문장이 완전하므로 관계부사 where이 적절하다.]

STEP 2

밑줄 친 부분 올바르게 고치기 [선행사를 체크하시오.]

01 Recently, a number of caves were discovered in a city which ancient people had lived.

02 There is a beautiful building, when an exhibition is held every week.

03 An organization who Jason had volunteered to help the poor decided to go to Africa.

04 Kelly still vividly remembers the day which she first met Ethan.

05 The company when Monica had worked for more than 10 years went bankrupt and was shut down.

06 Phebe used to go to the a cafeteria which homeless people could eat for free.

07 Recently a lot of new applications who consumers can do useful work have been developed.

08 There was a time whom blacks couldn't vote.

09 April Fool's Day is a special day which people play tricks on others.

10 I found a fancy restaurant, which a rock band performs live every night.

STEP 2

정답 및 해설

01 최근 한 도시에서 고대 사람들이 살았던 동굴들이 무더기로 발견되었다.
　　정답 where [선행사가 a city이므로 장소이고, 뒷문장이 완전하므로 관계부사 where이 적절하다. live는 자동사이므로 원래 목적어가 없다.]

02 예쁜 건물이 하나 있는데 거기에서 매주 전시회가 열린다.
　　정답 where [선행사가 a beautiful building이므로 장소이고, 뒷문장이 완전하므로 관계부사 where이 적절하다.]

03 Jason이 어려운 사람들을 돕기 위해 자원봉사하고 있는 한 단체가 아프리카에 가기로 결정했다.
　　정답 where [선행사가 an organization이므로 장소이고, 뒷문장이 완전하므로 관계부사 where이 적절하다.]

04 Kelly는 Ethan과 처음 만났던 그 날을 아직도 생생하게 기억하고 있다.
　　정답 when [선행사가 the day이므로 때이고, 뒷문장이 완전하므로 관계부사 when이 적절하다.]

05 Monica가 10년을 넘게 일해 왔던 그 회사가 파산하여 문을 닫게 되었다.
　　정답 where [선행사가 the company이므로 장소이고, 뒷문장이 완전하므로 관계부사 where이 적절하다. work는 자동사이므로 원래 목적어가 없다.]

06 Phebe는 노숙자들이 무료로 밥을 먹을 수 있는 식당에 가곤 했었다.
　　정답 where [선행사가 a cafeteria이므로 장소이고, 뒷문장이 완전하므로 관계부사 where이 적절하다. eat은 목적어가 있을 수도 있고(타동사), 없을 수도 있는데(자동사) 목적어가 있었다면 선행사가 목적어 였을 것이다. a cafeteria가 선행사인데, 식당을 먹는 것은 문맥상 어색하므로 eat을 자동사로 보는 것이 적절하다. 따라서 원래 목적어가 없으므로 문장은 완전하다고 봐야 한다.]

07 최근 새로운 어플이 많이 개발되고 있는데, 소비자들은 그 어플을 통해 유용한 작업들을 할 수 있다.
　　정답 where [선행사가 new applications이고, 뒷문장이 완전하므로 관계부사 where이 적절하다. 관계부사 where은 장소가 아닐 때도 사용된다.]

08 흑인들이 투표를 할 수 없는 시절이 있었다.
　　정답 when [선행사가 a time이므로 때이고, 뒷문장이 완전하므로 관계부사 when이 적절하다. vote는 자동사로 쓰였기 때문에 원래 목적어가 없다.]

09 만우절은 사람들을 속일 수 있는 특별한 날이다.
　　정답 when [선행사가 a special day이므로 때이고, 뒷문장이 완전하므로 관계부사 when이 적절하다.]

10 고급스러운 레스토랑을 하나 발견했는데, 그곳에서는 밴드가 매일 밤 라이브 공연을 한다.
　　정답 where [선행사가 a fancy restaurant이므로 장소이고, 뒷문장이 완전하므로 관계부사 where이 적절하다.]

STEP 3

빈칸 넣기

01 Recently, a number of caves were discovered in a city _____.

    (a) where ancient people had lived
    (b) which had lived ancient people
    (c) who ancient people had lived
    (d) what ancient people had lived

02 There is a beautiful building, _____.

    (a) what an exhibition is held every week
    (b) which is held every week
    (c) who an exhibition is held every week
    (d) where an exhibition is held every week

03 An organization _____ decided to go to Africa.

    (a) what Jason had volunteered to help the poor
    (b) where Jason had volunteered to help the poor
    (c) when had volunteered to help the poor
    (d) whom he had volunteered to help the poor

04 Kelly still vividly remembers the day _____.

    (a) where first met Ethan
    (b) which first met Ethan
    (c) when she first met Ethan
    (d) what Ehtna first met him

05 The company _____ for more than 10 years went bankrupt and was shut down.

    (a) when Monica had worked for it
    (b) where Monica had worked
    (c) which Monica had worked
    (d) whom Monica had worked

STEP 3

정답 및 해설

01 최근 한 도시에서 고대 사람들이 살았던 동굴들이 무더기로 발견되었다.
정답 (a) [선행사가 a city이므로 장소이고, 뒷문장이 완전하므로 관계부사 where이 적절하다. live는 자동사이므로 원래 목적어가 없다.]

02 예쁜 건물이 하나 있는데 거기에서 매주 전시회가 열린다.
정답 (d) [선행사가 a beautiful building이므로 장소이고, 뒷문장이 완전하므로 관계부사 where이 적절하다.]

03 Jason이 어려운 사람들을 돕기 위해 자원봉사하고 있는 한 단체가 아프리카에 가기로 결정했다.
정답 (b) [선행사가 an organization이므로 장소이고, 뒷문장이 완전하므로 관계부사 where이 적절하다.]

04 Kelly는 Ethan과 처음 만났던 그 날을 아직도 생생하게 기억하고 있다.
정답 (c) [선행사가 the day이므로 때이고, 뒷문장이 완전하므로 관계부사 when이 적절하다.]

05 Monica가 10년을 넘게 일해 왔던 그 회사가 파산하여 문을 닫게 되었다.
정답 (b) [선행사가 the company이므로 장소이고, 뒷문장이 완전하므로 관계부사 where이 적절하다. work는 자동사이므로 원래 목적어가 없다.]

STEP 3

빈칸 넣기

06 Phebe used to go to the cafeteria _____ for free.

(a) when people could eat
(b) what homeless people could eat it
(c) where homeless people could eat
(d) which homeless people could eat food

07 Recently a lot of new applications _____ have been developed.

(a) who can do useful work
(b) where consumers can do useful work
(c) whom can do useful work
(d) when consumers can do useful work

08 There was a time _____.

(a) when blacks couldn't vote
(b) who blacks couldn't vote
(c) which blacks couldn't vote
(d) where blacks couldn't vote

09 April Fool's Day is a special day _____.

(a) who play tricks on others
(b) which people play tricks on
(c) where people play tricks on others
(d) when people play tricks on others

10 I found a fancy restaurant, _____.

(a) when a rock band performs live every night
(b) where a rock band performs live every night
(c) which a rock band performs live every night
(d) who she performs live every night

STEP 3

정답 및 해설

06 Phebe는 노숙자들이 무료로 밥을 먹을 수 있는 급식소를 만들었다.
정답 (c) where homeless people could eat [선행사가 a cafeteria이므로 장소이고, 뒷문장이 완전하므로 관계부사 where이 적절하다. eat은 자동사로 쓰였기 때문에 목적어가 원래 없다.]

07 최근 새로운 어플이 많이 개발되고 있는데, 소비자들은 그 어플을 통해 유용한 작업들을 할 수 있다.
정답 (b) where consumers can do useful work [선행사가 new applications이고, 뒷문장이 완전하므로 관계부사 where이 적절하다. 관계부사 where은 장소가 아닐 때도 사용된다.]

08 흑인들이 투표를 할 수 없는 시절이 있었다.
정답 (a) when blacks couldn't vote [선행사가 a time이므로 때이고, 뒷문장이 완전하므로 관계부사 when이 적절하다. vote는 자동사로 쓰였기 때문에 원래 목적어가 없다.]

09 만우절은 사람들을 속일 수 있는 특별한 날이다.
정답 (d) when people play tricks on others [선행사가 a special day이므로 때이고, 뒷문장이 완전하므로 관계부사 when이 적절하다.]

10 고급스러운 레스토랑을 하나 발견했는데, 그곳에서는 밴드가 매일 밤 라이브 공연을 한다.
정답 (b) where a rock band performs live every night [선행사가 a fancy restaurant이므로 장소이고, 뒷문장이 완전하므로 관계부사 where이 적절하다.]

켈리지텔프
G-POINT
33

관계사 한 눈에 보기

켈리 지텔프 G-POINT 33

1. 관계사 문제 유형임을 알 수 있는 방법

선택지가 관계사로 시작

2. 관계사 POINT 정리

G-POINT 21 사람 선행사 + 뒤에 주어 없음 ➡ ① who ② that

G-POINT 22 사람 선행사 + 뒤에 목적어 없음 ➡ ① whom ② who ③ that

G-POINT 23 사물 선행사 + 뒤에 주어나 목적어 없음 ➡ ① which ② that

G-POINT 24 선행사 존재(뒤에 나오는 주어와 소유의 관계) + 뒷문장 완전 ➡ whose

G-POINT 25 , 뒤 ➡ that은 답에서 소거

G-POINT 26 뒷문장 완전 + 선행사가 장소나 때인 경우 ➡ 관계부사 (where, when)

3. 켈리쌤의 관계사 찐팁!

켈리쌤의 찐팁 1 , 뒤에 빈칸이 있는 경우 that은 소거

켈리쌤의 찐팁 2 빈칸 앞 단어가 사람인지 사물인지 파악하면 문제의 반은 해결

(단, 출제경향이 바뀔 수 있으므로 팁으로만 참고할 것!)

STEP 4

실전 문제

01 A strange man came up to her at the charity event and greeted her, but she didn't recognize him. It wasn't until he introduced himself as the man _____ that she remembered who he was.

(a) which had met in Cairo
(b) when she had met him in Cairo
(c) whom she had met in Cairo
(d) where she had met in Cairo

02 He had created great works of art, _____ to the development of art history. So it's no wonder he is considered by many a great artist.

(a) that inspired artists and contributed greatly
(b) who he inspired artists and contributed greatly
(c) whose they inspired artists and contributed greatly
(d) which inspired artists and contributed greatly

03 Tomorrow, Amy is going to go to the football stadium _____. Strict rules will be applied, which encourage players to play fair, thus satisfying spectators.

(a) where the final game will be held
(b) when the final game will be held
(c) who the final game will be held
(d) what will hold the final game

04 According to a research, eight out of ten people _____ responded they felt lonely, especially when they had some degree of uncertainty in their lives. The research says the longer the job search period, the more lonely the job seekers feel.

(a) whom they were looking for a job
(b) who were looking for a job
(c) when were looking for a job
(d) where were looking for a job

05 These days, there are many children suffering from smartphone addiction, _____ but also cognitive and emotional development. To solve this problem, it is important that parents be aware of the side effects of using smartphones.

(a) that it hinders not only physical development
(b) which hinders not only physical development
(c) who hinders not only physical development
(d) what it hinders not only physical development

06 'Popcorn brain' is a phenomenon _____ and is insensitive to others. it is often seen in people using electronic devices excessively, leading to serious social problems.

(a) when responds only to powerful stimuli
(b) what the brain responds only to powerful stimuli
(c) who responds only to powerful stimuli
(d) where the brain responds only to powerful stimuli

07 The release day of the last Avengers movie, one of the most popular Marvel series, had been announced. Yesterday was the day _____, but the movie tickets were sold out in no time.

(a) where could book the movie ticket
(b) which people could book the movie ticket
(c) when people could book the movie ticket
(d) who could book the movie ticket

08 Some educators suggest learning occurs through imitation and repetition. From this point of view, leaning tends to be reinforced through a mechanical way _____.

(a) that is helpful to memorize the learning content
(b) which it is helpful to memorize the learning content
(c) whom it is helpful to memorize the learning content
(d) when is helpful to memorize the learning content

09 Douglas, _____, enjoyed appreciating poems sometimes. He especially liked the poem titled "Youth", so it is said that he used to recite this poem to people who he met.

(a) who was an English teacher in Maryland
(b) which an English teacher in Maryland was
(c) where he was an English teacher in Maryland
(d) whom he was an English teacher in Maryland

10 Jack was looking forward to the upcoming concert of Maroon 5 since he had been a huge fan of that group. But he was so busy that he couldn't realize that last Wednesday was the day _____.

(a) where ticket sales started
(b) who ticket sales started
(c) what it started ticket sales
(d) when ticket sales started

11 Most babies acquire their native language through numerous stimuli. Because babies _____ are exposed to linguistic stimuli, it is helpful.

(a) whose parents say a lot of words
(b) who parents say a lot of words
(c) which say a lot of words
(d) whom parents say a lot of words

STEP 4

실전 문제

12 The picture of black hole _____ was made public for the first time in history. It was the historical moment we could identify the actual black hole that we had only imagined based on Einstein's theory.

(a) which had observed Event Horizon Telescope
(b) that Event Horizon Telescope had observed
(c) when Event Horizon Telescope had observed
(d) where Event Horizon Telescope had observed

13 Many animals affected by this disaster were not protected properly. Thus, various animal rights organizations _____ rushed to provide assistance.

(a) who they had tried to treat and rescue animals
(b) what they had tried to treat and rescue animals
(c) where had tried to tried treat and rescue animals
(d) which had tried to tried treat and rescue animals

14 There are debates about the extent to which we should accept cultural diversity. This is illustrated by controversy in some countries _____. It is controversial whether it should be regarded as a culture or a violation of human right.

(a) which women oppress severely
(b) where oppress women severely
(c) that oppress women severely
(d) when oppress women severely

15 The problem with drugs in many people has surfaced. There must be a lot of drug trafficking, so police must conduct a thorough investigation into the drug trade _____.

(a) what it causes serious effects
(b) which causes serious effects
(c) where causes serious effects
(d) when causes serious effects

16 A chicken restaurant became famous through social media. Furthermore, it is making huge sales by appearing on a TV program, _____.

(a) who has a great influence on people
(b) which has a great influence on people
(c) that has a great influence on people
(d) when has a great influence on people

17 An online shopping mall _____ is facing a crisis due to problems such as poor product quality and counterfeit goods. Although many customers complain the CEO fails to respond properly.

(a) that is the most popular in Asia
(b) when it is the most popular in Asia
(c) which it is the most popular
(d) who is the most popular in Asia

18 A famous actor _____ was surprised because the movies he had starred in a long time ago were still popular. I think actors may be proud to be remembered by the public.

(a) which had a long career
(b) where he had a long career
(c) when had a long career
(d) who had a long career

19 Many people had expected the product to be released. Upon the website to buy it becoming available, many people logged on to the site, showing the popularity of the product _____, eventually the site being down.

(a) that many people all over the world had attracted
(b) when had attracted many people all over the world
(c) whose had attracted many people all over the world
(d) which had attracted many people all over the world

20 The CEO announced that there would be severe punishment for those _____ without permission. He said that damage from habitual theft in the company was considerable.

(a) who stole office equipment
(b) where they stole office equipment
(c) which they stole office equipment
(d) when stole office equipment

Unit 06

조동사

>> G-POINT 27~31

조동사 미리보기

조동사는 지텔프 문법 26문항 중 2문제가 출제된다. 조동사는 문법으로 구분하는 것이 아니라 뜻으로 구분해야 하므로 해석을 요구한다. 또한, 어느 조동사를 넣어도 말이 되는 것처럼 보여서 조동사 파트를 어려워하는 수험생들이 많이 있다. 조동사는 말이 되는 것을 찾는 것이 아니다. 말이 되는 것을 찾는다면 답이 여러 개일 것인데, 이것은 불가능하다. 조동사마다 담당하는 역할이 저마다 정해져 있다. 한국말로는 어떤 것을 넣어도 말이 되기 때문에, 각 조동사의 정확한 역할을 파악하는데 중점을 둔다면 조동사 문제는 크게 어렵지 않을 것이다. 각각의 조동사의 차이를 물어보는 것이 출제자의 의도이므로 Unit6에서는 빈출 되는 조동사를 공부한 후 문제를 풀도록 하자.

- **출제 문제 수 :** 총 2문제

- **선택지 특징 :**

    조동사 단독 존재

    예 (a) can
    (b) might
    (c) could
    (d) will

- **Kelly's 조동사 문제풀이 단계**

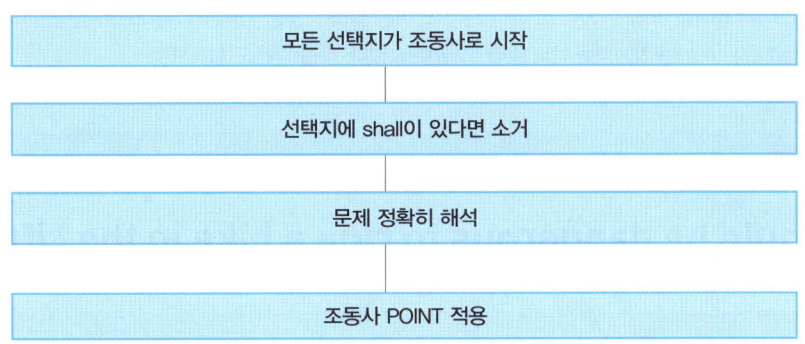

켈리 지텔프 G-POINT 27

> · 능력, 가능성 ➡ can
> · can보다 가능성이 낮을 때나 can의 과거표현 ➡ could

can은 '할 수 있다'로 해석되며 능력을 나타내는 조동사로 쓰인다. 언어를 구사 할 수 있다든지, 혹은 문제를 해결할 수 있다든지, 사람의 능력을 나타내거나 기계의 능력을 나타내야 한다면 이때는 can이나 could를 쓰는 것이 적절하다. 다음 예문을 통해 G-Point 27을 정확히 이해해보자.

예문

She can speak English.

위의 예문은 '그녀가 영어를 말할 수 있다'로 해석 된다. 언어를 말하는 것은 능력을 나타내므로 능력을 나타내는 조동사 can을 쓴다. can이나 could는 가능성을 나타낼 때 쓰일 수도 있다. 다음 예문도 살펴보자.

예문

It could be dangerous to ride a bike in the city.

위의 예문은 '그 도시에서 자전거를 타는 것은 위험할 수도 있다 '로 해석된다. 위험의 가능성을 나타냈으므로 조동사 could를 썼다. 혹자는 현재로 해석했는데 왜 could를 썼냐고 의문을 가질 수도 있을 것이다. 일부의 사람들은 can은 현재, could는 과거일 때 쓴다고 알고 있지만, could는 can보다 가능성이 좀 덜 확실할 때 쓰기도 한다. 따라서 예문에서는 약한 가능성을 나타내기 위해 could를 쓴 것이다. 단순히 시제만으로 can과 could를 구별하지 않도록 주의해야 한다.

켈리 지텔프 G-POINT 28

> 충고, 권유, 도덕성 ➡ should

should는 '~해야만 한다' 또는 '하는 게 좋겠다'로 해석되며 주로 충고, 권유, 도덕성과 관련된다. G-Point 29의 must와 구분이 필요하다. 해석으로 접근하면 둘 다 비슷하지만, 하는 역할은 분명히 다르다. 이렇게 생각하면 쉬울 것이다. should는 본인의 의지에 따라서 할 수도 있고 안할 수도 있다. 반면 must는 내 의지와는 상관없이 무조건 해야 하는 의무를 나타낸다. 가령, '외국에 갈 때에는 여권을 가져가야 한다'의 경우를 생각해보자. 내 의지와는 상관없이 무조건 가져가야 하므로 이 경우에는 must를 써야 한다. 반면 '친구의 집에 갈 때에는 선물을 사가지고 가야한다'의 경우 내 의지에 따른 행위이므로 should를 쓰는 것이 적절하다. 다음 예문을 통해 G-Point 28을 정확히 이해해보자.

예문

You should consume plenty of water in the summer.

위의 예문은 '여름철에는 수분을 많이 섭취해야 한다'로 해석된다. 수분을 섭취 한다는 것은 권고와 관련이 있으므로 should를 쓰는 것이 적절하다. 수분을 섭취하는 것은 내 의지에 따라 할 수도 안 할 수도 있는 행위이므로 must는 부적절하다.

켈리 지텔프 G-POINT 29

> 무조건 해야 하는 의무 ➡ must

must는 '~해야만 한다'로 해석되며, 주로 의무와 관련이 있다. G-Point 28에서 should와의 차이점을 자세히 기술해 놓았으니 한 번 더 복습하도록 하자. 다음 예문을 통해 G-Point 29를 정확히 이해해보자.

예문

People must breathe to survive.

위의 예문은 '생존하기 위해서는 숨을 쉬어야 한다'로 해석된다. 숨을 쉴 수 없다면 살 수 없으므로, 숨을 쉬어야 하는 것은 단순한 권고가 아닌 무조건 해야 하는 필수 사항이다. 따라서 이 경우는 must를 써야 한다.

켈리 지텔프 G-POINT 30

- 미래에 있을 확실한 일, 의지 ➡ will
- will보다 확실성이 떨어질 때나 will의 과거표현 ➡ would

will 은 '~일 것이다' 또는 '할 것이다'로 해석되며 주로 미래에 있을 확실한 일 또는 의지와 관련된다. 가령, '내일 3시에 G-TELP 시험이 있다.'를 살펴보자. 내일 3시에 시험을 보는 것은 확실한 일이므로, 이때에는 will을 쓴다. 또한 의지를 나타낼 때도 쓰는데, '다이어트에 꼭 성공할 것이다.'가 그 경우이다. 다이어트를 성공하겠다는 의지가 반영되었으므로 이 때는 will을 사용한다. 다음 예문을 통해 G-Point 30을 정확히 이해해보자.

예문
He will make a public statement tomorrow.

위의 예문은 '그가 내일 공식 성명을 발표할 것이다'로 해석된다. 내일 있을 확실한 일이므로 조동사 will을 쓰는 것이 적절하다. would는 will의 과거라고만 알고 있는 것은 잘못알고 있는 것이다. would는 will보다 일어날 것이 덜 확실할 때도 쓰일 수 있다. 가령, 다음의 예문을 살펴보자.

예문
It would be very expensive to stay there.

위의 예문이 '거기에 머무르는 것은 비쌌어'로 해석될까? would는 will보다는 일어날 것이 덜 확실한 일을 뜻할 수도 있기 때문에 '거기에 머무르는 것은 비쌀 것 같아'로 해석된다. 단순히 시제만으로 will과 would를 구별하지 않도록 주의해야 한다.

켈리 지텔프 G-POINT 31

약한 추측 ➡ may · might

may는 '~일지 모른다' 또는 '~해도 좋다'로 해석되며 주로 약한 추측과 관련된다. 이 경우, 확실하지 않은 상황이기 때문에 확실하지 않다는 뉘앙스를 풍기는 단서가 분명이 존재한다. 다음 예문을 통해 G-Point 31을 정확히 이해해보자.

예문

I'm not sure, but he may be a student.

위의 예문은 '확신할 수 없지만, 그는 아마 학생일 것이다'로 해석된다. 확신할 수 없다는 표현이 있기 때문에, 그가 학생인지에 대한 추측은 불확실하다. 따라서 약한 추측을 나타내는 may가 오는 것이 적절하다. might는 may의 과거를 나타낼 때 쓰이기도 하고, 또는 may보다 더 공손하게 표현할 때 쓰인다.

STEP 1

어법 선택

01 Because Sujin has studied English for a long time in Australia, she [would / can] communicate well with people speaking English.

02 I [will / should] have a meeting next week to discuss a new product.

03 You [must / may] pay property taxes twice a year in Korea.

04 You [should / can] take a variety of nutrients to stay healthy.

05 A humanoid robot, Sophia, developed by Hanson Robotics, [can / may] hold a conversation with humans.

06 To take test, you [must / can] carry an ID card to confirm your identity.

07 You [must / should] give up your seat to pregnant women on the bus.

08 Fish [must / will] live in water to stay alive.

09 Because Ethan has practiced swimming very hard, he [can / may] swim for a long time in deep water.

10 Dr. Ross Geller [can / will] give a lecture on Paleontology next week.

STEP 1

정답 및 해설

01 수진이는 오랫동안 호주에서 영어를 공부해오고 있기 때문에, 영어를 쓰는 사람들과 능숙하게 의사소통할 수 있다.
  정답 can [능력을 나타내는 조동사 can]

02 다음 주에 신제품에 관한 논의를 하기 위해 회의에 참석할 것이다.
  정답 will [미래에 있을 확실한 일을 나타내는 조동사 will]

03 한국에서는 일 년에 2번 재산세를 납부해야 한다.
  정답 must [반드시 해야 하는 의무를 나타내는 조동사 must]

04 건강을 유지하기 위해서는 다양한 영양분을 섭취해야 한다.
  정답 should [충고, 권유, 도덕성을 나타내는 조동사 should]

05 Hanson Robotics에 의해 개발된 휴머노이드 로봇인 Sophia는 인간과 대화를 할 수 있다.
  정답 can [능력을 나타내는 조동사 can]

06 시험을 보기 위해서는 본인임을 확인할 수 있는 신분증을 지참해야 한다.
  정답 must [반드시 해야 하는 의무를 나타내는 조동사 must]

07 버스에서 임산부에게 좌석을 양보해야 한다.
  정답 should [충고, 권유, 도덕성을 나타내는 조동사 should]

08 물고기가 생명을 유지하기 위해서는 물속에 있어야 한다.
  정답 must [반드시 해야 하는 의무를 나타내는 조동사 must]

09 Ethan은 열심히 수영연습을 해왔기 때문에, 깊은 물속에서 오랫동안 수영을 할 수 있다.
  정답 can [능력을 나타내는 조동사 can]

10 Ross는 다음 주에 고생물학에 대해 강의할 것이다.
  정답 will [미래에 있을 확실한 일을 나타내는 조동사 will]

STEP 1

어법 선택

11 I don't know for sure, but he [may / should] be kind.

12 I [will / should] definitely achieve my goal by next month.

13 Unlike other middle school students, Bill [might / can] solve a college-level math problem.

14 When you go to a housewarming party, you [can / should] bring a suitable gift.

15 Working in a automobile repair shop, he [will / can] repair any car.

16 Judging from his looks, I think he [may / can] be a fashion model. But I'm not sure.

17 Before Mia had dementia, she [will / could] speak five languages fluently.

18 Those who want to be called an intellectual [should / must] be interested in politics.

19 Jackson [may / must] like Cathy, but I'm not sure.

20 People who wish to make friends from different cultures [can / should] travel abroad often.

STEP 1

정답 및 해설

11 확실히 알 수는 없지만, 그는 아마 친절할 것 같다.
   정답) may [약한 추측을 나타내는 조동사 may]

12 다음 달까지 꼭 목표 점수를 달성할 것이다.
   정답) will [의지를 나타내는 조동사 will]

13 Bill은 다른 중학생들과 달리, 대학 수준의 수학문제를 풀 수 있다.
   정답) can [능력을 나타내는 조동사 can]

14 집들이에 갈 때에는, 적절한 선물을 가져가야 한다.
   정답) should [충고, 권유, 도덕성을 나타내는 조동사 should]

15 카센터에서 일한 후, 그는 어떤 차도 수리할 수 있다.
   정답) can [능력을 나타내는 조동사 can]

16 겉모습을 보고 판단하건데, 그는 패션모델일 것 같다. 하지만 확신할 순 없다.
   정답) may [약한 추측을 나타내는 조동사 may]

17 Mia가 치매에 걸리기 전에, 5개 국어를 능숙하게 구사할 수 있었다.
   정답) could [능력을 나타내는 조동사 could]

18 지식인이라고 불리기 원하는 사람들은 정치에 흥미를 가져야 한다.
   정답) should [충고, 권유, 도덕성을 나타내는 조동사 should]

19 Jackson이 아마 Cathy를 좋아하는 것 같지만, 확실하지는 않다.
   정답) may [약한 추측을 나타내는 조동사 may]

20 다양한 문화권의 친구들을 만들고 싶은 학생들은, 외국 여행을 자주 해야 한다.
   정답) should [충고, 권유, 도덕성을 나타내는 조동사 should]

STEP 2

밑줄 친 부분 올바르게 고치기

01 Because Sujin has studied English for a long time in Australia, she will communicate well with people speaking English.

02 I can have a meeting next week to discuss a new product.

03 You will pay property taxes twice a year in Korea.

04 You might take a variety of nutrients to stay healthy.

05 A humanoid robot, Sophia, developed by Hanson Robotics, will hold a conversation with humans.

06 To take test, you can carry an ID card to confirm your identity.

07 You would give up your seat to pregnant women on the bus.

08 Fish should live in water to stay alive.

09 Because Ethan has practiced a swimming instructor, he may swim for a long time in deep water.

10 Dr. Ross Geller might give a lecture on Paleontology next week.

STEP 2

정답 및 해설

01 수진이는 오랫동안 호주에서 영어를 공부해오고 있기 때문에, 영어를 쓰는 사람들과 능숙하게 의사소통할 수 있다.
정답 can [능력을 나타내는 조동사 can]

02 다음 주에 신제품에 관한 논의를 하기 위해 회의에 참석할 것이다.
정답 will [미래에 있을 확실한 일을 나타내는 조동사 will]

03 한국에서는 일 년에 2번 재산세를 납부해야 한다.
정답 must [반드시 해야 하는 의무를 나타내는 조동사 must]

04 건강을 유지하기 위해서는 다양한 영양분을 섭취해야 한다.
정답 should [충고, 권유, 도덕성을 나타내는 조동사 should]

05 Hanson Robotics에 의해 개발된 휴머노이드 로봇인 Sophia는 대화를 할 수 있다.
정답 can [능력을 나타내는 조동사 can]

06 시험을 보기 위해서는 본인임을 확인할 수 있는 신분증을 지참해야 한다.
정답 must [반드시 해야 하는 의무를 나타내는 조동사 must]

07 버스에서 임산부에게 좌석을 양보해야 한다.
정답 should [충고, 권유, 도덕성을 나타내는 조동사 should]

08 물고기가 생명을 유지하기 위해서는 물속에 있어야 한다.
정답 must [반드시 해야 하는 의무를 나타내는 조동사 must]

09 Ethan은 열심히 수영연습을 해왔기 때문에, 깊은 물속에서 오랫동안 수영을 할 수 있다.
정답 can [능력을 나타내는 조동사 can]

10 Ross는 다음 주에 고생물학에 대해 강의할 것이다.
정답 will [미래에 있을 확실한 일을 나타내는 조동사 will]

STEP 2

밑줄 친 부분 올바르게 고치기

11 I don't know for sure, but he could be kind.

12 I should definitely achieve my goal by next month.

13 Unlike other middle school students, Bill will solve a college-level math problem.

14 When you go to a housewarming party, you may bring a suitable gift.

15 Working in a automobile repair shop, he must now repair any car.

16 Judging from his looks, I think he can be a fashion model. But I'm not sure.

17 Before Mia had dementia, she would speak five languages fluently.

18 Those who want to be called an intellectual must be interested in politics.

19 Jackson could like Cathy, but I'm not sure.

20 People who wish to make friends from different cultures will travel abroad often.

STEP 2

정답 및 해설

11 확실히 알 수는 없지만, 그는 아마 친절할 것 같다.
  정답 may [약한 추측을 나타내는 조동사 may]

12 다음 달까지 꼭 목표 점수를 달성할 것이다.
  정답 will [의지를 나타내는 조동사 will]

13 Bill은 다른 중학생들과 달리, 대학 수준의 수학문제를 풀 수 있다.
  정답 can [능력을 나타내는 조동사 can]

14 집들이에 갈 때에는, 적절한 선물을 가져가야 한다.
  정답 should [충고, 권유, 도덕성을 나타내는 조동사 should]

15 카센터에서 일한 후, 그는 어떤 차도 수리할 수 있다.
  정답 can [능력을 나타내는 조동사 can]

16 겉모습을 보고 판단하건데, 그는 패션모델일 것 같다. 하지만 확신할 순 없다.
  정답 may [약한 추측을 나타내는 조동사 may]

17 Mia가 치매에 걸리기 전에, 5개 국어를 능숙하게 구사할 수 있었다.
  정답 could [능력을 나타내는 조동사 could]

18 지식인이라고 불리기 원하는 사람들은 정치에 흥미를 가져야 한다.
  정답 should [충고, 권유, 도덕성을 나타내는 조동사 should]

19 Jackson이 아마 Cathy를 좋아하는 것 같지만, 확실하지는 않다.
  정답 may [약한 추측을 나타내는 조동사 may]

20 다양한 문화권의 친구들을 만들고 싶은 학생들은, 외국 여행을 자주 해야 한다.
  정답 should [충고, 권유, 도덕성을 나타내는 조동사 should]

STEP 3

빈칸 넣기

01 Because Sujin has studied English for a long time in Australia, she _____ communicate well with people speaking English.
- (a) can
- (b) may
- (c) shall
- (d) will

02 I _____ have a meeting next week to discuss a new product.
- (a) should
- (b) could
- (c) may
- (d) will

03 You _____ pay property taxes twice a year in Korea.
- (a) might
- (b) could
- (c) must
- (d) can

04 You _____ take a variety of nutrients to stay healthy.
- (a) will
- (b) can
- (c) must
- (d) should

05 A humanoid robot, Sophia, developed by Hanson Robotics, _____ hold a conversation with humans.
- (a) will
- (b) can
- (c) must
- (d) should

STEP 3

정답 및 해설

01 수진이는 오랫동안 호주에서 영어를 공부해오고 있기 때문에, 영어를 쓰는 사람들과 능숙하게 의사소통할 수 있다.
정답 (a) [능력을 나타내는 조동사 can]

02 다음 주에 신제품에 관한 논의를 하기 위해 회의에 참석할 것이다.
정답 (d) [미래에 있을 확실한 일을 나타내는 조동사 will]

03 한국에서는 일 년에 2번 재산세를 납부해야 한다.
정답 (c) [반드시 해야 하는 의무를 나타내는 조동사 must]

04 건강을 유지하기 위해서는 다양한 영양분을 섭취해야 한다.
정답 (d) [충고, 권유, 도덕성을 나타내는 조동사 should]

05 Hanson Robotics에 의해 개발된 휴머노이드 로봇인 Sophia는 대화를 할 수 있다.
정답 (b) [능력을 나타내는 조동사 can]

STEP 3

빈칸 넣기

06 To take test, you _____ carry an ID card to confirm your identity.
- (a) can
- (b) must
- (c) should
- (d) will

07 You _____ give up your seat to pregnant women on the bus.
- (a) should
- (b) would
- (c) can
- (d) could

08 Fish _____ stay in the water to stay alive.
- (a) should
- (b) will
- (c) must
- (d) can

09 Because Ethan has practiced a swimming instructor, he _____ swim for a long time in deep water.
- (a) would
- (b) might
- (c) can
- (d) must

10 Dr. Ross Geller _____ give a lecture on Paleontology next week.
- (a) should
- (b) must
- (c) may
- (d) will

STEP 3

정답 및 해설

06 시험을 보기 위해서는 본인임을 확인할 수 있는 신분증을 지참해야 한다.
   정답 (b) [반드시 해야 하는 의무를 나타내는 조동사 must]

07 버스에서 임산부에게 좌석을 양보해야 한다.
   정답 (a) [충고, 권유, 도덕성을 나타내는 조동사 should]

08 물고기가 생명을 유지하기 위해서는 물속에 있어야 한다.
   정답 (c) [반드시 해야 하는 의무를 나타내는 조동사 must]

09 Ethan은 열심히 수영연습을 해왔기 때문에, 깊은 물속에서 오랫동안 수영을 할 수 있다.
   정답 (c) [능력을 나타내는 조동사 can]

10 Ross는 다음 주에 고생물학에 대해 강의할 것이다.
   정답 (d) [미래에 있을 확실한 일을 나타내는 조동사 will]

STEP 3

빈칸 넣기

11 I don't know for sure, but he _____ be kind.

(a) should
(b) can
(c) will
(d) may

12 I _____ definitely achieve my goal by next month.

(a) will
(b) could
(c) may
(d) can

13 Unlike other middle school students, Bill _____ solve a college-level math problem.

(a) should
(b) might
(c) can
(d) would

14 When you go to a housewarming party, you _____ bring a suitable gift.

(a) should
(b) will
(c) could
(d) must

15 Working in a automobile repair shop, he _____ repair any car.

(a) would
(b) can
(c) should
(d) must

STEP 3

정답 및 해설

11 확실히 알 수는 없지만, 그는 아마 친절할 것 같다.
   정답 (d) [약한 추측을 나타내는 조동사 may]

12 다음 달까지 꼭 목표 점수를 달성할 것이다.
   정답 (a) [의지를 나타내는 조동사 will]

13 Bill은 다른 중학생들과 달리, 대학 수준의 수학문제를 풀 수 있다.
   정답 (c) [능력을 나타내는 조동사 can]

14 집들이에 갈 때에는, 적절한 선물을 가져가야 한다.
   정답 (a) [충고, 권유, 도덕성을 나타내는 조동사 should]

15 카센터에서 일한 후, 그는 어떤 차도 수리할 수 있다.
   정답 (b) [능력을 나타내는 조동사 can]

STEP 3

빈칸 넣기

16 Judging from his looks, I think he _____ be a fashion model. But I'm not sure.
   (a) can
   (b) may
   (c) could
   (d) must

17 Before Mia had dementia, she _____ speak five languages fluently.
   (a) would
   (b) must
   (c) should
   (d) could

18 Those who want to be called an intellectual _____ be interested in politics.
   (a) must
   (b) should
   (c) shall
   (d) can

19 Jackson _____ like Cathy, but I'm not sure.
   (a) can
   (b) must
   (c) will
   (d) may

20 People who wish to make friends with different cultures _____ travel abroad often.
   (a) should
   (b) can
   (c) might
   (d) would

STEP 3

정답 및 해설

16 겉모습을 보고 판단하건데, 그는 패션모델일 것 같다. 하지만 확신할 순 없다.
　　정답 (b) [약한 추측을 나타내는 조동사 may]

17 Mia가 치매에 걸리기 전에, 5개 국어를 능숙하게 구사할 수 있었다.
　　정답 (d) [능력을 나타내는 조동사 could]

18 지식인이라고 불리기 원하는 사람들은 정치에 흥미를 가져야 한다.
　　정답 (b) [충고, 권유, 도덕성을 나타내는 조동사 should]

19 Jackson이 아마 Cathy를 좋아하는 것 같지만, 확실하지는 않다.
　　정답 (d) [약한 추측을 나타내는 조동사 may]

20 다양한 국적의 친구들을 만들고 싶은 학생들은, 외국 여행을 자주 해야 한다.
　　정답 (a) [충고, 권유, 도덕성을 나타내는 조동사 should]

켈리지텔프
G-POINT
33

조동사 한 눈에 보기

켈리 지텔프 G-POINT 33

1. 조동사 문제 유형임을 알 수 있는 방법

선택지에 조동사만 존재

2. 조동사 POINT 정리

G-POINT 27　능력, 가능성 ➡ can

　　　　　　　can보다 가능성이 낮을 때나 can의 과거표현 ➡ could

G-POINT 28　충고, 권유, 도덕성 ➡ should

G-POINT 29　무조건 해야 하는 의무 ➡ must

G-POINT 30　미래에 있을 확실한 일, 의지 ➡ will

　　　　　　　will보다 확실성이 떨어질 때나 will의 과거표현 ➡ would

G-POINT 31　약한 추측 ➡ may, might

3. 켈리쌤의 조동사 찐팁!

켈리쌤의 찐팁 1　shall은 답이 아닐 가능성이 높다!

켈리쌤의 찐팁 2　동물이 주어인 경우 능력을 나타내는 can일 가능성이 높다!

켈리쌤의 찐팁 3　'~하기 위하여'를 뜻하는 (in order) to V 와 함께 나오는 경우 should나 must일 가능성이 높다!

STEP 4

조동사 실전 문제

01 Some sites have many historical and cultural values. Special attention _____ be paid to them in order to preserve the heritage for future generations.

(a) can
(b) should
(c) will
(d) shall

02 H&D is planning to carry out restructuring this year due to financial difficulties. Executives _____ meet next week to discuss details of a restructuring.

(a) must
(b) could
(c) will
(d) may

03 When you travel in dangerous areas, there are precautions to be taken to ensure safety. Basically, you _____ not walk to the streets of places where there are many robberies or crimes late at night.

(a) can
(b) may
(c) must
(d) should

04 If you want to take an exam, you _____ bring your ID card. Otherwise, You would not be allowed to take a test.

(a) must
(b) will
(c) would
(d) can

05 If you want to be successful, you _____ make the right choice when you have to make an important decision. The wrong choice can lead to fatal results.

(a) may
(b) should
(c) could
(d) can

06 Chandler often spends a lot of time experiencing various things to find out what he likes. Nobody knows exactly what he will do in the future, but these experiences definitely _____ help him to prepare for the future.

(a) must
(b) shall
(c) will
(d) should

07 It is important for both parties to engage in the negotiation with an open mind to achieve what they want. Rather than just insisting on their own opinions, they _____ work together to get desirable results.

(a) should
(b) shall
(c) can
(d) might

08 There will be a lot of changes due to the increase of car-sharing services in the automobile industry. In order not to go astray in this situation, the automobile industry _____ take new steps.

(a) shall
(b) should
(c) could
(d) will

09 Unwanted junk mails in a company have been causing a lot of damage. If you want to deal with such junk mails, you _____ have a habit of not opening unknown mail.

(a) may
(b) should
(c) will
(d) would

10 My wife told me not to use my cell phone at mealtime before going to an important meeting. She said If I had to take an important call, I _____ politely ask people for their understanding.

(a) must
(b) shall
(c) will
(d) should

11 Compared to before, divorce has not been considered a major flaw and the number of people who view divorce as negative has decreased. Nevertheless, it _____ be decided carefully.

(a) should
(b) can
(c) must
(d) will

12 Sometimes, there are cases that the obvious testimony of an eyewitness has not been recognized, which leads to problems. The court _____ make an objective and fair ruling.

(a) shall
(b) can
(c) will
(d) must

STEP 4

조동사 실전 문제

13 Ethan had been fascinated by Chinese cuisine and spent three years traveling all over China to learn how to cook Chinese food like Menbosha. Now he _____ make most of the Chinese dishes.

(a) must
(b) will
(c) should
(d) can

14 More and more people give up their nationality and emigrate to other countries, because of their own reasons. This phenomenon _____ continue considering that the domestic economic situation has gotten worse lately.

(a) shall
(b) will
(c) should
(d) must

15 Many people visit the area to find famous specialty products, but they are often disappointed at their quality that is different from what they expected. In order to attract tourists continuously, the community _____ prepare high-quality goods.

(a) should
(b) will
(c) could
(d) would

16 There are many people who are worried about the soaring electricity bills every summer. If you want to save money on electricity bills, you _____ keep the temperature constant rather than turn on and off the air conditioner over and over again.

(a) must
(b) might
(c) can
(d) should

17 Jason decided to travel abroad by car with Amy. In order for him to drive in a foreign country, he _____ get an international driving permit. Otherwise, he would be punished for driving without permission.

(a) could
(b) must
(c) will
(d) should

18 Recently, there has been a lot of talk about cyberbullying on social networking sites. There _____ be more victims because proper measures are not taken and many people don't recognize the seriousness of this.

(a) will
(b) should
(c) might
(d) must

19 Since testifying in court has legal effect, it can influence the verdict. Therefore, if you attend a trial as a witness, you _____ testify before a court without a lie.

(a) may
(b) might
(c) can
(d) must

20 Ethan has been working abroad for 3 months with a working holiday visa. Now he _____ communicate freely with any foreigner who speaks English.

(a) can
(b) might
(c) should
(d) shall

Unit 07

연결어

›› G-POINT 32~33

연결어 미리보기

지텔프에서 출제되는 연결어는 접속사, 접속부사, 전치사이다. 연결어는 지텔프 문법 26문항 중 2문제가 출제된다. 전치사의 경우 접속사와 접속부사에 비해 출제되는 빈도는 적다. 하지만 출제되니 꼭 숙지하자. 문법 영역이라기 보다는 독해영역에 가깝다. 빈칸 앞문장과 뒷문장의 논리적 관계를 추론하는 능력을 묻는다. 말이 되는 것을 고르면 이것도 저것도 다 답이 될 것이다. 따라서 말이 되는 것을 고르는 것이 아니라 논리적으로 적절한 것을 골라야 한다. 각 접속사와 접속부사의 뜻과 정확한 역할을 파악해야 풀 수 있다.

- **출제 문제 수 :** 총 2문제

- **선택지 특징 :**

  접속사, 접속부사, 전치사 단독 존재

  예 (a) therefore
  (b) however
  (c) for example
  (d) otherwise

- **Kelly's 연결어 문제풀이 단계**

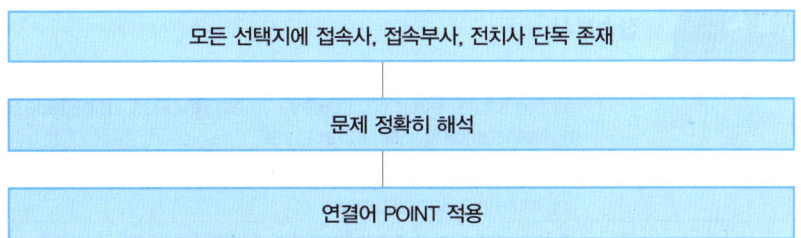

암기표 8 접속부사

역접 [그러나, 그럼에도 불구하고]	all the same, even so, however, nevertheless, nonetheless, notwithstanding, still, in fact, yet
대조 [대조적으로, 거꾸로]	conversely, contrarily, in contrast, on the contrary, on the other hand
예시 [예를 들어]	for example, for instance
유사, 두 번째 예시 [유사하게, 마찬가지로]	in the same way, equally, in the same manner, likewise, similarly
추가, 첨가 [게다가]	also, additionally, besides, further, furthermore, in addition, moreover
환언 [즉, 다시 말하면]	namely, in other words, that is, that is to say
요약 [간단히 말해, 요약하면]	in a word, in brief, in summary, in short, to sum up
강조	as a matter of fact, actually, certainly, especially, indeed, in fact
기타	afterwards [그 후]　　　　　　　　　above all [무엇보다도] at first [처음에는]　　　　　　　　　eventually, in the end [마침내, 결국] by all means [무슨 일이 있어도]　　　fortunately [다행히도] for one thing, first of all [우선]　　in the meantime, meanwhile [그러는 동안] instead [대신에]　　　　　　　　　subsequently [그 이후, 계속해서] unfortunately [불행하게도]

켈리 지텔프 G-POINT 32

> 접속부사 뒤 ➡ , S + V [해석 필요, 없어도 문법적 오류 없음]

접속부사의 문법적 특성을 살펴보도록 하자. 부사라는 것은 부가적인 것으로 없어도 문법적으로는 전혀 오류가 없다. 따라서 접속부사도 부사이므로 문장과 문장을 연결해주는 역할은 하지만, 없어도 문법적으로는 오류가 없다. 또한 문장과 문장을 연결해 주기 때문에 뒤에는 주어동사를 갖춘 완전한 문장이 온다는 사실도 기억해야 한다. 보통 접속부사 뒤에는 ,가 나온다는 사실을 알고 있으면 편하다. 다음 예문을 통해 G-Point 32를 정확히 이해해보자.

예문

He is handsome. However, he is rude.

However는 앞 문장과 뒷 문장을 내용적으로 연결해주는 역할을 하지만, 뺀다고 하여도 문법적으로는 전혀 오류가 없다. 따라서 However는 부사가 접속사처럼 사용되어 접속부사라고 불린다. 접속부사의 뜻을 묻는 문제가 출제되기 때문에 다음의 다양한 접속부사를 암기해야 한다. 하지만, 시험에 출제되는 유형을 구분하지 않고 단순히 뜻만 외운다면 효율이 떨어진다. 따라서 하는 역할이 정확히 무엇인지를 분류해 놓은 다음의 표를 암기하자.

STEP 1

어법 선택

01 I invest mainly in financial assets. [On the other hand / In addition], My husband invests in physical assets.

02 A lot of practice is the most important factor in success [However / For example], Rachel had practiced piano more than 10 hours a day and won the grand prize at the international competition.

03 He had experienced a series of business failures. [Nevertheless / Similarly], he made a comeback.

04 [Fortunately / Unfortunately], Jack got a subsidy from the government. Otherwise, he could not have carried out this project.

05 I had spent too much time on the security checkout. [However / In the end], I missed the plane.

06 Amy is trusted by people because she is honest. [In addition / On the contrary], she is kind to everyone.

07 Jay had suffered from the flu for three days. [Nevertheless / As a result], he did not take an important test.

08 Many problems have been found with the new smart phone. [Nevertheless / Especially], the problem associated with the camera is serious.

09 Kelly usually talks to her mother for her career counseling. [Thus / In contrast], her brother, Jeong-min, usually talks to his father.

10 He swore not to lie. [Eventually / Even so], I didn't trust him anymore.

STEP 1

정답 및 해설

01 나는 주로 금융자산에 대한 투자한다. 반면에 남편은 실물자산에 투자 한다.
　　(정답) on the other hand [나와 남편을 대조하고 있으므로 on the other hand가 적절하다.]

02 수많은 연습이 성공의 가장 중요한 요인이다. 예를 들어, Rachel은 하루 10시간 이상 피아노 연습을 하여, 국제 대회에서 대상을 탔다.
　　(정답) For example [연습을 통해 성공한 Rachel의 구체적인 사례가 언급되어있으므로 for example이 적절하다.]

03 그는 잇단 사업 실패를 경험했다. 그럼에도 불구하고, 재기했다.
　　(정답) Nevertheless [앞문장과 뒷 문장의 역접의 관계이므로 nevertheless가 적절하다.]

04 다행히도 Jack은 부족한 예산을 정부로부터 지원받았다. 그렇지 않았다면, 그는 이 프로젝트를 진행할 수 없었을 것이다.
　　(정답) Fortunately [부족한 예산을 지원받은 것은 다행스러운 일이므로 fortunately가 적절하다.]

05 보안 검색대에서 시간을 너무 많이 소요했다. 결국, 비행기를 놓쳤다.
　　(정답) In the end [시간을 많이 소요했고 그 결과 비행기를 놓친 것이므로 in the end가 적절하다.]

06 Amy는 정직하기 때문에 사람들에게 신뢰를 받는다. 게다가, 그녀는 모든 사람들에게 친절하다.
　　(정답) In addition [신뢰감에 더하여 친절하기 까지 하므로 추가를 나타내는 in addition이 적절하다.]

07 Jay는 3일 동안 독감에 시달렸다. 그 결과, 중요한 시험을 보지 못했다.
　　(정답) As a result [독감에 시달린 결과 중요한 시험을 보지 못한 것이므로 인과를 나타내는 as a result가 적절하다.]

08 새롭게 출시될 스마트폰에서 많은 문제점이 발견되고 있다. 특히, 카메라와 관련된 문제가 심각하다.
　　(정답) Especially [많은 문제점 중에서 카메라 관련문제를 강조하고 있으므로 especially가 적절하다.]

09 Kelly는 진로 상담을 할 때, 주로 어머니와 이야기 한다. 대조적으로 그의 남동생인 Jeong-min은 주로 아버지와 이야기한다.
　　(정답) In contrast [kelly와 남동생을 대조하고 있으므로 in contrast가 적절하다.]

10 그는 거짓말하지 않겠다고 맹세했다. 그럼에도 불구하고, 나는 더 이상 그를 신뢰하지 않았다.
　　(정답) Even so [앞문장과 역접의 관계이므로 even so가 적절하다.]

STEP 2

밑줄 친 부분 올바르게 고치기

01 I invest mainly in financial assets. For example, My husband invests in physical assets.

02 A lot of practice is the most important factor in success On the other hand, Rachel had practiced piano more than 10 hours a day and won the grand prize at the international competition.

03 He had experienced a series of business failures. Therefore, he made a comeback.

04 Unfortunately, Jack got a subsidy from the government. Otherwise, he could not have carried out this project.

05 I had spent too much time on the security checkout. However, I missed the plane.

06 Amy is trusted by people because she is honest. For example, she is kind to everyone.

07 Jay had suffered from the flu for three days. Nevertheless, he did not take an important test.

08 Many problems have been found with the new smart phone. Eventually, the problem associated with the camera is serious.

09 kelly usually talks to her mother for her career counseling. Similarly, her brother, Jeoung-min, usually talks to his father.

10 He swore not to lie. Consequently, I didn't trust him anymore.

STEP 2

정답 및 해설

01 나는 주로 금융자산에 대한 투자한다. 반면에 남편은 실물자산에 투자 한다.
  정답) on the other hand 등 [나와 남편을 대조하고 있다.]

02 수많은 연습이 성공의 가장 중요한 요인이다. 예를 들어, Rachel은 하루 10시간 이상 피아노 연습을 하여, 국제 대회에서 대상을 탔다.
  정답) For example 등 [연습을 통해 성공한 Rachel의 구체적인 사례가 언급되어 있다.]

03 그는 잇단 사업 실패를 경험했다. 그럼에도 불구하고, 재기했다.
  정답) Nevertheless 등 [앞문장과 역접의 관계이다.]

04 다행히도 Jack은 부족한 예산을 정부로부터 지원받았다. 그렇지 않았다면, 그는 이 프로젝트를 진행할 수 없었을 것이다.
  정답) Fortunately [부족한 예산을 지원받은 것은 다행스러운 일이므로 fortunately가 적절하다.]

05 보안 검색대에서 시간을 너무 많이 소요했다. 결국, 비행기를 놓쳤다.
  정답) In the end 등 [시간을 많이 소요했고 그 결과 비행기를 놓친 것이므로 in the end 등이 적절하다.]

06 Amy는 정직하기 때문에 사람들에게 신뢰를 받는다. 게다가, 그녀는 모든 사람들에게 친절하다.
  정답) In addition 등 [신뢰감에 친절함을 첨가하고 있다.]

07 Jay는 3일 동안 독감에 시달렸다. 그 결과, 중요한 시험을 보지 못했다.
  정답) As a result 등 [독감에 시달린 결과 중요한 시험을 보지 못한 것이므로 인과를 나타내고 있다.]

08 새롭게 출시될 스마트폰에서 많은 문제점이 발견되고 있다. 특히, 카메라와 관련된 문제가 심각하다.
  정답) Especially 등 [많은 문제점 중에서 카메라 관련문제를 강조하고 있다.]

09 Kelly는 진로 상담을 할 때, 주로 어머니와 이야기 한다. 대조적으로 그의 남동생인 Jeong-min은 주로 아버지와 이야기한다.
  정답) In contrast 등 [kelly와 남동생을 대조하고 있다.]

10 그는 거짓말하지 않겠다고 맹세했다. 그럼에도 불구하고, 나는 더 이상 그를 신뢰하지 않았다.
  정답) Even so 등 [앞문장과 역접의 관계이다.]

STEP 3

빈칸 넣기

01 I invest mainly in financial assets. _____ , My husband invests in physical assets.
(a) Therefore
(b) For example
(c) On the other hand
(d) Namely

02 A lot of practice is the most important factor in success. _____ , Rachel had practiced piano more than 10 hours a day and won the grand prize at the international competition.
(a) For example
(b) Though
(c) Notwithstanding
(d) In other words

03 He had experienced a series of business failures. _____ , he made a comeback.
(a) Similarly
(b) Besides
(c) That is
(d) Nevertheless

04 _____ , Jack got a subsidy from the government. Otherwise, he could not have carried out this project.
(a) Therefore
(b) Fortunately
(c) Above all
(d) For one thing

05 I had spent too much time on the security checkout. _____ , I missed the plane.
(a) In the end
(b) For instance
(c) Yet
(d) In other words

STEP 3

정답 및 해설

01 나는 주로 금융자산에 투자한다. 반면에 남편은 실물자산에 투자한다.
　　정답 (c) [나와 남편을 대조하고 있으므로 on the other hand가 적절하다.]

02 수많은 연습이 성공의 가장 중요한 요인이다. 예를 들어, Rachel은 하루 10시간 이상 피아노 연습을 하여, 국제 콩쿨 대회에서 대상을 탔다.
　　정답 (a) [연습을 통해 성공한 Rachel의 구체적인 사례가 언급되어있으므로 for example이 적절하다.]

03 그는 잇단 사업 실패를 경험했다. 그럼에도 불구하고, 재기했다.
　　정답 (d) [앞문장과 뒷 문장의 역접의 관계이므로 nevertheless가 적절하다.]

04 다행히도 Jack은 부족한 예산을 정부로부터 지원받았다. 그렇지 않았다면, 그는 이 프로젝트를 진행할 수 없었을 것이다.
　　정답 (b) [부족한 예산을 지원받은 것은 다행스러운 일이므로 fortunately가 적절하다.]

05 보안 검색대에서 시간을 너무 많이 소요했다. 결국, 비행기를 놓쳤다.
　　정답 (a) [시간을 많이 소요했고 그 결과 비행기를 놓친 것이므로 in the end가 적절하다.]

STEP 3

빈칸 넣기

06 Amy is trusted by people because she is honest. _____, she is kind to everyone.

(a) Meanwhile
(b) Nevertheless
(c) In addition
(d) Namely

07 Jay had suffered from the flu for three days. _____, he did not take an important test.

(a) As a result
(b) However
(c) For instance
(d) In the first place

08 Many problems have been found with the new smart phone. _____, the problem associated with the camera is serious.

(a) Still
(b) Instead
(c) In sum
(d) Especially

09 Kelly usually talks to her mother for her career counseling. _____, her brother, Jeong-min, usually talks to his father.

(a) For example
(b) In contrast
(c) In the first place
(d) Accordingly

10 He swore not to lie. _____, I didn't trust him anymore.

(a) Rather
(b) In other words
(c) That is
(d) Even so

STEP 3

정답 및 해설

06 Amy는 정직하기 때문에 사람들에게 신뢰를 받는다. 게다가, 그녀는 모든 사람들에게 친절하다.
  정답 (c) [신뢰감에 더하여 친절하기 까지 하므로 추가를 나타내는 in addition이 적절하다.]

07 Jay는 3일 동안 독감에 시달렸다. 그 결과, 중요한 시험을 보지 못했다.
  정답 (a) [독감에 시달린 결과 중요한 시험을 보지 못한 것이므로 인과를 나타내는 as a result가 적절하다.]

08 새롭게 출시될 스마트폰에서 많은 문제점이 발견되고 있다. 특히, 카메라와 관련된 문제가 심각하다.
  정답 (d) [많은 문제점 중에서 카메라 관련문제를 강조하고 있으므로 especially가 적절하다.]

09 Kelly는 진로 상담을 할 때, 주로 어머니와 이야기 한다. 대조적으로 그의 남동생인 Jeong-min은 주로 아버지와 이야기한다.
  정답 (b) [kelly와 남동생을 대조하고 있으므로 in contrast가 적절하다.]

10 그는 거짓말하지 않겠다고 맹세했다. 그럼에도 불구하고, 나는 더 이상 그를 신뢰하지 않았다.
  정답 (d) [앞문장과 역접의 관계이므로 even so가 적절하다.]

켈리 지텔프 G-POINT 33

> 접속사 뒤 ➡ S + V [해석필요, 없으면 문법적으로 오류]

접속사의 문법적 특성을 살펴보도록 하자. 접속사는 접속부사와 달리 문법적으로 빼면 문장에 오류가 생긴다. 하지만 접속사도 접속부사와 마찬가지로 문장과 문장을 연결해 주는 역할을 하며 뒤에는 주어와 동사를 갖춘 완전한 문장이 온다. 다음 예문을 통해 G-Point 33을 정확히 이해해보자.

예문

He is happy because she likes him.

because는 앞 문장과 뒷문장을 내용적으로 연결해주는 역할을 하며, 빼다면 문장과 문장 사이의 연결고리가 없기 때문에 틀린 문장이 된다. 따라서 because는 꼭 존재해야 한다. 만약 2개의 절이 존재한다면 접속사는 1개가 필요하며, 3개의 절이 존재한다면 접속사는 2개가 필요할 것이다. 전체 문장에 존재하는 절의 개수에서 1을 뺀 것이 접속사의 개수이다. 가령 위의 예문에서는 절이 2개 존재하므로 접속사는 1개가 존재하게 된다. 접속사의 뜻을 묻는 문제가 출제되기 때문에 다음의 다양한 접속사를 암기해야 한다. 하지만, 시험에 출제되는 유형을 구분하지 않고 단순히 뜻만 외운다면 효율이 떨어진다. 따라서 하는 역할이 정확이 무엇인지를 분류해 놓은 다음의 표를 암기하자.

암기표 9 접속사

이유 [~ 때문에, ~라는 점에서]	as, because, in that, now that, since, seeing that
조건 [만약 ~라면, ~할 경우, ~라고 가정하면]	assuming (that), as(so) long as, if, provided (that), providing (that), so far as, given (that), suppose (that), supposing (that), in case (that), in the event (that) *unless [만약 ~가 아니라면]
양보 [비록 ~일지라도]	even though, even if, although, though, however, no matter how
시간	after [~한 후에] as soon as [~하자마자] as, when [~할 때] before [~하기 전에] once [일단 ~하면] till, until [~할 때까지] while [~하는 동안] whenever [~할 때마다]
목적 [~하기 위하여]	so that in order that
결과 [그 결과 ~하다]	so ~ that – [너무 ~해서 – 하다] such ~ that – [너무 ~해서 – 하다]
대조 [~하는 반면]	while whereas
기타	as if [마치 ~처럼] whether [~이든 아니든] wherever [~하는 곳은 어디든]

STEP 1

어법 선택

01 Rachel left work early [because / until] she had to go to school to consult with the teacher about her daughter, Emma.

02 [Before / In that] Gilbert doesn't trust my ability, he won't offer me a job.

03 [Since / Although] many people hate him, I know that he has amazing potential.

04 [As soon as / Even though] the famous actor arrived, I asked him to sign.

05 [Because / Even though] Michelangelo had gone through many hardships, he created the greatest works of art.

06 I'll be with her [after / as long as] she doesn't leave me.

07 [Now that / Wherever] the grandmother went, the little granddaughter always followed her around.

08 It doesn't matter to me [whether / since] you are American or Chinese.

09 [Unless / If] Jack solves the problem, he will get promoted.

10 Lucas bought his daughter what she wanted [even if / whenever] she got a perfect score on the test.

STEP 1

정답 및 해설

01 Rachel은 그녀의 딸인 Emma에 관해 선생님과 상담을 하기 위해 학교에 가야했기 때문에 일찍 퇴근했다.
정답) because [조퇴를 한 이유를 나타내고 있으므로 이유를 나타내는 접속사를 써야 한다.]

02 Gilbert가 나의 능력을 신뢰하지 않는 다는 점을 비추어볼 때, 그는 나에게 일자리를 제안하지 않을 것이다.
정답) In that [프로젝트를 맡기지 않은 이유를 나타내고 있으므로 이유를 나타내는 접속사를 써야 한다.]

03 비록 많은 사람들이 그를 미워하지만, 나는 그가 어마어마한 잠재력을 가지고 있다는 것을 알고 있다.
정답) Although [잠재력을 가지는 것과 미워하는 것은 역접의 관계이므로 역접을 나타내는 접속사를 써야 한다.]

04 그 유명배우가 도착하자마자, 나는 그에게 사인을 해달라고 요청했다.
정답) As soon as [해석상 '도착하자마자'를 뜻하는 as soon as가 적절하다.]

05 Michelangelo는 수많은 역경을 겪었음에도 불구하고, 위대한 작품을 창조했다.
정답) Even though [위대한 작품을 완성한 것과 역경을 겪은 것은 역접의 관계이다.]

06 그녀가 나를 떠나지 않는 한 나도 그녀와 함께 있을 것이다.
정답) as long as [해석상 '~하는 한'을 뜻하는 as long as가 적절하다.]

07 할머니가 가는 곳이면 어디든지, 어린 손녀는 늘 그녀의 뒤를 졸졸 쫓아다녔다.
정답) Wherever [해석상 '~하는 곳마다'를 뜻하는 wherever가 적절하다.]

08 당신이 미국인이든 중국인이든, 그건 나에게 상관없다.
정답) whether [해석상 '~이든 아니든'을 뜻하는 whether이 적절하다.]

09 만약 Jack이 문제를 해결한다면 승진할 것이다.
정답) if [해석상 '만약 ~라면'을 뜻하는 if가 적절하다.]

10 Lucas는 그의 딸이 시험에서 만점을 받을 때마다, 그녀에게 원하는 것을 사주었다.
정답) whenever [해석상 '~할 때마다'를 뜻하는 whenever가 적절하다.]

STEP 2

틀린 어법 고르기

01 Rachel left work early as if she had to go to school to consult with a teacher about her daughter, Emma.

02 Although Gilbert doesn't trust my ability, he won't offer me a job.

03 As soon as many people hate him, I know that he has amazing potential.

04 Before the famous actor arrived, I asked him to sign.

05 In order that Michelangelo had gone through many hardships, he created the greatest works of art.

06 I'll be with her though she doesn't leave me.

07 Even though she went, the little granddaughter always followed her around.

08 It doesn't matter to me so far as you are American or Chinese.

09 Unless Jack solves the problem, he will get promoted.

10 Lucas bought his daughter what she wanted whereas she got a perfect score on the test.

STEP 2

정답 및 해설

01 Rachel은 그녀의 딸인 Emma에 관해 선생님과 상담을 하기 위해 학교에 가야했기 때문에 일찍 퇴근했다.
  정답) because 등 [조퇴를 한 이유를 나타내고 있으므로 이유를 나타내는 접속사를 써야 한다.]

02 Gilbert가 나의 능력을 신뢰하지 않는 다는 점을 비추어볼 때, 그는 나에게 일자리를 제안하지 않을 것이다.
  정답) In that 등 [프로젝트를 맡기지 않은 이유를 나타내고 있으므로 이유를 나타내는 접속사를 써야 한다.]

03 비록 많은 사람들이 그를 미워하지만, 나는 그가 어마어마한 잠재력을 가지고 있다는 것을 알고 있다.
  정답) Although 등 [잠재력을 가지는 것과 미워하는 것은 역접의 관계이므로 역접을 나타내는 접속사를 써야 한다.]

04 그 유명배우가 도착하자마자, 나는 그에게 사인을 해달라고 요청했다.
  정답) As soon as 등 [해석상 as soon as 등이 적절하다.]

05 Michelangelo는 수많은 역경을 겪었음에도 불구하고, 위대한 작품을 창조했다.
  정답) Even though 등 [위대한 작품을 완성한 것과 역경을 겪은 것은 역접의 관계이다.]

06 그녀가 나를 떠나지 않는 한 나도 그녀와 함께 있을 것이다.
  정답) as long as 등 [해석상 as long as 등이 적절하다.]

07 할머니가 가는 곳이면 어디든지, 어린 손녀는 늘 그녀의 뒤를 졸졸 쫓아다녔다.
  정답) Wherever [해석상 '~하는 곳마다'를 뜻하는 wherever가 적절하다.]

08 당신이 미국인이든 중국인이든, 그건 나에게 상관없다.
  정답) whether [해석상 '~이든 아니든'을 뜻하는 whether이 적절하다.]

09 만약 Jack이 문제를 해결한다면 승진할 것이다.
  정답) if [해석상 '만약 ~라면'을 뜻하는 if가 적절하다.]

10 Lucas는 그의 딸이 시험에서 만점을 받을 때마다, 그녀에게 원하는 것을 사주었다.
  정답) whenever [해석상 '~할 때마다'를 뜻하는 whenever가 적절하다.]

STEP 3

빈칸 넣기

01 Rachel left work early _____ she had to go to school to consult with the teacher about her daughter, Emma.
- (a) until
- (b) once
- (c) if
- (d) because

02 _____ Gilbert doesn't trust my ability, he won't offer me a job.
- (a) Although
- (b) In that
- (c) In order that
- (d) After

03 _____ many people hate him, I know that he has amazing potential.
- (a) Because
- (b) When
- (c) Provided that
- (d) Although

04 _____ he arrived, I asked him to sign.
- (a) As soon as
- (b) On condition that
- (c) As long as
- (d) As though

05 _____ Michelangelo had gone through many hardships, he completed the greatest arts of work.
- (a) Until
- (b) if
- (c) Even though
- (d) Given that

STEP 3

정답 및 해설

01 Rachel은 그녀의 딸인 Emma에 관해 선생님과 상담을 하기 위해 학교에 가야했기 때문에 일찍 퇴근 했다.
　　(정답) (d) [조퇴를 한 이유를 나타내고 있으므로 이유를 나타내는 접속사를 써야 한다.]

02 Gilbert가 나의 능력을 신뢰하지 않는다는 점을 비추어볼 때, 그는 나에게 일자리를 제안하지 않을 것이다.
　　(정답) (b) [프로젝트를 맡기지 않은 이유를 나타내고 있으므로 이유를 나타내는 접속사를 써야 한다.]

03 비록 많은 사람들이 그를 미워하지만, 나는 그가 어마어마한 잠재력을 가지고 있다는 것을 알고 있다.
　　(정답) (d) [잠재력을 가지는 것과 미워하는 것은 역접의 관계이므로 역접을 나타내는 접속사를 써야 한다.]

04 그 유명배우가 도착하자마자, 나는 그에게 사인을 해달라고 요청했다.
　　(정답) (a) [해석상 '도착하자마자'를 뜻하는 as soon as가 적절하다.]

05 Michelangelo는 수많은 역경을 겪었음에도 불구하고, 위대한 작품을 창조했다.
　　(정답) (c) [위대한 작품을 완성한 것과 역경을 겪은 것은 역접의 관계이다.]

STEP 3

빈칸 넣기

06 I'll be with her _____ she doesn't leave me.

    (a) although
    (b) after
    (c) as long as
    (d) as if

07 _____ the grandmother went, the little granddaughter always followed her around.

    (a) Wherever
    (b) However
    (c) Unless
    (d) In order that

08 It doesn't matter to me _____ you are American or Chinese.

    (a) even though
    (b) because
    (c) when
    (d) whether

09 _____ Jack solves the problem, he will get promoted.

    (a) Before
    (b) If
    (c) As though
    (d) Whether

10 Lucas bought his daughter what she wanted _____ she got a perfect score on the test.

    (a) unless
    (b) even if
    (c) before
    (d) whenever

STEP 3

정답 및 해설

06 그녀가 나를 떠나지 않는 한 나도 그녀와 함께 있을 것이다.
   정답 (c) [해석상 '~하는 한'을 뜻하는 as long as가 적절하다.]

07 할머니가 가는 곳이면 어디든지, 어린 손녀는 늘 그녀의 뒤를 졸졸 쫓아다녔다.
   정답 (a) [해석상 '~하는 곳마다'를 뜻하는 wherever가 적절하다.]

08 당신이 미국인이든 중국인이든, 그건 나에게 상관없다.
   정답 (d) [해석상 '~이든 아니든'을 뜻하는 whether이 적절하다.]

09 만약 Jack이 문제를 해결한다면 승진할 것이다.
   정답 (b) [해석상 '만약 ~라면'을 뜻하는 if가 적절하다.]

10 Lucas는 그의 딸이 시험에서 만점을 받을 때마다, 그녀에게 원하는 것을 사주었다.
   정답 (d) [해석상 '~할 때마다'를 뜻하는 whenever가 적절하다.]

켈리 지텔프 G-POINT 33

연결어 한 눈에 보기

1. 연결어 문제 유형임을 알 수 있는 방법

선택지에 접속사, 접속부사, 전치사만 존재

2. 연결어 POINT 정리

G-POINT 32　G-POINT 32　접속부사 뒤 ➡ , S + V [해석 필요, 없어도 문법적 오류 없음]

G-POINT 33　G-POINT 33　접속사 뒤 ➡ S + V [해석필요, 없으면 문법적으로 오류]

STEP 4

연결어 실전 문제

01 Amy's two sons look similar, but they are very different in personality. _____, one is very shy and the other is very active.

(a) In fact
(b) Nevertheless
(c) Until
(d) In spite of

02 Chung was recently hospitalized for lung problems. Five years ago, his doctor advised him to quit smoking for his health, but he didn't stop smoking _____ he knew there was something wrong with his lungs.

(a) in spite of
(b) however
(c) even though
(d) because

03 Jack is known as a prolific writer. He sets quotas and doesn't stop writing _____ he meets them.

(a) after
(b) until
(c) because
(d) while

04 A study conducted by some biologists found that ants are able to detect earthquakes in advance. Ants seem to stay outside their homes at night unusually _____ earthquakes occur.

(a) meanwhile
(b) despite
(c) eventually
(d) before

05 Dwight has worried about Angela since she was in a car accident. _____ she goes, he follows her around all day like a shadow.

(a) As a result
(b) In addition
(c) Before
(d) Wherever

06 _____ impossible the task seemed, Rachel accomplished it after endless attempts. She will soon be promoted to manager of the company.

(a) In fact
(b) Until
(c) No matter how
(d) Whenever

07 A large sum of money was invested in a movie, but it failed to hit the jackpot because of its crude scenario. Critics criticized the director for making such a poor-quality movie _____ massive investments were done.

(a) despite
(b) even though
(c) before
(d) because of

08 Smoking in public places is legally prohibited. _____ , many people are still seen smoking at bus stops.

(a) Consequently
(b) Nevertheless
(c) In the same way
(d) Similarly

09 _____ she has mastered Arabic on her own, she seems patient enough to take charge of the project. She's perfect for this project because it requires patience rather than originality.

(a) As long as
(b) Until
(c) Given that
(d) As soon as

10 Kate had thought that having much money did not necessarily make her happy, and satisfaction was the biggest factor in happiness. _____ , she now thinks that money is the biggest factor in determining happiness.

(a) As a result
(b) Supposing that
(c) Regardless of
(d) However

11 _____ the doctor recommended that he stop drinking, he continued to drink, eventually diagnosed with alcoholic dementia. Thinking that he could not stop drinking by himself, he decided to go to a meeting for alcoholics.

(a) Although
(b) In spite of
(c) Because
(d) Given that

12 Andrew didn't prepare well for the test because he had been dating his new girlfriend, even though it was very important for the promotion. _____ , he was the only one on the team to fail to get a promotion.

(a) As a result
(b) Nevertheless
(c) Similarly
(d) For example

STEP 4

연결어 실전 문제

13 Fresco painting is a painting where mortar is applied to the wall. Fresco painting had been popular in the 14th century, but it declined _____ oil painting became popular in the 17th century.

(a) after
(b) until
(c) for example
(d) on the other hand

14 A woman whom he met at a social gathering is flirting with James. He told her to stop flirting with him, but she follows him _____ he goes.

(a) when
(b) supposed that
(c) provided that
(d) wherever

15 Lucas was informed about termination _____ he rejected his boss's offer to do something illegal. He is going to reveal what the boss did to everyone.

(a) above all
(b) as soon as
(c) even though
(d) in addition that

16 A new performance evaluation system is necessary _____ teachers evaluate the students' performance properly. The current system needs to be revised because it reflects only the academic achievements of students.

(a) in order that
(b) given that
(c) otherwise
(d) unless

17 Jack rejected Sophia's suggestion to have dinner together _____ he had already made other plans. Since she looked very depressed, it kept on bothering him.

(a) because
(b) on account of
(c) as if
(d) assuming that

18 There are mysteries about how the ancient Egyptians were able to build a number of huge structures. _____, the pyramids were built by the Egyptians with about 2.4 million pieces of stone piled up, but it is still unknown how the large stones were moved.

(a) Instead
(b) Eventually
(c) In the meantime
(d) For example

19 _____ Jessica has attempted to persuade voters, they are uninterested. Now that the election is just around the corner, her mind is beginning to grow impatient.

(a) Unfortunately
(b) At first
(c) Although
(d) Owing to

20 E&K Airlines promise the flying experience will get better _____ you go. Even in economy class, there is enough legroom to ensure customers are comfortable.

(a) concerning
(b) wherever
(c) in case of
(d) assuming

켈리지텔프 G-POINT 33

켈리지텔프
G-POINT 33

STEP 4
정답 및 해설&해석

Unit 1 가정법

01
정답 (a)

해설 if 절에 had not been이 왔으므로 가정법 과거완료 구문이다. 따라서 주절에 과거완료를 써야 한다. [G-Point 2]

해석 그 TV 프로그램이 없었다면, 모든 사람들은 이 사건을 몰랐을 것이다. 이 프로그램은 그 제작자가 오랫동안 모아 온 흥미로운 사진들과 영상을 사용하여 우리들이 이 사건에 관심을 갖도록 도왔다.

02
정답 (d)

해설 had he been~ 부분에 if가 생략되어 도치되었다. 원래 문장은 if he had he been capable~이다. 따라서 주절에는 과거완료를 써야 한다. [G-Point 2]

해석 Rachel은 Ethan을 대체할 디자이너를 찾으려고 노력해왔다. 만약 Mark가 포토샵을 다룰 수 있었다면 그녀는 그를 즉시 고용했을 것이다.

03
정답 (c)

해설 if 절에 came이 왔으므로 가정법 과거 구문이다. 따라서 주절에 과거를 써야 한다. [G-Point 1]

해석 지난 가을 지진이 그 지역을 강타한 이후 많은 전문가들이 그곳이 더 이상 지진으로부터 안전한 장소가 아니라고 말하고 있다. 만약 더 강한 지진이 그곳을 강타하면, 많은 사람들이 피해를 입을 것이다.

04
정답 (b)

해설 if 절에 had studied hard가 왔으므로 가정법 과거완료 구문이다. 따라서 주절에 과거완료를 써야 한다. [G-Point2]

해석 Sue는 그녀가 원하던 점수를 얻지 못했기 때문에 수학 시험의 결과에 대해 만족하지 못했다. 만약 더 열심히 공부했더라면, 좋은 점수를 얻을 수 있었을 것이라고 생각했다.

05
정답 (d)

해설 주절에 would have taken이 왔으므로 가정법 과거완료 구문이다. 따라서 if절에 과거완료를 써야 한다. [G-Point 2]

해석 내가 그를 만나지 않았었더라면 충분히 휴식을 취했을 것이다. 나는 어제 미열 때문에 아팠다. 그를 만나자마자 비가 많이 내렸는데, 우리는 우산이 없었고 나는 얇은 옷을 입고 있었다.

06
정답 (b)

해설 if 절에 had가 왔으므로 가정법 과거 구문이다. had는 have의 과거동사일 뿐이므로, 가정법 과거완료로 착각해서는 안된다. 따라서 주절에 과거를 써야 한다. [G-Point 1]

해석 Grace는 시간이 충분하지 않기 때문에 그녀의 작품을 위한 새로운 아이디어를 생각해내지 못하고 있다. 만약 그녀가 그것에 대해 생각할 시간이 더 있다면, 그녀는 그 일을 더 빠르게 완수할 것이다.

07
정답 (b)

해설 Had he~ 부분에 if가 생략되어 있다. 따라서 원래 문장은 if he had not taken the first aid kit이다. 따라서 주절에는 과거완료를 써야 한다. [G-Point 2]

해석 만약 그가 구급상자를 챙겨가지 않았더라면 그녀는 목숨을 잃었을 것이다. 그녀는 밀림 지역을 건너가는 도중에 발을 헛디뎌 크게 다쳤는데 소독 도구가 들어있던 구급상자를 이용해 응급처치를 할 수 있었기 때문에 감염을 막을 수 있었다.

08
정답 (c)

해설 if절 에 had arrived가 왔으므로 가정법 과거완료 구문이다. 따라서 주절에 과거완료를 써야 한다. [G-Point 2]

해석 만약 소방차가 5분만 더 늦게 도착했더라면 건물에서 큰 폭발이 있었을 것이다. 건물 주인이 빠르게 신고를 한 덕분에 소방차가 빨리 도착해서 화재를 진압할 수 있었다.

09
정답 (a)

해설 if절에 had been actively promoted가 왔으므로 가정법 과거완료 구문이다. 따라서 주절에 과거완료를 써야 한다. [G-Point 2]

해석 만약 적극적으로 홍보를 했었다면 그 영화는 흥행할 수 있었을 것이다. 좋은 시나리오가 기반이 되었고 유명한 배우가 출현했던 그 영화는 홍보가 제대로 되지 않았기 때문에 사람들이 많이 보지 않았다.

10
정답 (d)

해설 if 절에 had stopped가 왔으므로 가정법 과거완료 구문이다. 따라서 주절에 과거완료를 써야 한다. [G-Point 2]

해석 만약 그 회사가 공격적인 투자를 멈췄다면 거대 기업으로 성장하지 못했을 것이다. 그 회사의 경영진은 불경기에도 불구하고 성장을 기대하며 신제품에 계속 투자했고 그 결과 업계의 압도적인 선두주자로 자리매김하게 되었다.

11
정답 (b)

해설 if 절에 had been set가 왔으므로 가정법 과거완료 구문이다. 따라서 주절에 과거완료를 써야 한다. [G-Point 2]

해석 만약 비밀번호를 더 어렵게 설정했었다면 은행계좌가 해킹 당하는 것을 막았을 것이다. 그녀는 기억하기 쉬운 비밀번호를 설정했고 결국 악명높은 해커에 의해 해킹 당했는데, 이것이 그녀에게 큰 손실을 초래했다.

12
정답 (b)

해설 had she ~ 부분에 if가 생략되어 있다. 따라서 원래 문장은 if she had not saved enough money이다. 따라서 주절에는 과거완료를 써야 한다. [G-Point 2]

해석 그녀가 저축을 충분히 하지 않았다면 그 위기를 극복할 수 없었을 것이다. 그녀는 오랫동안 일을 해오면서 월급을 꾸준하게 저축했고 그녀의 아버지가 갑자기 쓰러져 많은 병원비가 필요했을 때 큰 무리 없이 병원비를 모두 처리할 수 있었다.

13
정답 (a)

해설 if 절에 hadn't rained가 왔으므로 가정법 과거완료 구문이다. 따라서 주절에 과거완료를 써야 한다. [G-Point 2]

해석 만약 그 날 비가 오지 않았더라면 그녀를 만날 수 있었을 것이다. 소개팅 후 그녀에게 데이트 신청을 했고 약속도 잡았지만, 비가 너무 많이 내려 취소되었다.

14
정답 (a)

해설 if 절에 had pp가 왔고 주절에 now가 있다. if 절에서는 과거 사실을 가정했지만 주절에서 현재 사실을 가정하고 있으므로 혼합 가정법임을 알 수 있다. [가정법 오답 - Point 6]

해석 만약 Jack이 더 좋은 위치에서 사업을 시작했었다면 그는 지금 성공했을 것이다. 그는 은퇴 후 사업을 시작 했지만 위치가 너무 좋지 않아서 고객을 유치하는데 어려움을 겪고 있다.

15
정답 (c)

해설 if절에 hand't learned이 왔으므로 가정법 과거완료 구문이다. 따라서 주절에 과거완료를 써야 한다. [G-Point 2]

해석 만약 그녀가 어릴 때 수영하는 법을 배우지 않았더라면 그 날 큰 사고가 일어났을 것이다. 그녀는 어릴 때 부모님의 권유로 수영을 배웠고 그 때부터 바다에서 수영하는 것을 즐겨오고 있었다.

16
정답 (d)

해설 if 절에 gave가 왔으므로 가정법 과거 구문이다. 따라서 주절에 과거를 써야 한다. [G-Point 1]

해석 만약 유명 신발회사의 사장인 Kate가 직원들에게 적절한 보상을 해주지 않는다면 그들의 작업 성과는 매우 저조할 것이다. 사실 그녀는 성과에 기초한 보상이 필수적이라는 사실을 알고 있다.

17
정답 (a)

해설 if절에 had missed가 왔으므로 가정법 과거완료 구문이다. 따라서 주절에 과거완료를 써야 한다. [G-Point 2]

해석 만약 Ethan이 영어 수업을 빠졌다면 시험에서 좋은 성적을 받을 수 없을 것이다. 각 수업에서 배운 내용은 모두 연결되어 있는 내용이었기 때문에 그는 모든 수업에 참석하려 애썼고, 이것이 그가 좋은 점수를 받게 했다.

18
정답 (c)

해설 if 절에 had eaten이 왔으므로 가정법 과거완료 구문이다. 따라서 주절에 과거완료를 써야 한다. [G-Point 2]

해석 만약 Cathy가 음식을 천천히 먹었다면 위험한 상황에 처하지 않았을 것이다. 그녀가 많은 음식을 한꺼번에 먹으려고 했을 때 그녀는 기도가 막히고 이 때문에 질식되는 일을 겪었다.

19
정답 (b)

해설 if 절에 sympathized가 왔으므로 가정법 과거 구문이다. 따라서 주절에 과거를 써야 한다. [G-Point 1]

해석 만약 Robert가 직원들에게 공감한다면 그들의 감정상태가 안정될 것이다. 한 연구에 따르면 리더가 직원들의 상황을 이해할 때 그들의 스트레스가 완화될 수 있다.

20
정답 (d)

해설 if절에 experienced가 왔으므로 가정법 과거 구문이다. 따라서 주절에 과거를 써야 한다. [G-Point 1]

해석 만약 Bill이 많은 일을 경험한다면 그가 좋아하는 일이 무엇인지 알 수 있을 것이다. 그는 도전하기 두려워하기 때문에 무엇을 좋아하고 무엇을 잘하는지 알지 못하는 것처럼 보인다. 그의 아버지는 그가 기꺼이 모험을 해야 한다고 제안해오고 있다.

Unit 2 should 생략

01
정답 (b)

해설 recommended가 있으므로 that절에 should가 생략되어 동사원형이 남아야 한다. 주어인 vitamin C가 섭취되는 것이므로 수동태를 써야 한다. [G-Point 3]

해석 한 박사가 겨울철에는 비타민 C가 충분히 섭취되야 한다고 권고했다. 만약 음식물을 통해 비타민 C를 섭취하는 것이 어렵다면 비타민 C가 들어간 영양보충제를 복용하는 것도 좋은 방법이라는 사실을 덧붙였다.

02
정답 (d)

해설 insisted가 있으므로 that절에 should가 생략되어 동사원형이 남아야 한다. [G-Point 3]

해석 Kevin은 회사에서의 경험이 풍부하기 때문에 면접자들을 평가하는 일에 참여해야 한다고 주장했다. 그의 동료들도 그것을 알고 있었기 때문에 그의 주장에 반대하지 않았다.

03
정답 (c)

해설 suggested가 있으므로 that에 should가 생략되어 동사원형이 남아야 한다. [G-Point 3]

해석 John은 관중들이 가수들을 잘 보기 위해서 무대 위에 더 많은 조명이 있어야 한다고 제안했다. 지난 콘서트 이후로 많은 사람들이 무대가 잘 보이지 않았다고 불평해왔다.

04
정답 (a)

해설 insisted가 있으므로 that절에 should가 생략되어 동사원형이 남아야 한다. [G-Point 3]

해석 한 경제학자는 개발도상국의 노동자들이 더 높은 급여를 받아야 할 것을 권고했다. 그들의 현행 임금 수준은 최저 생계비에 훨씬 못 미치며, 이것이 각종 사회문제로 이어지고 있다.

05

정답 (d)

해설 recommended가 있으므로 that절에 should가 생략되어 동사원형이 남아야 한다. [G-Point 3]

해석 Damian은 영화관으로 더 많은 손님을 끌어오기 위해서는 직원들이 웃어야 한다고 주장했다. 사실 많은 연구는 직원들의 친절한 태도가 판매에 영향을 준다는 것을 보여주고 있다.

06

정답 (b)

해설 suggested가 있으므로 that절에 should가 생략되어 동사원형이 남아야 한다. [G-Point 3]

해석 최근에 일어난 큰 재난을 해결하기 위해서 시장은 모든 지역 주민들이 힘을 합칠 것을 제안했다. 참여를 원했던 시민들이 시청 앞 광장에 오후 3시까지 모여 재난 구역으로 이동했다.

07

정답 (a)

해설 required가 있으므로 that절에 should가 생략되어 동사원형이 남아야 한다. [G-Point 3]

해석 상담사는 그의 늦는 버릇을 고치기 위해서 약속 시간 30분 전에 출발할 것을 요구했다. 그렇게 하는지 확인하기 위해 그는 상담사에게 확인 전화를 해야 했다.

08

정답 (d)

해설 essential이 있으므로 that절에 should가 생략되어 동사원형이 남아야 한다. 회사가 요구조건을 따르는 것이므로 능동이다. 또한 should comply보다 comply가 우선한다. [G-Point 3]

해석 신뢰 관계를 만들기 위해서 모든 회사가 계약의 요구사항을 따라야 하는 것은 필수적이다. 만약 준수되지 않는다면 계약은 파기될 수 있으며 그 책임은 계약을 어긴 쪽이 모두 부담하게 된다.

09

정답 (b)

해설 asked가 있으므로 that절에 should가 생략되어 동사원형이 남아야 한다. [G-Point 3]

해석 Jake가 선을 넘었을 때 안전요원은 그가 물러나야 할 것을 요청했다. 안전사고가 일어나지 않도록 방지하는 것이 그 요원의 가장 중요한 임무였다.

10

정답 (c)

해설 natural이 있으므로 that절에 should가 생략되어 동사원형이 남아야 한다. [G-Point 3]

해석 기계가 정상적으로 작동하기 위해서 모든 부품이 잘 맞아야 하는 것은 당연한 일이다. 만약 한 부품이라도 어긋난다면 기계 전체가 작동을 멈추게 되고 큰 사고가 일어날 수 있다.

11

정답 (d)

해설 insisted가 있으므로 that절에 should가 생략되어 동사원형이 남아야 한다. 주어인 the criminal이 감옥에 수감되는 것이므로 수동태를 써야 한다. [G-Point 3]

해석 그녀는 추가 범죄를 막기 위해서는 가능하면 많은 범죄자들이 수감되어야 한다고 주장했다. 그렇게 하는 데는 많은 비용이 발생하지만, 추가범죄 예방과 사회정의를 실현하기 위해 당연히 해야 할 일이라고 말했다.

12

정답 (a)

해설 recommended가 있으므로 that절에 should가 생략되어 동사원형이 남아야 한다. [G-Point 3]

해석 강사는 Jennifer가 중국어에 익숙해지기 위해서 매일 중국 드라마를 볼 것을 추천했다. 또한 말하기 실력을 늘리기 위해서 드라마를 보면서 배우들의 대사를 따라 발음해 보는 것이 필요하다고 설명했다.

13

정답 (b)

해설 recommended가 있으므로 that절에 should가 생략되어 동사원형이 남아야 한다. [G-Point 3]

해석 Ethan은 Kelly에게 건강을 유지하려면 하루에 2리터 이상의 물을 마실 것을 권고 했다. 그래서 그녀는 매일 좋은 물을 마시기 위해 정수기를 사야겠다고 결심했다.

14

정답 (d)

해설 insisted가 있으므로 that절에 should가 생략되어 동사원형이 남아야 한다. [G-Point 3]

해석 Austin은 딸에게 알러지가 생기지 않으려면 복숭아를 먹으면 안 된다고 주장했다. 그녀는 그것을 먹고 싶어 했기 때문에 그녀는 울고 소동을 피웠지만, 그는 꼼짝도 하지 않았다.

15

정답 (a)

해설 suggested가 있으므로 that절에 should가 생략되어 동사원형이 남아야 한다. 주어인 the item이 제공 되는 것이므로 수동태를 써야 한다. [G-Point 3]

해석 Michael은 더 많은 판매 수익을 올리기 위해서 그 품목이 더 낮은 가격에 제공 되어야 한다고 제안했다. 상품 가격을 10% 낮춘다면 판매 수익의 20%가 상승할 것이라는 기사를 읽었기 때문이다.

16

정답 (c)

해설 essential이 있으므로 that절에 should가 생략되어 동사원형이 남아야 한다. 주어인 an enough rest가 취해지는 것이므로 수동태를 써야 한다. [G-Point 3]

해석 번아웃을 막기 위해서는 충분한 휴식을 취하는 것이 필수적이다. 낮잠 자기나 레저 활동을 즐기는 것 같이 스트레스를 없애고 휴식을 취하는 방법이 많다.

17

정답 (b)

해설 suggested가 있으므로 that절에 should가 생략되어 동사원형이 남아야 한다. [G-Point 3]

해석 사장은 각 직원들이 코스튬 파티에서 독특한 옷을 입으라고 제안했다. 그 파티에서 Duke는 최고의 드레서로 뽑혀 지역 신문에 실리게 되었다.

18

정답 (d)

해설 natural이 있으므로 that절에 should가 생략되어 동사원형이 남아야 한다. [G-Point 3]

해석 송어가 산란을 위해 고향으로 돌아가야 하는 것은 당연하다. 물살을 거슬러 고향으로 돌아간 뒤 송어는 알을 낳고 죽음을 맞이한다.

19

정답 (a)

해설 insisted가 있으므로 that절에 should가 생략되어 동사원형이 남아야 한다. [G-Point 3]

해석 코치는 Andrew가 다친 발목이 다 나을 때까지 축구를 하지 말아야 한다고 주장했다. 만약 그 상태로 계속 축구를 했다면 발목 상태가 더욱 악화되고 다신 축구를 할 수 없는 상태가 될 수도 있었다.

20

정답 (c)

해설 recommended가 있으므로 that절에 should가 생략되어 동사원형이 남아야 한다. [G-Point 3]

해석 상담사는 그녀가 성공하기 위해서는 위험을 감수하는 일을 겁내지 말아야 한다고 주장했다. 그는 위험을 감수하지 않는다면 보상도 얻을 수 없다는 사실을 그녀에게 알려주고 싶었다.

Unit 3 시제

01
정답 (b)

해설 기간을 나타내는 표현인 for 16 years가 있고 현재까지 진행되고 있는 일을 말하고 있으므로 현재 완료 진행형이 적절하다. [G-Point 9]

해석 내가 12살 때, 우리는 이 집으로 이사 와서 16년째 살고 있다. 비록 나는 때때로 오랫동안 같은 장소에 사는 것에 대해 싫증을 느끼지만, 이곳의 환경은 나를 편안하게 한다.

02
정답 (a)

해설 when절에 과거시제가 왔고 주절에 빈칸이 있으므로 과거진행형이 적절하다. [G-Point 5]

해석 Amy가 Chandler에게 전화했을 때, Chandler는 다른 여자와 영화를 보고 있는 중이었다. 사실, 그는 그녀에게 질투심을 유발하려는 생각이었다.

03
정답 (a)

해설 기간을 나타내는 표현인 for three years가 있고, 현재를 나타내는 now가 있으므로 현재완료 진행형이 오는 것이 적절하다. [G-Point 9]

해석 한 때 유명배우였던 Victoria는 지금 3년 째 어린이에 관한 영화를 제작해오고 있다. 이 영화는 아동권리에 초점을 맞추고 있다.

04
정답 (d)

해설 tomorrow를 보면 발표하는 시점이 미래가 될 것을 알 수 있다. 미래의 어느 시점에 발표가 진행 중일 것이므로 미래 진행형이 적절하다. [G-Point 10]

해석 많은 관심을 끌었던 혁신적인 컴퓨터의 생산이 끝났다. 내일 회사는 소비자들에게 새로운 제품이 시장에 출시될 날을 발표할 것이다.

05
정답 (d)

해설 기간을 나타내는 표현인 for two weeks가 쓰였고, 현재까지 진행되고 있는 일을 나타내고 있으므로 현재완료 진행형이 적절하다. [G-Point 9]

해석 나의 엄마는 2주 동안 버스를 타고 출근을 해오고 있는 중인데 버스 요금이 지하철 요금보다 더 싸기 때문이다. 지하철을 타지 않는 또 다른 이유는 그녀가 지하에 있는 것을 두려워해서이다.

06
정답 (d)

해설 기간을 나타내는 표현인 for more than twelve years가 나왔고 현재까지 진행되고 있는 일을 나타내고 있으므로 현재완료 진행형이 적절하다. [G-Point 9]

해석 수학을 가르치는 Ethan은 수학을 가르치는 것에 관해서라면 학생들에게 최고로 여겨진다. 그는 우리 학교에서 12년 이상 가르쳐오고 있다.

07
정답 (b)

해설 주절에 과거시제가 있고, while절에 빈칸이 있으므로 과거진행형이 적절하다. [G-Point 4]

해석 Rachel이 어린 손녀를 돌보는 동안 Ross는 민들레를 심고 있었다. 사실 그녀는 장미를 심고 싶었지만, 그가 민들레 심기를 너무 바랐기 때문에 포기할 수밖에 없었다.

08
정답 (d)

해설 when절에 과거시제가 왔고 주절에 빈칸이 있으므로 과거진행형이 적절하다. [G-Point 5]

해석 인도에서 바이어인 James가 도착해서 사무실에 왔다. 거래 세부사항에 대해 그와 회의를 하는 동안 William이 저녁식사를 할 식당을 찾고 있었다.

09
정답 (a)

해설 Tomorrow가 있으므로 미래진행형이 적절하다. [G-Point 7]

해석 ABS회사는 그동안 야심차게 준비한 새로운 제품을 다음 주에 공개할 것이다. 내일, Daniel회사를 대표하여 제품에 대한 프레젠테이션을 진행할 것이다.

10

정답 (c)

해설 by next week가 있으므로 미래진행형이 적절하다. [G-Point 7]

해석 James는 회사의 사장으로, 직원들의 복지에 굉장히 관심이 많아서 직원들에게 무료로 최첨단 노트북을 지급할 것을 결심했다. 내년에는 모든 직원들이 새로운 컴퓨터로 작업하고 있을 것이다.

11

정답 (c)

해설 기간을 나타내는 표현인 for three weeks가 있고 현재까지 진행되고 있는 일을 나타내고 있으므로 현재완료 진행형이 적절하다. [G-Point 9]

해석 John이 본사로 가기 때문에, 인력 부족을 보충할 필요가 있다. 그러나 그를 대체할 디자이너를 찾기가 힘들다. Aria는 3주 동안 적합한 디자이너를 찾기 위해 면접을 진행해오고 있다.

12

정답 (b)

해설 tomorrow가 있으므로 미래진행형이 적절하다. [G-Point 7]

해석 나는 내일 Chloe와의 낭만적인 데이트를 계획하고 있다. 우리는 옥상에서 와인을 마시며 혜성이 떨어지는 것을 지켜볼 것이고, 그리고 나면 그녀에게 프로포즈 할 것이다.

13

정답 (d)

해설 when절에 현재시제가 나왔으므로 주절에는 미래 진행형이 적절하다. [G-Point 7]

해석 Amelia와 Aiden은 10년 후에 두오모 성당 앞에서 만나기로 약속했다. 그녀는 그가 알아보도록 눈에 띄는 옷을 입겠다고 했다. 그녀는 그를 만날 때 물방울 무늬가 있는 파란색 드레스를 입고 있을 것이다.

14

정답 (a)

해설 선택지에 now가 있으므로 현재 진행형이 적절하다. [G-Point 6]

해석 Sophia는 다음 달에 대학교에 입학할 예정이다. 지금 그녀는 HMG백화점에서 과목을 수강하는데 필요한 아이패드를 구입하는 중이다.

15

정답 (b)

해설 기간을 나타내는 표현인 for three weeks가 있고 now가 있으므로 현재완료 진행형이 적절하다. [G-Point 9]

해석 Avery는 스쿠버 다이빙을 하러 이집트에 갈 간절히 원했다. 마침내 그녀의 꿈이 이루어졌다. 지금 그녀는 이집트 후루가다에서 3주째 머무르고 있다.

16

정답 (d)

해설 now가 있으므로 현재진행형이 적절하다. [G-Point 6]

해석 마감일이 너무 촉박해서 Emma가 언니의 결혼식에 참석하는 것이 불가능해 보인다. 지금 그녀는 언니에게 자초지종을 말하기 위해 전화를 걸고있는 중이다.

17

정답 (c)

해설 next Tuesday morning이 있으므로 미래진행형이 적절하다. [G-Point 7]

해석 7년 째 업무 때문에 바르샤바에 살고 있는 Daniel은 서울에 가기로 결정하고 Kelly에게 픽업해달라고 부탁했다. Kelly는 다음 주 화요일 아침에 공항으로 향하고 있는 중일 것이다.

18

정답 (d)

해설 기간을 나타내는 표현인 for two weeks가 있고 now가 있으므로 현재완료진행형이 적절하다. [G-Point 9]

해석 뉴욕으로 이사 간 후 Olivia는 새로운 직장에 적응하느라 정신이 없다. 지금 2주째 집을 정리하고 있지만, 나아지지 않고 있다.

19

정답 (a)

해설 기간을 나타내는 표현인 for two years가 있고 교수님이 관심을 가지기 시작한 시점이 과거이다. 따라서 과거완료 진

행형이 적절하다. [G-Point 8]

해설 마침내 교수님이 그녀의 작업에 관심을 가지기 시작했다. 그녀는 두려움의 긍정적인 영향에 대한 논문을 쓰기 위해 2년 동안 연구해왔다.

20

정답 (c)

해설 주절에 과거시제가 있고, while절에 빈칸이 있으므로 과거진행형이 적절하다. [G-Point 4]

해설 Leah가 몸이 아팠음에도 불구하고 아이를 돌보고 있는 동안 Levi는 컴퓨터 게임을 하고 있었다. 그녀는 이런 상황이 너무 기가 막혀 화를 참을 수 없었다.

Unit 4 준동사

01

정답 (b)

해설 decide의 목적어로 to부정사를 쓰는 것이 적절하다. [G-Point 14]

해설 작년에 출시한 제품의 성공 때문에, E&K회사의 매출이 크게 증가했다. 그 회사의 CEO는 부족한 인력을 보충하기 위해 새로운 직원들을 고용하기로 결정했다.

02

정답 (d)

해설 agree의 목적어로 to부정사를 쓰는 것이 적절하다. [G-Point 14]

해설 그들은 이 위기에서 벗어나기 위해 새로운 전략을 생각해 내야 한다는 것에 동의했다. 새로운 전략이 실행될 때까지는 시간이 꽤 오래 걸릴 것으로 예상된다.

03

정답 (c)

해설 stop은 목적어로 동명사를 쓰지만, 목적을 나타내는 to부정사가 오기도 한다. 따라서 stop뒤에 빈칸이 있는 경우 해석을 해야 풀 수 있다. 문맥상 일하는 것을 멈춘다고 해야 하므로 동명사를 쓰는 것이 적절하다. [G-Point 15]

해설 회계사로서의 업무가 너무 과중했기 때문에, Victoria의 건강상태가 매우 악화되었다. 의사는 그녀가 일을 잠시 중단하고 충분한 휴식을 취할 것을 권고했다.

04

정답 (a)

해설 Scarlett이 소송한 목적은 분쟁을 해결하기 위해서이므로 목적을 나타내는 to부정사가 오는 것이 적절하다. [G-Point 16]

해설 최근 JK 회사와의 분쟁을 해결하기 위해, Scarlett은 소송을 하기로 결정했다. 지금 그녀는 유능한 변호사를 구하고 있는 중이다.

05

정답 (d)

해설 be able to~'는 '~할 수 있다'를 뜻한다. [G-Point 19]

해석) Henry는 이탈리아의 문화에 커다란 관심을 가졌기 때문에, 이탈리아어를 10년 동안 독학으로 공부해 왔다. 지금 그는 이탈리어를 유창하게 말할 수 있다.

06
정답) (a)

해설) 전치사 without의 목적어 자리에 동명사가 오는 것이 적절하다. [G-Point 11]

해석) Claire는 더 이상 일하고 싶어 하지 않는다. 회사 측에서는 그녀에게 적절한 보상도 해주지 않은 채 과중한 업무를 맡기고 있다.

07
정답) (b)

해설) manage는 to부정사를 목적어로 취할 때 '가까스로 ~하다'로 해석된다. [G-Point 14]

해석) Lucy의 부모님은 가수를 하겠다는 그녀의 꿈을 반대해 왔으며, 법조인이 되기를 바랐다. 그럼에도 불구하고, 그녀는 꿈을 지원해달라고 그들을 가까스로 설득할 수 있었다.

08
정답) (c)

해설) 제품을 만든 목적은 고객들을 유인하기 위해서이므로 목적을 나타내는 to부정사가 적절하다. [G-Point 16]

해석) B&K는 고객을 유인하기 위해 다양한 제품에 투자를 해왔다. 그 결과 매출이 상당히 증가했고 세계의 선도 기업 중 하나가 되었다.

09
정답) (d)

해설) 명사 a book을 수식해주는 to부정사의 형용사적 용법이 적절하다. [G-Point 17]

해석) Kelly는 주말마다 집에서 혼자 책 읽는 것을 좋아한다. 그녀는 일주일에 한 번씩 집 근처 서점에 가서 읽을 책을 산다.

10
정답) (d)

해설) suggest는 동명사를 목적어로 가진다. should 생략 문제로 헷갈리지 말아야 한다. [G-Point 13]

해석) 피트니스 센터에서 만난 전문가가 나에게 일주일에 2번 이상 운동할 것을 제안했다. 나는 그 제안대로 운동을 해서 체중감량에 성공했다.

11
정답) (b)

해설) 전치사 from의 목적어 자리에 동명사가 오는 것이 적절하다. [G-Point 11]

해석) 시험 감독관은 학생들이 시험 시간에 부정행위를 저지르는 것을 막기 위해 애썼다. 그럼에도 불구하고, 어떤 학생은 감독관의 감시를 피해 부정행위를 했다.

12
정답) (c)

해설) 주어자리이므로 동명사가 오는 것이 적절하다. [G-Point 12]

해석) 친구들과 농구하는 것은 Jack의 유일한 낙이었기 때문에 그는 주말마다 친구들과 농구를 했다. 그 결과 6개월 만에 5cm가 자랐다.

13
정답) (c)

해설) it은 가주어이고 진주어 자리이므로 to부정사가 오는 것이 적절하다. [G-Point 18]

해석) 제 시간에 퇴근할 수 있다는 것은 축복이다. 만약 내가 더 낮은 급여를 주는 직장을 간다면 나에게도 그런 일이 일어날 것이다.

14
정답) (a)

해설) expect는 목적보어에 to부정사가 오는 것이 적절하다. [G-Point 19]

해석) 내가 열심히 공부했기 때문에 부모님은 내가 그 시험에 합격하기를 기대했다. 결국, 부모님의 바람대로 시험에 합격했다.

15
정답) (d)

해설) 아르바이트를 한 목적은 여행을 가기 위해서이므로 목적을 나타내는 to부정사가 오는 것이 적절하다. [G-Point 16]

해설 Sophia는 파리로 여행을 가기 위해서 2년 전부터 아르바이트를 했다. 그녀는 결국 파리에 여행을 갔고 에펠탑을 보면서 기념사진을 찍었다.

16
정답 (b)
해설 keep은 동명사를 목적어로 가진다. [G-Point 13]
해설 Sam은 목표를 이루기 위해서 계속해서 고객을 유인해야 한다. 그렇게 하지 못한다면 그는 해고당할 수 있다.

17
정답 (a)
해설 risk는 동명사를 목적어로 가진다. [G-Point 13]
해설 Murphy는 공격적인 투자를 즐기는 것으로 회사 내에서 유명했다. 사람들은 그가 큰돈을 잃을 것이라고 생각했지만 그는 아랑곳 하지 않고 공격적인 투자를 하는 위험을 감수했다.

18
정답 (c)
해설 'have to~'는 '~해야 한다'를 뜻한다. [G-Point 19]
해설 Paul은 결혼준비를 위해 돈을 절약해야한다고 생각한다. 지금부터 그는 자신의 취미 활동을 포기하고 저금하는 것에 집중할 것이다.

19
정답 (d)
해설 recommend는 동명사를 목적어로 가진다. [G-Point 13]
해설 의사는 Helen이 잠을 자지 못하는 이유가 스트레스 때문이라고 말했다. 그는 숙면을 취하기 위해서 직장에서 받는 스트레스를 줄여야 한다고 권고했다.

20
정답 (a)
해설 refuse는 to부정사를 목적어로 가진다. [G-Point 14]
해설 Amy가 수업시간에 떠들었기 때문에 선생님은 그녀에게 교실에서 나갈 것을 요구했다. 하지만 그녀는 선생님의 요구를 받아들이기를 거부했고 계속 떠들었다.

Unit 5 관계사

01
정답 (c)
해설 선행사가 the man이므로 사람이고 뒷문장이 목적어가 없어 불완전한 whom을 쓰는 것이 적절하다. [G-Point 22]
해설 자선기부행사장에서 낯선 남자가 그녀에게 다가와 인사를 했지만 그녀는 그가 누군지 알아보지 못했다. 그가 자신을 카이로에서 만났던 사람이라고 소개한 후에야 그녀는 그가 누군지 기억해냈다.

02
정답 (d)
해설 계속적 용법이므로 that을 쓸 수 없다. 선행사가 great works of art이므로 사물이고 뒷문장이 주어가 없어 불완전한 which가 적절하다. [G- Point 25]
해설 그는 위대한 작품을 창조했는데 이 작품들은 미술가들에게 많은 영감을 주었고 미술사의 발전에 큰 공헌을 하였다. 따라서 많은 사람들이 그를 위대한 화가로 여기는 것은 당연하다.

03
정답 (a)
해설 선행사가 the football stadium이므로 장소이고 뒷문장이 완전한 where이 적절하다. [G-Point 26]
해설 내일 Amy는 결승전이 열리는 축구장에 갈 예정이다. 엄격한 규칙이 적용될 것인데, 이것이 선수들이 공정하게 경기하도록 장려할 것이고, 관객들을 만족시킬 것이다.

04
정답 (b)
해설 선행사가 people이므로 사람이고 뒷문장이 주어가 없어 불완전한 who가 적절하다. [G-Point 21]
해설 한 연구에 따르면 구직을 하는 사람 10명 중 8명이 외로움을 느끼고 있으며, 특히 인생에 대해 불확실성을 가지고 있을 때 가장 외롭다고 응답했다. 그 연구는 구직기간이 더 길수록 구직자가 더욱 외로워한다고 말하고 있다.

05
정답 (b)

해설 계속적 용법이므로 that을 쓸 수 없다. 선행사가 smartphone addiction이므로 사물이고 뒷문장이 주어가 없어 불완전한 which가 적절하다. (a)의 that은 관계대명사 역할을 해야 하는데 뒷문장이 완전하므로 이미 문법적으로 오류가 있다. [G-Point 25]

해석 최근 스마트폰 중독을 경험하는 아이들이 많이 있는데 스마트폰 중독은 아이들의 신체 발달 뿐 만 아니라 인지 정서적 발달을 저해한다. 그 문제를 해결하기 위해서는 부모들이 스마트 폰을 사용하는 것의 부작용에 대해 인지하는 것이 중요하다.

06
정답 (d)

해설 선행사가 a phenomenon이다. 물리적 장소가 아닌 추상적 공간에도 where을 쓸 수 있다. 뒷문장이 완전한 where이 적절하다. [G-Point 26]

해석 '팝콘 브레인'은 뇌가 강력한 자극에만 반응하고 이외의 것들에는 무감각해지는 현상이다. 그것은 디지털 기기를 과도하게 사용하는 사람들에게 나타나며, 심각한 사회문제로 이어지고 있다.

07
정답 (c)

해설 선행사가 day이므로 때를 나타내고 뒷문장이 완전한 when이 적절하다. [G-Point 26]

해석 인기 있는 마블 시리즈들 중 하나인 '어벤져스'의 마지막 영화의 개봉일이 발표되었다. 어제는 영화를 예매할 수 있는 날이었고, 순식간에 매진되었다.

08
정답 (a)

해설 선행사가 way이므로 사물이고 뒷문장이 주어가 없어 불완전한 that이 적절하다. (b)의 which는 뒷문장이 완전한 형태로 나와 어법상 틀리다. [G-Point 23]

해석 어떤 교육자들은 학습이 모방과 반복에 의해 발생한다고 주장한다. 이런 관점에 따르면 학습은 기계적인 방식을 통해 강화될 수 있는데 이것은 학습의 내용을 기억하는데 유용하다.

09
정답 (a)

해설 선행사가 Douglas이므로 사람이고, 뒷문장이 주어가 없어 불완전한 who가 적절하다. (d)의 whom은 뒷문장이 완전하므로 이미 문법적으로 오류가 있다. [G-Point 21]

해석 Maryland의 영어선생님이었던 Douglas는 때때로 시 감상을 즐겼다. 그는 특히 "Youth"라는 시를 좋아해서, 만나는 사람들에게 이 시를 암송하고는 했었다고 전해진다.

10
정답 (d)

해설 선행사가 the day이므로 때를 나타내고 뒷문장이 완전한 when이 적절하다. start가 자동사로 쓰여 원래 목적어가 없다. [G-Point 26]

해석 Jack은 Maroon 5의 큰 팬이기 때문에 다가오는 콘서트를 무척이나 고대하고 있었다. 하지만 그는 너무 바빠서 지난 수요일이 티켓 판매를 시작한 날이라는 것을 깨닫지 못했다.

11
정답 (a)

해설 (b)는 who 뒷문장이 완전해서 문법적 오류가 있으며 (d) 역시 whom 뒷문장이 완전해서 문법적으로 오류가 있다. 선행사는 babies이므로 (c)의 which는 쓸 수 없다. 선행사가 있고 뒷문장이 완전하므로 whose가 적절하다. [G-Point 24]

해석 대부분의 아기들은 수많은 자극을 통해 모국어를 습득한다. 부모가 말을 많이 하는 아기들은 언어적 자극에 노출되기 때문에 그렇게 하는 것이 도움이 된다.

12
정답 (b)

해설 선행사가 black hole이므로 사물이고 뒷문장이 목적어가 없어 불완전한 that이 적절하다. (a)의 which는 뒷문장에 주어가 없는데, 선행사인 black hole을 주어로 넣어 해석하면 '블랙홀이 Event horizon망원경을 관찰했다'로 해석되어 어색하므로 답이 될 수 없다. [G-Point 23]

해석 Event Horizon 망원경에 의해 관측된 블랙홀의 사진이 공개되었다. 아인슈타인의 이론에 근거하여 상상만 해오던 블랙홀을 실제로 확인할 수 있던 역사적인 순간이었다.

켈리 지텔프 G-POINT 33

13
정답 (d)

해설 선행사가 organizations이므로 사물이고 뒷문장이 주어가 없어 불완전한 which가 적절하다. [G-Point 23]

해석 이번 재난으로 인해 피해를 입은 많은 동물들이 제대로 보호받지 못하고 있다. 그래서 이들을 치료하고 구조하기 위해 힘쓰는 여러 동물보호 단체는 서둘러 지원 활동에 나섰다.

14
정답 (c)

해설 선행사가 countries이므로 사물이고 뒷문장이 주어가 없어 불완전한 that이 적절하다. (a)의 which는 뒷문장에 목적어가 없는데 선행사인 countries를 목적어에 넣어 해석하면 '여성들이 나라를 심하게 억압하다'로 해석되어 어색하므로 틀리다. [G-Point 23]

해석 문화적 다양성을 어디까지 허용해야 할 것인지에 대한 문제가 있다. 여성을 심하게 억압하는 몇몇 국가들에서 이것이 단순히 문화로 취급되어야 할 것인지, 인권 침해 문제로 취급되어야 할 것인지에 대한 논란이 이를 잘 보여준다.

15
정답 (b)

해설 선행사가 trade이므로 사물이고 뒷문장이 주어가 없어 불완전한 which가 적절하다. [G-Point 23]

해석 많은 사람들의 마약 복용 문제가 수면 위로 드러나고 있다. 분명 마약 거래가 많을 것이며, 경찰은 사회적 혼란을 일으키는 마약 거래에 대해 철저한 수사를 진행해야 한다.

16
정답 (b)

해설 계속적 용법이므로 that을 쓸 수 없다. 선행사가 program이므로 사물이고 뒷문장이 주어가 없어 불완전한 which가 적절하다. [G-Point 25]

해석 한 치킨집이 SNS 입소문을 통해 유명해졌다. 더군다나 사람들에게 영향력 있는 TV 방송에 출연하며 엄청난 매출을 올리고 있다.

17
정답 (a)

해설 선행사가 an online shopping mall이므로 사물이고 뒷문장이 주어가 없어 불완전한 that이 적절하다. (c)의 which는 뒷문장이 완전하기 때문에 이미 문법적으로 오류가 있다. [G-Point 23]

해석 아시아에서 가장 인기있는 온라인 쇼핑몰이 제품 불량, 명품 도용 등의 문제로 위기에 닥쳤다. 많은 고객들이 불만을 토로하고 있지만, 이에 대해 CEO는 적절한 대응을 하지 못하고 있다.

18
정답 [정답] (d)

해설 선행사가 actor이므로 사람이고 뒷문장이 주어가 없어 불완전한 who가 적절하다. [G-Point 21]

해석 경력이 오래된 유명한 한 배우는 자신이 오래전에 연기한 영화가 아직까지 인기가 있다는 것에 대해서 놀라움을 표현했다. 배우들은 대중에 의해 기억된다는 사실에 자랑스러움을 느낄 것이라고 생각한다.

19
정답 (d)

해설 선행사가 the product이므로 사물이고 뒷문장이 주어가 없어 불완전한 which가 적절하다. (a)의 that은 뒷문장에 목적어가 없는데, 선행사인 the product를 목적어 자리에 넣어 해석하면 '전 세계에 많은 사람들이 그 제품을 유인했다'로 해석되어 어색하므로 답이 될 수 없다. [G-Point 23]

해석 너무 많은 사람들이 그 제품이 출시되길 기대했다. 그것을 구매할 수 있는 웹사이트가 열리자마자 많은 사람들이 사이트에 접속해서 전 세계의 많은 사람들을 매혹시킨 그 제품의 인기를 보여주었고, 결국 사이트는 다운되었다.

20
정답 (a)

해설 선행사가 those인데 사람일 수도 있고, 사물일 수도 있기 때문에 해석을 해봐야 한다. 해석상 선행사는 사람이다. 그리고 뒷문장이 주어가 없어 불완전한 who가 적절하다. [G-Point 21]

해석 회사 내의 비품을 무단으로 훔쳐가는 사람에게는 엄중한 처벌이 있을 것이라는 CEO의 발표가 있었다. 그는 회사 내 상습적인 절도로 인한 피해가 상당하다고 말했다.

Unit 6 조동사

01
정답 (b)

해설 충고, 권유, 도덕성을 나타내는 조동사 should가 적절하다. [G-Point 28]

해석 어떤 장소는 많은 역사적, 문화적 가치를 지니고 있다. 후대에 남길 유산을 보존하기 위해 그것에 특별한 관심을 기울여야 한다.

02
정답 (c)

해설 미래에 있을 일을 나타내는 조동사 will이 적절하다. [G-Point 30]

해석 H&D 사는 경영난으로 인해 올해 구조조정을 진행할 계획을 세우고 있다. 임원진들은 구조조정에 대한 세부사항을 논의하기 위해 다음 주에 회의를 할 것이다.

03
정답 (d)

해설 충고, 권유, 도덕성을 나타내는 조동사 should가 적절하다. [G-Point 28]

해석 위험지역에서 여행을 할 때는 안전한 여행을 위해서 지켜야할 주의사항이 있다. 가장 기본적인 것으로 강도나 범죄가 많이 일어나는 여행지에서는 밤늦게 거리로 나가서는 안 된다.

04
정답 (a)

해설 반드시 해야 하는 의무를 나타내는 조동사 must가 적절하다. [G-Point 29]

해석 만약 당신이 시험에 응시하고자 한다면 신분증을 가져와야 한다. 만약 그렇지 않으면, 시험을 치지 못할 것이다.

05
정답 (b)

해설 충고, 권유, 도덕성을 나타내는 조동사 should가 적절하다. [G-Point 28]

해석 성공하고자 한다면 중요한 결정을 내려야할 순간이 왔을 때 올바른 선택을 해야 한다. 잘못된 선택이 치명적인 결과로 이어질 수 있다.

06
정답 (c)

해설 미래에 있을 일을 나타내는 조동사 will이 적절하다. [G-Point 30]

해석 Chandler는 자신이 무엇을 좋아하는지 알기 위해서 다양한 것을 경험하며 많은 시간을 보내곤 한다. 그가 미래에 무엇을 할지 정확히 알 수는 없지만 이러한 경험이 그의 미래에 도움이 될 것이다.

07
정답 (a)

해설 충고, 권유, 도덕성을 나타내는 조동사 should가 적절하다. [G-Point 28]

해석 원하는 바를 이루기 위해서는 양 당사자가 오픈 마인드로 협상에 임하는 것이 중요하다. 바람직한 결과를 얻기 위해서는 자신의 의견만을 고집하기보다는 함께 노력해야 한다.

08
정답 (b)

해설 충고, 권유, 도덕성을 나타내는 조동사 should가 적절하다. [G-Point 28]

해석 자동차 공유 서비스 증가로 인해 자동차 산업에 많은 변화가 있을 것이다. 이런 상황에서 길을 잃지 않기 위해 자동차 업계는 새로운 조치를 취해야 한다.

09
정답 (b)

해설 충고, 권유, 도덕성을 나타내는 조동사 should가 적절하다. [G-Point 28]

해석 회사에서 스팸메일이 큰 손해를 발생시키고 있다. 당신이 그러한 스팸메일을 적절하게 다루길 원한다면 모르는 메일을 함부로 열어보지 않는 습관을 가져야 한다.

10
정답 (d)

해설 충고, 권유, 도덕성을 나타내는 조동사 should가 적절하다. [G-Point 28]

해석 아내는 나에게 중요한 모임에 가기 전 식사시간에 전화를 사용하지 말라고 말했다. 만약 중요한 전화를 받아야 한다면 사람들에게 공손하게 양해를 구해야 한다고 말했다.

11
정답 (a)

해설 충고, 권유, 도덕성을 나타내는 조동사 should가 적절하다. [G-Point 28]

해석 과거에 비해 이혼이 큰 결함으로 여겨지지 않고, 이혼을 부정적으로 보는 시각이 줄어들고 있다. 그럼에도 불구하고 이혼을 하는 것은 신중하게 결정해야 한다.

12
정답 (d)

해설 반드시 해야 하는 의무를 나타내는 조동사 must가 적절하다. [G-Point 29]

해석 때때로 명백한 목격자의 증언이 인정되지 않아 사회문제로 이어지는 사례가 있다. 법원은 객관적이고 공정한 판결을 해야 한다.

13
정답 (d)

해설 능력을 나타내는 조동사 can이 적절하다. [G-Point 27]

해석 Ethan은 중국 요리에 매료되어 3년 동안 중국 전역을 돌아다니며 멘보샤와 같은 중국의 음식을 요리하는 법을 배웠다. 지금 그는 중국의 거의 모든 지역의 음식을 만들 수 있다.

14
정답 (b)

해설 미래에 있을 일을 나타내는 조동사 will이 적절하다. [G-Point 30]

해석 나름의 이유 때문에 국적을 포기하고 다른 나라로 이민을 가는 경우가 늘어나고 있다. 국내 경제 상황이 최근에 더 악화되고 있다는 것을 고려해볼 때 이 상황은 지속될 것이다.

15
정답 (a)

해설 충고, 권유, 도덕성을 나타내는 조동사 should가 적절하다. [G-Point 28]

해석 유명한 특산품을 찾아 그 지역을 찾아가는 경우가 많지만 예상한 것과 다른 품질에 실망하는 경우가 많이 발생하고 있다. 관광객의 지속적인 유치를 위해서는 좋은 품질의 상품을 준비해야한다.

16
정답 (d)

해설 충고, 권유, 도덕성을 나타내는 조동사 should가 적절하다. [G-Point 28]

해석 해마다 여름철이 되면 전기 요금이 치솟아 걱정하는 사람들이 많다. 전기요금을 절약하기 원한다면 에어컨을 켜고, 끄기를 반복하는 것보다 온도를 꾸준하게 유지시켜야 한다.

17
정답 (b)

해설 반드시 해야 하는 의무를 나타내는 조동사 must가 적절하다. [G-Point 29]

해석 Jason은 Amy와 자동차로 외국을 여행하기로 결정했다. 그가 외국에서 운전하기 위해서는 국제 운전면허를 취득해야 한다. 만약 그렇지 않으면 허가 없이 운전한 것에 대해 처벌 받게 될 것이다.

18
정답 (a)

해설 미래에 있을 일을 나타내는 조동사 will이 적절하다. [G-Point 30]

해석 최근 SNS 상에서 일어나는 사이버 폭력에 대해 많은 담론이 있다. 적절한 조치가 아직 취해지지 않았고 많은 사람들이 이것의 심각성을 인식하지 못하고 있기 때문에 더 많은 희생자가 생겨날 것이다.

19
정답 (d)

해설 반드시 해야 하는 의무를 나타내는 조동사 must가 적절하다. [G-Point 29]

해석 법정에서의 증언은 법적인 효력을 가지기 때문에 판결에 영향을 줄 수 있다. 그렇기 때문에 증인으로 재판에 참석하는 경우 법정 앞에서 거짓 없이 증언을 해야 한다.

20
정답 (a)

해설 능력을 나타내는 조동사 can이 적절하다. [G-Point 27]

해석 Ethan은 워킹 홀리데이 비자를 받아 외국에서 3개월 동안 일해오고 있다. 지금 그는 영어를 말하는 어떤 외국인과도 자유로운 의사소통을 할 수 있다.

Unit 7 연결어

01
정답 (a)

해설 앞의 문장의 내용을 강조해주고 있으므로 '사실'을 뜻하는 접속부사 in fact가 적절하다. [G-Point 32]

해석 Amy의 두 아들은 생김새는 비슷하지만, 성격은 매우 다르다. 사실, 한명은 매우 수줍음을 많이 타고, 나머지 한명은 굉장히 활달하다.

02
정답 (c)

해설 폐에 이상이 있다는 것을 알았다는 것과 흡연을 멈추지 않은 것은 역접의 관계이므로 '그럼에도 불구하고'를 뜻하는 접속사 even though가 적절하다. [G-Point 33]

해석 Chung은 폐와 관련된 문제로 병원에 입원했다. 5년 전 담당 의사는 그에게 건강을 위해서 담배를 끊으라고 권고 했고, 폐에 이상이 있다는 것을 알았지만 흡연을 멈추지 않았다.

03
정답 (b)

해설 해석상 '~까지'를 뜻하는 접속사 until이 적절하다. [G-Point 33]

해석 Jack은 다작을 하는 작가로 알려져 있다. 그는 하루에 쓸 분량을 설정해놓고 할당량을 채울 때까지 글을 쓰는 것을 멈추지 않는다.

04
정답 (d)

해설 해석상 '~전에'를 뜻하는 접속사 before가 적절하다. [G-Point 33]

해석 몇몇 생물학자에 의해 수행된 한 연구가 개미가 지진을 미리 감지할 수 있다는 것을 발견했다. 개미들은 평소와 달리 지진이 일어나기 전에는 밤에 집 밖에 머무르는 것 같다.

05
정답 (d)

해설 해석상 '하는 곳마다'를 뜻하는 접속사 wherever가 적절하다. [G-Point 33]

해석 Dwight는 Angela가 교통사고를 당한 이후로 그녀를 걱정하고 있다. 그녀가 가는 곳마다 그림자처럼 하루종일 따라 다닌다.

06
정답 (c)

해설 no matter how는 '~일지라도'를 뜻하며 보통 형용사+주어+동사의 어순을 가진다. 시험에 실제로 출제되어 정답이 된 경우가 있었으므로 기억해두어야 한다. [G-Point 33]

해석 그 일이 불가능한 것처럼 보였지만, Rachel은 끊임없는 시도 끝에 그것을 이루어 내었다. 그녀는 곧 회사의 매니저로 승진할 것이다.

07
정답 (b)

해설 대규모의 투자가 이루어진 것과 형편없는 영화를 만든 것은 역접의 관계이므로 '~에도 불구하고'를 뜻하는 접속사 even though가 적절하다. [G-Point 33]

해석 많은 돈이 그 영화에 투자되었지만, 조잡한 시나리오로 인해 흥행에 실패하였다. 비평가들은 대규모의 투자에도 불구하고 형편없는 영화를 만든 감독을 비판했다.

08
정답 (b)

해설 흡연이 법으로 금지된 것과 흡연을 하는 것은 역접의 관계이므로 '그럼에도 불구하고'를 뜻하는 접속부사 nevertheless가 적절하다. [G-Point 32]

해석 공공장소에서 흡연을 하는 것이 법으로 금지 되었다. 그러나 아직도 많은 사람들이 버스 정류장에서 흡연을 하는 모습이 목격된다.

09
정답 (c)

해설 해석상 '~를 고려해볼 때'를 뜻하는 접속사 given that이 적절하다. [G-Point 33]

해석 그녀가 혼자 힘으로 아랍어를 독학했다는 점을 고려해 볼 때, 이 프로젝트를 맡을 인내심이 있는 것처럼 보인다. 이 프로젝트는 독창성보다는 인내심을 요구하기 때문에 그녀가 제격이다.

10
정답 (d)

해설 돈이 행복의 요소가 아니었다고 생각했지만 지금은 그렇다고 생각하고 있으므로 '그러나'를 뜻하는 접속부사 however가 적절하다. [G-Point 32]

해석 Kate는 돈이 많다고 해서 반드시 행복한 건 아니며, 만족이 행복의 가장 큰 요소라고 생각해왔다. 그러나 지금 그녀는 돈이 행복을 결정하는 가장 큰 요소라고 생각한다.

11
정답 (a)

해설 술을 끊어야 한다는 권고가 있었다는 것과 술을 계속 마신 것은 역접의 관계이므로 '~에도 불구하고'를 뜻하는 접속사 although가 적절하다. [G-Point 33]

해석 그는 술을 끊어야 한다는 의사의 권고에도 불구하고, 계속해서 술을 마셨고 알콜성 치매를 진단받았다. 그는 혼자 힘으로는 술을 끊을 수 없다고 판단하여 알콜 중독자들을 위한 모임에 나가기로 결심했다.

12
정답 (a)

해설 데이트를 하느라 시험 준비를 못한 것과 승진에서 떨어진 것은 원인과 결과의 관계이므로 '그 결과'를 나타내는 접속부사 as a result가 적절하다. [G-Point 32]

해석 Andrew는 승진에 있어 그 시험이 중요했음에도 불구하고 새로 사귄 여자 친구와 데이트하느라 제대로 준비하지 못했다. 그 결과, 그는 팀에서 유일하게 승진하지 못했다.

13
정답 (a)

해설 해석상 '~후에'를 뜻하는 접속사 after가 적절하다. [G-Point 33]

해석 프레스코화는 모르타르를 벽에 바른 후 수분이 있는 동안 색칠을 하는 그림이다. 프레스코화는 14세기에 유행했지만 17세기 유화가 인기를 얻은 후 쇠퇴했다.

14
정답 (d)

해설 해석상 '~하는 곳은 어디든'을 뜻하는 접속사 wherever가 적절하다. [G-Point 33]

해석 사교모임에서 만난 한 여자가 James에게 치근덕대고 있다. 그는 그녀에게 그만하라고 말했지만, 그녀는 그가 가는 어디든지 쫓아다닌다.

15
정답 (b)

해설 해석상 '~하자마자'를 뜻하는 접속사 as soon as가 적절하다. [G-Point 33]

해석 Lucas는 불법적인 일을 수행하라는 상사의 제안을 거부하자마자 해고통보를 받았다. 그는 모든 사람들에게 상사에게 했던 일을 밝힐 것이다.

16
정답 (a)

해설 해석상 '~하기 위하여'를 뜻하는 접속사 in order that이 적절하다. [G-Point 33]

해석 선생님이 학생의 자질을 평가하기 위해서는 새로운 평가시스템의 도입이 절실하다. 현행 시스템은 학생의 학문적 성취만을 반영하기 때문에 수정될 필요가 있다.

17
정답 (a)

해설 다른 계획이 있었던 것이 제안을 거절한 이유이므로 '~ 때문에'를 뜻하는 이유를 나타내는 접속사 because가 적절하다. [G-Point 33]

해석 Jack은 다른 계획이 있었기 때문에, 함께 저녁식사를 하자는 Sophia의 제안을 거절했다. 그녀가 매우 우울해 보였기 때문에, 계속 마음에 걸렸다.

18
정답 (d)

해설 거대한 건축물 중에서 피라미드를 구체적인 사례로 들고 있으므로 '예를 들어'를 뜻하는 접속부사 for example이 적절하다. [G-Point 32]

해석 고대 이집트인들이 어떻게 거대한 건축물을 지을 수 있었는지에 대한 미스터리가 있다. 예를 들어, 피라미드는 이집트인들이 약 2.5톤의 돌 240만개를 쌓아 만들었는데 그 큰 돌을 어떻게 옮겼는지는 아직까지 알려지지 않았다.

19

정답 (c)

해설 설득하려는 시도가 있었는데 그 설득에 시큰둥한 반응을 보였으므로 역접의 관계이다. 따라서 '~에도 불구하고'를 뜻하는 접속사 although가 적절하다. [G-Point 33]

해석 Jessica가 유권자의 마음을 설득시키려고 시도했지만, 유권자들은 매우 시큰둥했다. 이제 선거가 얼마 남지 않았기 때문에 그녀의 마음은 조급해지기 시작했다.

20

정답 (b)

해설 해석상 '~하는 어디든'을 뜻하는 접속사 wherever가 적절하다. [G-Point 33]

해석 E&K 항공사는 당신의 어디를 가든 더 나은 비행을 약속할 것이다. 심지어 이코노미 석에도 다리를 뻗을 수 있는 공간이 넉넉해서 고객의 편안함을 보장한다.

켈리지텔프
G-POINT
33

| 실전 |
| 모의고사 |

01 Yachts make the marine world big business. The market is flooded with newly launched yachts. One of the world's most luxurious yachts _____ a fantastic experience more than ever.

(a) will now offer
(b) was now offering
(c) is now offering
(d) was now offering

02 I really want to go to my favorite singer's concert, but my parents suddenly stopped giving me pocket money. So, I can only afford a ticket for the back seat. If I had more money, I _____ a ticket for the front seat.

(a) will be buying
(b) can buy
(c) would have bought
(d) would buy

03 After Jane got food poisoning from a restaurant and reported it to the local health department, public health officials concluded that the food poisoning was because the restaurant served her undercooked eggs. She _____ in the hospital for so long had chefs cooked eggs sufficiently.

(a) wasn't
(b) won't be
(c) wouldn't have been
(d) wouldn't be

04 Since Grace broke up with her boyfriend, she _____ junk food. It includes high-calorie, sugary, or fatty snacks that lack essential nutrients. This dietary choice is adversely affecting her health.

(a) will have been consuming
(b) consumed
(c) is consuming
(d) has been consuming

05 As masters of the night, owls boast extraordinary adaptations that set them apart. They _____ rotate their heads up to 270 degrees, which gives them the ability to observe their surroundings in almost any direction.

(a) may
(b) will
(c) can
(d) must

06 In June, one of the top global software companies will stop _____ software updates for its oldest products. Without new software updates, you may have no choice but to consider purchasing a new product.

(a) to have provided
(b) providing
(c) to provide
(d) to be providing

07 David bought a company's stocks after he did his own research and analyzed its financial statements, hoping to make a profit. _____, stock price plunged when the company's CEO committed the crime of embezzling $ 10 million.

(a) Therefore
(b) Similarly
(c) In addition
(d) However

08 My father and I enjoy fishing on holidays as a relaxing and rewarding outdoor activity. Tomorrow is a holiday. As soon as dawn breaks, we _____ to find a good fishing spot.

(a) will be leaving
(b) are leaving
(c) have been leaving
(d) would leave

09 To ensure a smooth application process, please submit the required documents in a timely manner. _____ you provide the necessary documents, there may be a delay in processing your application.

(a) After
(b) Although
(c) Because
(d) Unless

10 Some customers _____ on their purchase if the delivery charge exceeded $6. They would be more inclined to explore online shopping malls that offer free shipping on their items.

(a) are giving up
(b) would give up
(c) give up
(d) would have given up

11 Andrew had always dreaded the idea of learning a new language. However, when he landed a job with a global company that required him _____ with colleagues overseas, he knew he needed to improve his language skills.

(a) to have communicated
(b) having communicated
(c) to communicate
(d) communicating

12 You had to research thoroughly before making any investment decisions. You _____ 20% had you bought the share. Always keep in mind that it is important that you buy good quality businesses at affordable prices to generate significant returns.

(a) would have made
(b) will be making
(c) can make
(d) would made

13 A woman, with a broken car, approached two men _____ at a garage. She explained that she was looking for the people she thought were responsible for the damage to her car.

(a) who were working on cars
(b) which were working on cars
(c) whose were working on cars
(d) whom were working on cars

14 Regulations on the events were approved by the city council and came into effect on April 4, 2019. The rules stipulated that the events _____ place between 2 p.m. and 5 p.m.

(a) were taking
(b) will take
(c) had taken
(d) take

15 Jack specializing in international economics works for a trading company because he thinks it is important to have job experience in the field of economics. By the end of next year, he _____ as an intern for two years.

(a) will be working
(b) had been working
(c) will have been working
(d) works

16 John has a passion for traveling and exploring new places. If he were to win the lottery, he _____ his dream of exploring exotic destinations and experiencing different cultures.

(a) would have fulfilled
(b) would fulfill
(c) will fulfill
(d) had fulfilled

17 Amy _____ care of her little grandson when Jack planted roses. In fact, she wanted to plant dandelions, but couldn't help giving up because he was eager to plant roses.

(a) was taking
(b) will be taking
(c) would take
(d) has been taking

18 French is one of the most studied languages in high school, and enrollment in French classes is growing faster than any other language. Mark wants to improve his language skills. Finally, he decided _____ on a language trip that combines a language course and vacation.

(a) to be going
(b) to go
(c) going
(d) having gone

19 A child development specialist reported that sibling relationships are very important and parents should do their part for that. She suggested that parents learn ways to encourage kids _____ with each other.

(a) bond
(b) to bond
(c) bonding
(d) to be bonding

20 Amy discovered a strange creature a few months ago and expected to see it again. Eventually, the strange-looking creature appeared on the surface _____.

(a) which it was unusual and uneven
(b) what was unusual and uneven
(c) who it was unusual and uneven
(d) that was unusual and uneven

21 Experts say that to overcome the growing impacts of the climate crisis, protecting the wildlife habitat in the Arctic is essential. In addition, they say that it is required to prohibit _____ for new drilling in the Arctic.

(a) to finance
(b) financing
(c) to be financing
(d) have financing

22 Carrot juice is a big issue this year. Although drinking too much carrot juice can be bad for you, there are many studies that found carrot juice in your diet could have positive health benefits. To make a difference, you _____ drink carrot juice.

(a) can
(b) will
(c) would
(d) should

23 Some teachers find themselves constantly facing challenges, such as the announcement of a mandatory meeting on Friday night. It's essential that teachers _____ their own resilience.

(a) cultivate
(b) are cultivating
(c) would cultivate
(d) cultivated

24 The research found that the homeownership rate fell to 40 percent in the crisis of rising student loan debt. As the student debt load had risen, young adults surveyed said they would delay _____ a home due to student loans.

(a) to buy
(b) buying
(c) to have bought
(d) having bought

25 Jason _____ to find an ideal running partner before he found a like-minded running buddy, Rachel. She has the skill to run the way he wants to run.

(a) will be struggling
(b) has struggled
(c) had been struggling
(d) has been struggling

26 Despite checking the traffic conditions online, he missed the crucial update. If he had known about the traffic jam in advance, he _____ a different route.

(a) would have taken
(b) don't take
(c) will not take
(d) would not take

정답 및 해설

01
- 정답: (c)
- 유형: 시제 : 현재 진행 [G-POINT 6]
- 해설:

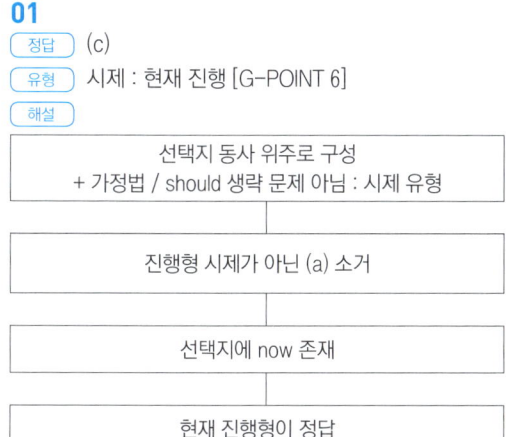

해석 요트가 해양 세계를 큰 사업으로 만들고 있다. 시장에는 새로 출시된 요트들이 넘쳐난다. 세계에서 가장 호화로운 요트 중 하나가 지금 그 어느 때보다 환상적인 경험을 제공하고 있다.

어휘 be flooded with~ ~로 넘치다 launched 출시된 luxurious 호화로운 experience 경험, 경험하다

02
- 정답: (d)
- 유형: 가정법 : 가정법 과거 [G-POINT 1 + 오답 POINT 2]
- 해설:

선택지 동사 위주로 구성 + 빈칸 문장에 if
: 가정법 유형

if 절에 had + 명사
: 가정법 과거

주절에 'would/could/might + 동사원형'

해석 내가 좋아하는 가수의 콘서트에 꼭 가고 싶었지만 부모님께서 갑자기 용돈을 주지 않으셨다. 그래서 뒷자리 티켓 밖에 살수가 없다. 만약 내가 돈이 더 있다면 앞자리 표를 살 것이다.

어휘 afford to ~할 여유가 있다 pocket money 용돈

03
- 정답: (c)
- 유형: 가정법 : 가정법 과거완료 [G-POINT 2 + 오답 POINT 1]
- 해설:

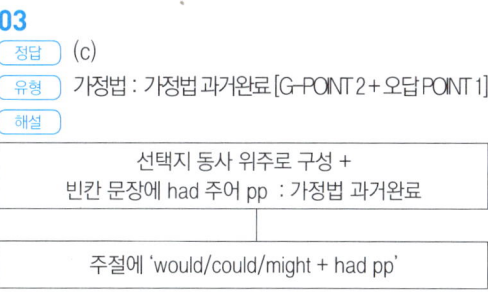

해석 제인이 한 식당에서 식중독에 걸려서 지역 보건부에 신고한 후, 공중 보건 공무원들은 그 식중독이 식당에서 덜 익힌 계란을 제공했기 때문이라고 결론을 내렸다. 만약 요리사들이 충분히 계란을 익혔다면 그녀는 그렇게 오랫동안 병원에 있지 않았을 것이다.

어휘 food poisoning 식중독 conclude 결론 내리다 undercooked 설익은

04
- 정답: (d)
- 유형: 시제 : 현재완료 진행 [G-POINT 9]
- 해설:

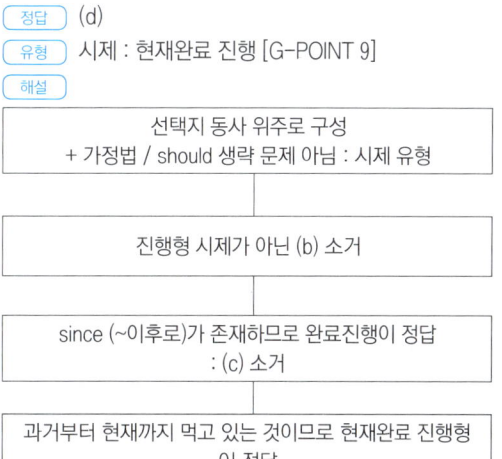

해석 그레이스가 남자친구와 헤어진 이후로 정크푸드를 섭취하고 있다. 이것은 고칼로리, 당분이 많거나 지방이 많은 간식으로, 필수 영양소가 부족하다. 이 식습관은 그녀의 건강에 악영향을 미치고 있다.

어휘 break up with ~와 헤어지다 nutrient 영양소 adversely 역으로, 불리하게

05
정답 (c)
유형 조동사 : can [G-POINT 27]
해설

| 선택지가 조동사로만 구성 : 조동사 유형 |
| 동물의 비범한 능력 |
| 능력을 나타내는 조동사 can |

해석 밤의 주인으로서, 부엉이들은 그들을 구별되게 하는 특별한 적응을 자랑한다. 그들은 머리를 270도까지 회전시킬 수 있는데, 이것이 주변을 거의 모든 방향으로 관찰할 수 있는 능력을 부여한다.

어휘 owl 올빼미 boast 자랑하다 extraordinary 특별한, 비범한 adaptation 적응 rotate 회전하다

06
정답 (b)
유형 준동사 : 동명사 [G-POINT 15]
해설

| 선택지에 to 부정사와 동명사 모두 존재 : 준동사 유형 |
| (a) (d) 소거 |
| '~하는 것을 멈추다'로 해석되므로 stop 뒤 동명사가 적절하다. |

해석 6월에 세계 최고의 소프트웨어 회사 중 하나가 자사의 가장 오래된 제품에 대한 소프트웨어 업데이트를 제공하는 것을 중단할 것이다. 새 소프트웨어 업데이트가 없으면 신제품 구매를 고려해야 할지 모른다.

어휘 have no choice but ~하지 않을 수 없다

07
정답 (d)
유형 연결어 : 접속부사 however [G-POINT 32]
해설

| 선택지에 연결어 존재 : 연결어 유형 |
| 빈칸이 속한 문장이 문법적으로 완전 : 접속부사 자리 |
| 앞문장에서 이익을 얻고 싶다고 나왔는데 뒤에서는 주식 가격이 하락했다고 했으므로 '그러나'를 뜻하는 역접의 접속부사 'however'가 적절 |

해석 데이비드는 이익을 얻기 위해 스스로 조사하고 재무제표를 분석한 후 한 회사의 주식을 샀다. 그러나 회사의 CEO가 천만 달러를 횡령한 범죄를 저지르면서 주가는 폭락했다.

어휘 stock 주식 analyze 분석하다 financial statements 재무제표 plunge 급락하다 commit 저지르다 crime 범죄 embezzle 횡령하다 therefore 그러므로 similarly 유사하게 in addition 게다가 however 그러나

08
정답 (a)
유형 시제 : 미래 진행 [G-POINT 7]
해설

| 선택지 동사 위주로 구성 + 가정법 / should 생략 문제 아님 : 시제 유형 |
| 진행형 시제가 아닌 (d) 소거 |
| 시간 부사절(as soon as~)에 현재시제인 breaks 존재 |
| 미래 진행형이 정답 |

해석 아버지와 나는 휴일에 편안하고 보람찬 야외 활동으로 낚시를 즐긴다. 내일은 휴일이다. 날이 밝자마자 좋은 낚시터를 찾아 출발할 예정이다.

어휘 rewarding 보람있는 dawn breaks 날이 새다

09
정답 (d)
유형 연결어 : 접속부사 unless [G-POINT 33]

> 해설

선택지에 연결어 존재 : 연결어 유형

↓

필요한 서류를 제출하지 않았을 경우의 결과를 언급하고 있으므로 '만약 ~않는다면'을 뜻하는 'unless'가 적절

> 해석 원활한 신청 절차를 위해 필요한 서류를 제때 제출하여 주시기 바랍니다. 만약 필요한 서류를 제공하지 않는다면 신청 처리가 지연될 수 있습니다.
> 어휘 smooth 원활한 required 요구되는 timely 적시의 process 처리하다

10
> 정답 (b)
> 유형 가정법 : 가정법 과거 [G-POINT 1]
> 해설

선택지 동사 위주로 구성 + 빈칸 문장에 if
: 가정법 유형

↓

if 절에 과거 동사 exceeded 존재
: 가정법 과거

↓

주절에 'would/could/might + 동사원형'

> 해석 만약 배송비가 6달러를 넘으면 구매를 포기하는 고객도 있을 것이다. 그들은 상품에 대해 무료 배송을 제공하는 온라인 쇼핑몰을 방문하는 경향이 더 강할 것이다.
> 어휘 purchase 구입, 구입하다 delivery charge 배송료 be inclined to ~할 의향이 있다

11
> 정답 (c)
> 유형 준동사 : to 부정사 [G-POINT 19]
> 해설

선택지에 to 부정사와 동명사 모두 존재
: 준동사 유형

↓

(a) (b) 소거

↓

require은 to 부정사를 목적 보어로 가지는 동사

> 해석 앤드류는 항상 새로운 언어를 배우는 것을 두려워했다. 하지만, 그가 해외의 동료들과 의사소통을 해야 하는 세계적인 회사에 취직했을 때, 언어 능력을 향상시킬 필요가 있다는 것을 알았다.
> 어휘 dread 두려워하다 land a job 직장을 구하다 require 요구하다

12
> 정답 (a)
> 유형 가정법 : 가정법 과거완료 [G-POINT 2 + 오답 POINT 5]
> 해설

선택지 동사 위주로 구성 +
빈칸 문장에 had 주어 pp : 가정법 과거완료

↓

주절에 'would/could/might + had pp'

> 해석 투자 결정을 내리기 전에 철저히 조사해야 했다. 만약 당신이 주식을 샀다면 20%를 벌었을 것이다. 양질의 사업체를 저렴한 가격에 사들이는 것이 많은 수익을 창출하기 위해 중요하다는 것을 항상 명심해야 한다.
> 어휘 share 주식 keep in mind 명심하다 quality 양질의

13
> 정답 (a)
> 유형 관계사 : 관계대명사 who [G-POINT 21]
> 해설

선택지가 관계사로 시작 : 관계사 유형

↓

two men은 사람이므로 (b) 소거

↓

(c)와 (d)는 선택지 자체에 오류

↓

(a) 가 정답

> 해석 한 여성이 부서진 차를 가지고 차고에서 자동차 작업을 하고 있는 두 명의 남자에게 다가갔다. 그녀는 자동차를 망가뜨린 사람들을 찾고 있었다고 설명했다.
> approach 다가가다 be responsible for ~에 책임이 있다

14

정답 (d)

유형 should 생략 [G-POINT 3]

해설

선택지 동사원형 존재

stipulate + that 절 주어 _____ : should 생략 유형

선택지에서 동사원형인 (d) 선택

해석 행사에 대한 규정은 시의회에서 승인을 받았고 2019년 4월 4일에 시행되었다. 그 규정은 행사가 오후 2시에서 5시 사이에 열리도록 규정했다.

어휘 regulation 규정 approve 승인하다 council 의회 come into effect 시행되다 take place 열리다 stipulate 규정하다

15

정답 (c)

유형 시제 : 미래 완료 진행 [G-POINT 10]

해설

선택지 동사 위주로 구성 + 가정법 / should 생략 문제 아님 : 시제 유형

진행형 시제가 아닌 (d) 소거

빈칸 문장에 for two years 존재 하므로 완료진행이 아닌 (a) 소거

미래 단서 (by the end of next year) 존재

미래완료 진행형이 정답

해석 국제 경제학을 전공하고 있는 잭은 경제 분야에서 직업 경험을 쌓는 것이 중요하다고 생각하기 때문에 한 무역회사에서 일하고 있다. 내년 말이면 그는 2년째 인턴으로 일하고 있을 것이다.

어휘 specialize in 전공하다 trading company 무역회사 field 분야

16

정답 (b)

유형 가정법 : 가정법 과거 [G-POINT 1]

해설

선택지 동사 위주로 구성 + 빈칸 문장에 if : 가정법 유형

if 절에 과거동사 were : 가정법 과거

주절에 'would/could/might + 동사원형'

해석 존은 여행과 새로운 장소를 탐험하는 것에 열정을 가지고 있다. 만약 그가 복권에 당첨된다면, 그는 이국적인 곳을 탐험하고 다양한 문화를 경험하고자 하는 자신의 꿈을 이룰 것이다

어휘 explore 탐험하다 exotic 이국적인

17

정답 (a)

유형 시제 : 과거 진행 [G-POINT 5]

해설

선택지 동사 위주로 구성 + 가정법 / should 생략 문제 아님 : 시제 유형

진행형 시제가 아닌 (c) 소거

when 절에 과거 동사

과거 진행형이 정답

해석 잭이 장미를 심었을 때 에이미는 어린 손자를 돌보고 있었다. 사실, 그녀는 민들레를 심고 싶었지만, 그가 장미를 심고 싶어했기 때문에 포기할 수 밖에 없었다.

어휘 take care of 돌보다 plant 심다 dandelion 민들레 cannot help ~ing ~하지 않을 수 없다 eager 열망하는, 간절히 바라는

18

정답 (b)

유형 준동사 : to 부정사 [G-POINT 14]

398

해설
```
선택지에 to 부정사와 동명사 모두 존재
: 준동사 유형
          ↓
      (a) (d) 소거
          ↓
decide는 to 부정사를 목적어로 가지는 동사
```

해석 프랑스어는 고등학교에서 가장 많이 공부하는 언어 중 하나이며, 프랑스어 수업의 등록률은 다른 어떤 언어보다 빠르게 증가하고 있다. 마크는 언어 능력을 향상시키고 싶어한다. 마침내, 그는 어학 코스와 휴가가 결합된 어학 여행을 가기로 결정했다.

어휘 improve 향상시키다 combine 결합하다

19
정답 (b)
유형 준동사 : to 부정사 [G-POINT 19]
해설
```
선택지에 to 부정사와 동명사 모두 존재
: 준동사 유형
          ↓
      (a) (d) 소거
          ↓
encourage는 to 부정사를 목적보어로 가지는 동사
```

해석 한 아동 발달 전문가는 형제 관계는 매우 중요하며 부모들은 이를 위해 제 역할을 해야 한다고 보고했다. 그녀는 부모들이 아이들이 서로 유대감을 갖도록 격려하는 방법을 배울 것을 제안했다.

어휘 specialist 전문가 sibling 형제자매의 relationship 관계 encourage 장려하다, 격려하다 each other 서로서로

20
정답 (d)
유형 관계사 : 관계대명사 that [G-POINT 23]
해설
```
선택지가 관계사로 시작 : 관계사 유형
          ↓
선행사(surface)가 있으므로 선지에서 (b) 소거
          ↓
선행사(surface)가 사물이므로 (c) 소거
          ↓
(a)는 which 뒷문장이 완전해 문법적으로 오류가
존재하므로 소거
```

해석 에이미는 몇 달 전에 이상한 생명체를 발견했고 그것을 다시 볼 수 있기를 기대했다. 마침내, 이상하게 생긴 생명체가 특이하고 울퉁불퉁한 표면에 나타났다.

어휘 discover 발견하다 strange 이상한, 낯선 creature 생물체 expect 기대하다, 예상하다 appear 나타나다 surface 표면

21
정답 (b)
유형 준동사 : 동명사 [G-POINT 13]
해설
```
선택지에 to 부정사와 동명사 모두 존재
: 준동사 유형
          ↓
      (c) (d) 소거
          ↓
prohibit은 동명사를 목적어로 가지는 동사
```

해석 전문가들은 기후 위기의 증가하는 영향을 극복하기 위해서는 북극의 야생 생물의 서식지를 보호하는 것이 필수적이라고 말한다. 게다가, 그들은 북극에서의 새로운 시추를 위한 자금 조달을 금지할 필요가 있다고 말한다.

어휘 overcome 극복하다 impact 영향 habitat 서식지 essential 필수적인 in addition 게다가 require 요구하다 prohibit 금지하다 drilling 시추

22
정답 (d)
유형 조동사 : should [G-POINT 28]
해설
```
선택지가 조동사로만 구성 : 조동사 유형
          ↓
      당근 쥬스의 섭취를 권고
          ↓
권장, 조언을 나타내는 조동사 should
```

해석 올해 당근 주스는 큰 이슈이다. 비록 당근 주스를 너무 많이 마시는 것이 나쁠 수 있지만, 당신의 식단에서 당근 주스가 긍정적인 건강상의 이점을 가질 수 있다는 많은 연구들이 있다. 변화를 가져오기 위해서는 여러분은 당근 주스를 마셔야 한다.

어휘 although 비록 ~일지라도 diet 식단 positive 긍정적인 benefit 이점 make a difference 변화를 가져오다, 차이를 낳다

23
정답 (a)
유형 should 생략 [G-POINT 3]
해설

선택지 동사원형 존재
essential + that 절 주어 _____ : should 생략 유형
선택지에서 동사원형인 (a)

해석 일부 교사들은 금요일 밤 강제 회의 공지와 같은 어려움에 끊임없이 직면하고 있다. 교사가 자신만의 회복력을 기르는 것이 중요하다.

어휘 constantly 끊임없이 mandatory 의무적인 essential 필수적인 resilience 회복력

24
정답 (b)
유형 준동사 : 동명사 [G-POINT 13]
해설

선택지에 to 부정사와 동명사 모두 존재 : 준동사 유형
(c) (d) 소거
delay는 동명사를 목적어로 가지는 동사

해석 한 연구는 학자금 대출 부채가 증가하는 위기 속에서 주택 보유율이 40%로 떨어진 것을 발견했다. 학자금 빚 부담이 커지자 조사 대상 청년들은 학자금 대출 때문에 주택 구입을 미루겠다고 답했다.

어휘 crisis 위기 student loan 학자금 대출 debt 빚, 부채 rise 오르다 delay 늦추다 due to ~때문에

25
정답 (c)
유형 시제 : 과거완료 진행 [G-POINT 8]
해설

선택지 동사 위주로 구성 + 가정법 / should 생략 문제 아님 : 시제 유형
진행형 시제가 아닌 (b) 소거
before 과거시제 존재
과거완료 진행형이 정답

해석 제이슨은 마음 맞는 러닝 친구인 레이첼을 찾기 전에 적합한 러닝 파트너를 찾기 위해 애써왔다. 그녀는 그가 원하는 대로 달릴 수 있는 기술을 가지고 있다.

어휘 like-minded 마음이 맞는 struggle 애쓰다

26
정답 (a)
유형 가정법 : 가정법 과거완료 [G-POINT 2]
해설

선택지 동사 위주로 구성 + if 주어 had pp : 가정법 과거완료
주절에 'would/could/might + had pp'

해석 온라인으로 교통 상황을 확인했음에도 불구하고, 그는 중요한 정보를 놓치고 말았다. 만약 그가 교통 정체에 대해 미리 알고 있었다면, 다른 경로를 선택했을 것이다.

어휘 despite ~에도 불구하고 crucial 중대한 traffic jam 교통 체증 in advance 미리

저자 **켈리**

現 지텔프 에듀 대표강사
성안당 이러닝 지텔프 대표강사
EBS 지텔프 강사

前 노량진 이투스
김대환 경찰학원
오산대, 부천대 강의
EBS 2tv 강의
이투스 온라인

켈리지텔프
G-POINT 33 문법편

초판발행	2019년 1월 4일
신정 2판 2쇄	2021년 8월 20일
개정 1판 3쇄	2022년 8월 20일
개정 2판 2쇄	2023년 6월 8일
개정 2판 3쇄	2024년 3월 4일
개정 2판 4쇄	2025년 1월 20일
개정 2판 5쇄	2025년 3월 29일
저자	켈리
발행인	금병희
발행처	멘토링
출판등록	319-26-60호
주소	서울시 동작구 노량진로 16길 30
전화	02-825-0606
주문(FAX)	02-6499-3195
ISBN	979-11-6049-307-8 (13740)

※ 저자와의 협의하에 인지를 생략합니다.
　이 책의 무단 전재 또는 복제 행위는 저작권법 제136조 제1항에 의해 5년 이하의 징역 또는 5,000만원 이하의 벌금에 처하거나 이를 병과할 수 있습니다(파본은 교환해 드립니다.).

정가 30,000원

프텔지리켈
G-POINT
33